Frauen und Mathematik.
Die allmähliche Rückeroberung der Normalität?

Frauen und Mathematik

Die allmähliche Rückeroberung der Normalität?

Herausgegeben von
Annette Grabosch und Almut Zwölfer

Attempto Verlag Tübingen

Die Deutsche Bibliothek – CIP-Einheitsaufnahme

Frauen und Mathematik : Die allmähliche Rückeroberung der Normalität? / Hrsg. von Annette Grabosch und Almut Zwölfer. – Tübingen : Attempto-Vlg., 1992
(Attempto Studium Generale) ISBN 3-89308-146-1
NE: Grabosch, Annette [Hrsg.]

ISBN 3-89308-146-1

Umschlag: Jochen Gewecke, Mössingen
Satz: Klaus Meyer, Tübingen
Druck: Rottenburger Druckerei, Rottenburg

Inhalt

Vorwort

»Die Geschichte des Widerstandes der Männer gegen die Emanzipation der Frauen ist vielleicht interessanter als die Geschichte der Emanzipation selbst.« *Virginia Woolf**

»Besonders waren es die beiden Mathematiker, die Professoren Brill und Stahl mit ihren Frauen, die meine Angelegenheiten zu der ihrigen machten.« *Maria, Gräfin von Linden***

Im Juni 1987 wurde von der ›Kommission für Frauenförderung‹ des Tübinger Universitätssenats ein Bericht zur Situation der Frauen an der Universität Tübingen und zur Frauenförderung verfaßt und an alle Fakultäten zur Stellungnahme gesandt. Die Mathematische Fakultät ist im November 1987 dahingehend übereingekommen, keine Stellungnahme zu diesem Bericht und zu den ›Leitlinien der Landesregierung zur Förderung von Frauen im Dienst des Landes Baden-Württemberg‹ abzugeben. Nach weiterer Ausarbeitung wurden im Juni 1988 im Tübinger Universitätssenat die ›Richtlinien zur Frauenförderung an der Universität Tübingen‹ beschlossen. Diese enthalten detaillierte Vorschläge zur Frauenförderung an der Universität und in den einzelnen Fakultäten – natürlich nur, falls es Benachteiligungen wirklich gibt. Aufgrund der vom Senat beschlossenen Richtlinien bildete sich im Herbst 1988 spontan ein Frauenarbeitskreis (bestehend aus StudentInnen und AssistentInnen) an der Mathematischen Fakultät, um über die Problematik ›Frauen und Mathematik‹ zu diskutieren und den Aufgabenbereich einer im Februar 1989 von der Fakultät einzusetzenden Frauenkommission herauszuarbeiten.

Nach vielfältigen Diskussionen und intensivem Literaturstudium zum Thema ›Frauen und Mathematik‹ erschien es unserer Arbeitsgruppe sinnvoll, diese Fragen in einem größeren Kreis zu erörtern und damit in das Bewußtsein der Öffentlichkeit zu bringen. Deshalb organisierten wir im Sommerse-

* V. Woolf: Ein Zimmer für sich allein. Fischer Verlag, Frankfurt am Main 1989 (erste engl. Auflage 1929).

** G. Junginger (Hrsg.): Maria Gräfin von Linden. Erinnerungen der ersten Tübinger Studentin. Attempto Verlag, Tübingen 1991.

mester 1990 im Rahmen des ›Studium generale‹-Programmes der Universität Tübingen eine Vortragsreihe zum Thema ›Frauen und Mathematik‹. Dazu luden wir Wissenschaftlerinnen verschiedener Fachrichtungen – Mathematikerinnen, Mathematikhistorikerinnen, Sozialwissenschaftlerinnen und Erziehungswissenschaftlerinnen – ein. Die Veranstaltung wurde von dem ›Ministerium für Arbeit, Soziales, Gesundheit und Frauen (Stuttgart)‹ und dem ›Verein der Freunde der Universität Tübingen‹ finanziert. Die Thematik der Veranstaltung stieß auf reges Interesse in der Tübinger Bevölkerung, welches die Relevanz und Aktualität der Fragestellung widerspiegelt. Der vorliegende Band ist im wesentlichen aus dieser Vorlesungsreihe entstanden.

Wir möchten uns bei all denen bedanken, die dazu beigetragen haben, daß dieses Buch entstanden ist, und das waren nicht wenige. Vor allem möchten wir dem Frauenarbeitskreis und der Frauenkommission der Mathematischen Fakultät für ihre Mitarbeit danken, namentlich Ingrid Depner, Dipl.-Math. Regine Eckardt, Dr. Moritz Epple, Professor Ulrich Felgner, Dr. Wolfgang Grölz, Annette Peters und Dipl.-Math. Beate Roth, die bei der Organisation der Ringvorlesung beteiligt waren. Ein großes Dankeschön gilt den Sprecherinnen der ›Studium generale‹ Veranstaltung Professor Eva Bayer, Dr. Anneliese Dick, Dr. habil. Susanne Dierolf, Dr. Heidrun Hesse, Dr. Marianne Horstkemper, Dr. habil. Jenny Kien, Dr. Laura Martignon, Dr. Jeanne Peiffer, Professor Irene Pieper-Seier, Dipl.-Phys. Rosemarie Rübsamen, Dr. Inge Schwank und Dr. Aiga Stapf, die diese Veranstaltung zu einem Erfolg werden ließen. Schließlich danken wir noch allen Hörerinnen und Hörern der Vorlesungsreihe, ohne die dieses Buch nie entstanden wäre. Besonderer Dank gilt auch Dr. Cornelia Niederdrenk-Felgner vom ›Deutschen Institut für Fernstudien‹ (Tübingen). Durch ihre Initiative und Organisation einer Arbeitstagung zum Thema ›Mädchen und Mathematikunterricht‹ konnten wir die Beiträge von Dr. Christiane Funken und Gertrud Effe-Stumpf zu unserem Buch hinzugewinnen. Allen Autorinnen danken wir herzlichst für ihre Beiträge und ihre ständige Kooperationsbereitschaft während der Fertigstellung der Manuskripte.

Für viele Hilfen bei der technischen Realisierung unseres Projektes, insbesondere bei der Sicherung der Finanzierung, danken wir Karin Fischer, Eveline Kilian, Jutta Schönberg (die Herausgeberinnen eines weiteren Buches zur feministischen Forschung, welches ebenfalls aus einer Ringvorlesung des Sommersemesters 1990 entstanden ist), Dr. Edith Glaser (Mitorganisatorin einer dritten Ringvorlesung zur feministischen Forschung im Sommersemester 1990), Helga Schimke vom ›Deutschen Institut für Fernstudien‹ (Tübingen), all denen die getippt oder Korrektur gelesen haben und nicht zuletzt Hubert Klöpfer vom Attempto-Verlag, der die Thematik unseres Buches für so wichtig hält, daß er sich für unser Projekt eingesetzt hat.

Schließlich danken wir unseren FreundInnen und Bekannten, die uns in vielen Phasen unseres Projektes motiviert, aufgemuntert und unterstützt haben, vor allem Albrecht, Angela, Bernd, Birgitt, Frank, Günther, Klaus, Matthias, Markus, Rainer, Roland, Susi, Stefan und Ursel. Ihnen und unseren mathematischen Arbeitsgruppen, der Arbeitsgruppe ›Funktionalanalysis‹ der Mathematischen Fakultät und der Arbeitsgruppe ›Biomathematik‹ der Biologischen Fakultät gilt unser größter Dank. Ohne das Verständnis und Interesse der MitarbeiterInnen dieser Gruppen an unserem Thema wäre dieses Buch nicht erschienen.

Der Mathematischen Fakultät (als Institution) können wir leider nicht für ihre Unterstützung danken. Allerdings haben wir durch ihre ablehnende Haltung sehr viel gelernt, viel über Mathematiker (und hier stimmt die männliche Form) und viel über das deutsche Universitätssystem mit seiner ›starren‹ Hierarchie – und somit können wir doch wieder danken. Trotzdem gilt unser ehrlicher Dank einzelnen Professoren und Mitgliedern der Mathematischen Fakultät, die uns durch freundliche Worte oder auch nur Blicke ermutigt haben. Wir denken, daß wir hier keine Namen nennen müssen. In diese Mathematiker setzen wir unsere Hoffnung für die Zukunft.

Schließlich möchten wir noch der ›Senatskommission für Frauen‹ der Universität Tübingen danken, die sich unter Vorsitz von Professor Doris Knab seit über drei Jahren unermüdlich für die Durchführung der ›Frauenrichtlinien‹ an der Universität Tübingen einsetzt. Für viele Hinweise, Anregungen und Hilfen gilt unser herzlicher Dank Beate Binder und Susanne Diemer.

Für die großzüge finanzielle Unterstützung des vorliegenden Buches danken wir der ›Breuninger Stiftung‹ (Stuttgart), der ›Stiftung der Württembergischen Hypothekenbank für Kunst und Wissenschaft‹ (Stuttgart), der ›Siemens AG‹ (München), dem ›Ministerium für Arbeit, Soziales, Gesundheit und Frauen‹ (Stuttgart), dem ›Verein der Freunde der Universität‹ (Tübingen), der ›Fachschaft Mathematik‹ (Tübingen) und nicht zuletzt einigen privaten Spendern des Mathematischen Instituts.

Die Herausgeberinnen

ANALYSE
DES
INFINIMENT
PETITS
CALCUL
DIFFERENTIEL
TABLE
DES
SINUS

Normalität, wieso? Einige einführende Gedanken

Annette Grabosch und Almut Zwölfer

»Never before nor since did such a wave of feminine genius pass over the fragrant valleys and wine clad plain of Greece. Never in any other place or time shone so brilliant a galaxy of women of talent and imagination; never was there a more perfect flowering of female intelligence of the highest order.« *

Fast jedes Schulkind kennt den ›Satz von Thales‹ und den ›Satz von Pythagoras‹. Doch wer weiß schon, wer Thales und Pythagoras wirklich waren, was sie geleistet haben und welche Rolle das antike Griechenland überhaupt in der Entwicklung der abendländischen Mathematik spielte. Spricht man von den ›alten Griechen‹, so denkt man nur allzu schnell an die berühmten griechischen ›Männer‹ der vorchristlichen Zeit und hat das Bild Raphaels der ›Athener [Männer]schule‹ vor Augen. Jedoch gab es auch Frauen im alten Athen: Neben den bekannt gewordenen Männern hatten die sogenannten Hetären[1] einen großen Einfluß auf die altgriechische Wissenschaftsentwicklung. Diese Frauen, oft Ausländerinnen[2], welche meistens nur in ihrer Position als Geliebte oder Gesellschaftsdame der Athener Bürger dargestellt werden, waren, wie H. J. Mozans[3] schon 1913 schreibt, »bekannt für ihre Intelligenz und Kultur und genossen uneingeschränkte Freiheit und freien Zugang zu den Schulen und Akademien«. Sie waren die Diskussionspartnerinnen der griechischen Männer in allen philosophischen, politischen und naturwissenschaftlichen Fragen. Trotz der Außenseiterstellung der Hetären als ›Freuden-

* Zitat über die griechischen Frauen des 6. Jahrhunderts vor Chr., zitiert aus H. J. Mozans: Woman in Science. D. Appleton and Company, 1913, Nachdruck: MIT Press 1974, S. 7.

1 Im Duden, Fremdwörterbuch, Bibl. Institut & F. A. Brockhaus AG, Mannheim 1990 findet man die folgende Erläuterung: ›Hetäre‹: [griech.: »Gefährtin«], in der Antike (hochgebildete, politisch einflußreiche) Freundin, Geliebte bedeutender Männer.

2 Ausländerinnen, insbesondere Frauen aus anderen Provinzen Griechenlands, durften keine Athener Bürger heiraten.

3 H. J. Mozans (aaO.), S. 10, 11.

mädchen‹ der ›oberen‹ Gesellschaft – denn in diese Rolle werden sie meistens gedrängt – gelang einigen dieser ›Gelehrtinnen‹ der Einzug in die Geschichtsbücher.[4] So kann wohl davon ausgegangen werden, daß Frauen keinen geringen Einfluß auf die Entwicklung der Wissenschaften, also insbesondere auf Philosophie und Mathematik[5] hatten. Solche ungeahnten Möglichkeiten blieben den ›ehrbaren‹ Athener Bürgerinnen verwehrt, die sich um den Haushalt und die Kinder kümmerten. Sie durften nicht an öffentlichen Versammlungen und Vorlesungen teilnehmen und damit war ihnen vermutlich jegliche offizielle Bildungsmöglichkeit verschlossen.

Bevor wir weiter ausholen, sollte an dieser Stelle betont werden, daß die Wissenschaftsgeschichte der Antike zum großen Teil auf Vermutungen beruht und nur wenige schriftliche Zeugnisse aus dieser Zeit erhalten sind. Zeitgenössische Berichte sind meist von Männern geschrieben und verschweigen vermutlich zum Teil wissenschaftliche Leistungen von Frauen oder beschränken sich auf die Schilderung ihres ›unmoralischen‹ Lebens. So kann in den nachfolgenden Erläuterungen lediglich ein Versuch gesehen werden, die Möglichkeiten für Wissenschaftlerinnen in der Antike nachzuzeichnen.[6]

Wenden wir uns wieder dem ›Satz von Pythagoras‹ zu. Zuerst ist festzuhalten, daß sich hinter dem Namen Pythagoras nicht nur ein einzelner Mann verbirgt, sondern eine ganze Schule, die nach ihrem Gründer und geistigen Führer Pythagoras von Samos (582–500 v. Chr.) benannt wurde. Diese religiös und politisch orientierte ›Bruderschaft‹ im dorischen Kroton im südlichen Italien widmete sich vor allem philosophischen und mathematischen Fragestellungen. War bisher Mathematik, nämlich Geometrie (wie z. B. Thales sie studierte) und Algebra, meist als Werkzeug und Hilfsmittel zur Astro-

---

[4] Asklepigeneia die Jüngere (Athener Schule), Aspasia von Milet (470–410 v. Chr., Medizin und Philosophie), Axiothea (Physik, Philosophie), Diotima von Mantinea (Naturphilosophie, Theologie, Pythagoräerin), Laïs (Medizin), Lasthenia von Mantinea (Naturphilosophie), Leontium, Nicarete, Periktione (Pythagoräerin, Platons Mutter), Thais.

[5] In der Antike kann man die Wissenschaft der Philosophie und der Mathematik nur schwer voneinander trennen. In Überlieferungen heißt es, daß Platon über dem Tor seiner Schule eine Inschrift anbringen ließ, die besagte, daß keiner eintreten dürfe, der nicht in Geometrie ausgebildet sei. Mathematik galt also insbesondere als Basiswissen.

[6] Wir beziehen uns in unserer Darstellung im wesentlichen auf die Quellen M. Alic: Hypatias Töchter. Unionsverlag 1987; L. M. Osen: Women in Mathematics. MIT Press, Cambridge 1988 und H. J. Mozans (aaO.).

nomie, Landvermessung oder Baukunst entwickelt worden, so betrieb man Mathematik in dieser zurückgezogen lebenden, esoterischen Gemeinschaft bevorzugt aus Wißbegierde, also zum ›Selbstzweck‹. In diesem Kreis wurde das bisherige, auch von anderen Völkern erworbene Wissen zum ersten Mal systematisch aufgearbeitet und strukturiert.

Bei den Berichten über die Pythagoräische Schule[7] darf man sich nicht durch den Begriff ›Bruderschaft‹ täuschen lassen, denn ihr gehörten ebenfalls eine Anzahl gleichberechtigter ›Schwestern‹[8] und Familien an. Pythagoras, den L. M. Osen auch als den »feministischen Philosoph« zitiert,[9] sah Männer und Frauen der Gemeinschaft als völlig gleichberechtigt an mit der Folge, daß Frauen einen festintegrierten Teil der Gruppe bildeten. So findet man nicht nur unter den Studenten Frauen, sondern ebenso unter den Pythagoräischen Lehrern und Forschern. Da sämtliche Mitglieder der Gemeinschaft ihre Lehren unter dem Namen Pythagoras verbreiteten, ist es nicht möglich, spezielle Ergebnisse und Werke den einzelnen Personen zuzuordnen.[10]

Die Gleichberechtigung der Frauen innerhalb der Pythagoräischen Schule wurde von der damaligen Gesellschaft nicht geteilt. Hinzu kommt, daß die demokratisch orientierte Bevölkerung in der immer größer werdenden politischen Macht dieser Gemeinschaft eine elitäre Vorherrschaft sah, die vernichtet werden mußte. Ein Schicksal, welches die Pythagoräer mit gleichgesinnten Schulen teilten. So nimmt man an, daß Pythagoras bei einem Aufstand ums Leben gekommen ist und daß seine Gemeinschaft aus Kroton vertrieben

---

[7] Siehe auch G. S. Kirk, J. E. Raven: The presocratic philosophers. A critical history with a selection of texts. Ch. VII, Pythagoras of Samos. University Press, Cambridge 1957 und B. L. van der Waerden: Die Pythagoreer. Artemis Verlag, Zürich / München 1979.

[8] So schreibt Porphyrius: Vita Pythagorae 19 (DK 14,8a nach Dicaearchus von Messene) »Danach wuchs sein [Pythagoras] Ruhm, und er gewann viele Anhänger aus der Stadt (nicht nur Männer sondern auch Frauen, von denen eine – Theano – auch sehr bekannt wurde) und viele Prinzen und Anführer aus den umgebenden ungläubigen Provinzen. Niemand kann sicher sagen, was er zu seinen Anhängern sprach; denn Schweigen war für sie nicht das Herkömmliche.« Aus dem Englischen übersetzt aus G. S. Kirk, J. E. Raven (ebda.). Iamblichos führt in seinem Werk 17 berühmte Pythagoräerinnen und 218 Pythagoräer mit Namen an. Siehe Iamblichos: Pythagoras. Legende, Lehre, Lebensgestaltung, 267. Artemis Verlag, Zürich / Stuttgart 1963.

[9] L. M. Osen (aaO.), S. 15.

[10] In diesem Sinne ist auch die Herkunft des ›Satzes von Pythagoras‹ ungeklärt.

wurde. Seine Frau Theano, die selbst Wissenschaftlerin war, soll zusammen mit ihren Töchtern und weiteren Anhängern die religiösen und philosophisch-mathematischen Theorien der Pythagoräer in Ägypten und Griechenland weiterverbreitet haben.

Im 5. Jahrhundert v. Chr. bildete Athen den Mittelpunkt des wissenschaftlichen Lebens. Wissenschaftler aus verschiedenen Schulen, so auch die eben erwähnten Pythagoräer, zog es an die Akademien. Platon, Sokrates und 200 Jahre später noch Epikur, sprachen sich explizit für Frauenbildung aus. Platon geht sogar so weit, daß beide Geschlechter auf gleiche Weise in Musik und Gymnastik unterrichtet werden sollten, wobei Musik insbesondere Mathematik, Literatur und Astronomie einschloß. Er begründet seine Forderung damit, daß »es gar kein Geschäft von allen [gibt], durch die der Staat besteht, welches dem Weib oder dem Manne als Mann angehörte, sondern die natürlichen Anlagen sind auf ähnliche Weise in beiden verteilt, und an allen Geschäften kann das Weib teilnehmen ihrer Natur nach, wie der Mann an allen; in allen aber ist das Weib schwächer als der Mann.«[11] Zahlreiche Frauen, darunter vor allem Ausländerinnen, nahmen dieses Angebot wahr und besuchten, oftmals in der unauffälligeren Männerkleidung, die Vorlesungen der großen Philosophen. Ein Ende dieser ›frauenfreundlichen Atmosphäre‹ wurde allerdings von Aristoteles heraufbeschworen, der im ›weiblichen Geschöpf‹ einen ›deformierten Mann‹ sah, welches aus diesem Grund dem Mann weit unterlegen sei.[12] Ein Vorurteil, das bis in die heutige Zeit überlebt hat und im Laufe der Geschichte immer wieder neu hervorgebracht wurde.[13]

Die erste Astronomin und Mathematikerin, die in den meisten Büchern über die Geschichte der Mathematik explizit erwähnt wird, ist Hypatia von Alexandria (ca. 370 n. Chr.).[14] Sie hatte eine führende Position am Museion,

---

[11] Platon: Sämtliche Werke 3, Politeia, 455[d,e]. Rowohlt Verlag, Hamburg 1958. Siehe auch Platon: Nomoi, 804–806.

[12] Aus Aristoteles, De generatione Animalium (II, 737[a]), nach M. Alic [aaO.], S. 40.

[13] M. Alic (ebda.): »Je mehr sich die Menschen, Männer und Frauen für Wissenschaft und Technik [also auch für Mathematik] interessierten, desto vehementer wurde die Behauptung verfochten, Frauen seien zu wissenschaftlichen Arbeiten [Denken, o. ä.] nicht fähig.«

[14] Neben philosophischen Abhandlungen hat die Neuplatonikerin Beiträge zur Diophantischen Algebra, den Kegelschnitten von Apollonius, der Astronomie von Ptolemeus und vermutlich zu den ›Elementen der Geometrie‹ von Euklid ge-

der Akademie in Alexandria, inne und wollte die liberale Haltung der griechischen Schulen wiederaufnehmen und Bildung für ›jedermann‹ möglich machen. Sokrates schreibt über Hypatia: »Ihr Wissen war so groß, daß sie bei weitem die Philosophen ihrer Zeit übertraf. Als Nachfolgerin von Plotinus [der das Platonische Museion in Alexandria gegründet hatte] lehrte sie alle Teilgebiete der Philosophie [wozu damals auch Mathematik gehörte] mit solchem auffallenden Erfolg, daß von überall Student[Inn]en zu ihr strömten«.[15] Ihr früher Tod – Hypatia fiel einem Attentat fanatischer Christen zum Opfer – ließ diese Bemühungen abrupt enden.[16]

In den folgenden Jahrhunderten hatten Wissenschaftlerinnen es nicht leicht. Offiziell war Frauen der Zutritt zu den Universitäten und Bibliotheken nicht erlaubt. Nur in einzelnen Fällen, was meist auf private Initiativen und Beziehungen zurückzuführen ist, wurde eine Ausnahme gemacht. Eine höhere Schulausbildung war für Frauen nicht vorgesehen. Somit blieb ihnen der herkömmliche, einfache Zugang zu den Methoden und den Grundlagen der Wissenschaften verschlossen. Umso erstaunlicher ist es, daß es durch Engagement und unermüdliches Selbststudium immer wieder einzelnen Frauen gelang, sich an der aktuellen Forschung zu beteiligen und gerade im Fach Mathematik Hervorragendes zu leisten. Herausragende Beispiele hierfür sind unter anderen Hypatia von Alexandria (370–414, Griechenland), Emilie de Breteuil, Marquise du Châtelet (1706–1749, Frankreich), Maria Agnesi (1718–1799, Italien), Anna Barbara Reinhart (1730–1786, Schweiz), Caroline Herschel (1750–1848, Deutschland), Sophie Germain (1767–1831, Frankreich), Mary Sommerville (1780–1872, Schottland), Augusta Ada Byron-Lovelace (1815–1852, England), Christine Ladd-Franklin (1848–1930, USA), Sonja Kowalevskaya (1850–1891, Rußland), Charlotte Scott (1858–1931, England), Emmy Noether (1882–1935, Deutschland), Grace Chrisholm Young (1868–1944, USA), Anna Pell Wheeler (1883–1966, USA).[17] Tatsächlich waren

---

leistet. Die Originalität ihrer Arbeiten wird aus Mangel an erhaltenen Überlieferungen immer wieder in Frage gestellt.

15 Zitiert aus H. J. Mozans (aaO.), S. 200, nach Socrates, Historiae Ecclesiasticae, Lib. VII, Kap. 15.

16 Die geläufigen Lebensbeschreibungen von Hypatia kann man beispielsweise in M. Alic (aaO.) oder A. Zitelmann: Hypatia. Beltz-Verlag, Weinheim 1988 (Jugendbuch), nachlesen.

17 Eine ausführliche Diskussion der Leistungen und des Lebens dieser und vieler anderer Mathematikerinnen kann man in L. S. Grinstein, P. J. Campbell (Hrsg.): Women in Mathematics. A bibliographic sourcebook. Greenwood Press, Inc.,

es Mathematikerinnen, Maria Agnesi (in Italien) und Sonja Kowalevskaya (in Schweden), die als erste europäische Frauen im offiziellen akademischen Leben als Professorinnen Fuß faßten.

Untersucht man die Wissenschaftsdarstellungen von berühmten Mathematikerinnen – und berühmt sind sie sicher nicht ohne Grund geworden – so fällt auf, daß häufiger das soziale Umfeld als die mathematischen Leistungen im Mittelpunkt der Berichte steht. Dieses Phänomen konnten wir schon bei den Schilderungen über Hypatia feststellen. Von besonderem Interesse in den Darstellungen sind dabei die ›abschreckenden Lebensumstände‹, die ›andere Lebensweise‹, das ›erstaunlich anmutige Wesen‹ oder die ›weiblichen Züge‹ der Mathematikerinnen. Diese Eindrücke werden als Tatsachen vermittelt, während die wissenschaftlichen Leistungen der Frauen in Frage gestellt werden. Eher selbstbewußte Mathematikerinnen, wie etwa Emmy Noether, werden dagegen als ›unweiblich‹ und ›uninteressant‹ abgewertet.

Erst im Laufe des 20. Jahrhundert wurden Frauen uneingeschränkt an den Universitäten zugelassen.[18] In den letzten Jahrzehnten haben sich die äußeren Rahmenbedingungen für Wissenschaftlerinnen tatsächlich erheblich verbessert. Mit dem freien Zugang zu den Universitäten werden Frauen von der ›Institution Wissenschaft‹ formal gleich behandelt. Doch bedeutet »Gleichbehandlung auch schon Gleichberechtigung«?[19] In Deutschland spielen Wissenschaftlerinnen an den Universitäten nur eine untergeordnete Rolle.[20] Insbesondere sind weniger als 2 % der Mathematikprofessuren mit Frauen besetzt. Nichtsdestoweniger ist das Interesse von Frauen an Mathematik sehr groß und wird überzeugend dadurch belegt, daß mehr als 40 % der Studienanfänger im Fach Mathematik Frauen sind. Ähnliche Diskrepanzen zwischen der Zahl der Mathematikstudentinnen und der Zahl der Mathematikprofessorinnen lassen sich in nordeuropäischen Ländern[21] finden. Ein etwas ausgeglicheneres Verhältnis findet man in einigen Ländern des ›mittleren‹ und ›östlichen‹ Europa, wie etwa in Frankreich, der Tschechoslowakei, Bulgarien oder Polen. Weit ermutigender ist die Situation in einigen südeuropäischen

Women in Mathematics. A bibliographic sourcebook. Greenwood Press, Inc., Westport, Conneticut 1987, in L. M. Osen (aaO.) und in M. Alic (aaO.) finden.

[18] In Deutschland 1908.

[19] Zitat der Frauenministerin Angela Merkel in einem Radiointerview, Bundesrepublik Deutschland, 1991.

[20] Insgesamt sind etwa 4 % der Hochschulprofessuren mit Frauen besetzt.

[21] Z. B.: Dänemark, Schweden, Norwegen, Finnland, Großbritannien.

Ländern,[22] wo zum Teil mehr als 30 % der Mathematikprofessuren mit Frauen besetzt sind. Ähnlich positive Entwicklungen kann man in lateinamerikanischen und asiatischen Ländern beobachten. Bei der Analyse dieser Zahlen dürfen wir allerdings nicht vergessen, daß immer nur eine kleine, ausgewählte Gruppe von Menschen Mathematik und Naturwissenschaften betreibt. Voraussetzung für wissenschaftliche Arbeit sind Intelligenz, Kreativität, Bildung und Zielstrebigkeit, aber auch Zeit und Muße, und damit bleibt Wissenschaft den reichen, oft standesmäßig höher stehenden Kreisen vorbehalten. Die Entwicklung der Wissenschaften ist also stark von dem jeweiligen Gesellschaftssystem abhängig. In Staaten, in denen Naturwissenschaften, Mathematik und Technik hoch angesehen und weit entwickelt sind, findet man heute wie früher verhältnismäßig wenig Mathematikerinnen und Naturwissenschaftlerinnen. M. Alic geht dieser Beobachtung in ihrem Buch aus historischer Sicht nach und schreibt, daß »je wichtiger Wissenschaften und Technik in diesen patriarchalischen [westlichen] Gesellschaften wurde, desto systematischer wurde die wissenschaftliche Arbeit von Frauen abgewertet«.[23]

Die Einschätzung der heutigen Situation von Frauen in der Mathematik ist vielfältig und stößt auf breites Interesse. Die meisten Untersuchungen befassen sich mit Frauen und Naturwissenschaften, Frauen und Technik, oder mit sogenannten ›mathematischen Fähigkeiten‹, wie logischem Denkvermögen, räumlicher Vorstellungsgabe, kognitiven Fähigkeiten oder biologischer Veranlagung. Die Mathematik als eigenständige Wissenschaftsdisziplin wird meistens vernachlässigt. Über Untersuchungen von ›biologisch bedingten‹ geschlechtsspezifischen Unterschieden der mathematischen Begabung schreibt die Psychologin Julia Sherman: »Es dürfte schwierig sein, ein Forschungsgebiet zu finden, das stärker durch schlampiges Arbeiten, Übergeneralisierungen, hastige Schlußfolgerungen und haltlose Spekulationen gekennzeichnet ist«.[24]

Die Beurteilung der Vereinbarkeit von Frau und Mathematik beruht meist auf subjektiven Erfahrungen. Das im folgenden dargestellte Meinungsbild ist sicher zu pauschal und durch unsere Erfahrungen und Diskussionen mit Tü-

---

22 So in Italien, Portugal, Griechenland.

23 Zitat M. Alic (aaO.), S. 13.

24 Zitat aus A. Fausto-Sterling: Gefangene des Geschlechts? Piper Verlag, München 1988. – Sie bezieht sich in diesem Zitat auf Untersuchungen über biologisch bedingte geschlechtsspezifische Unterschiede.

binger Studentinnen und Studenten geprägt. Wichtig scheint uns jedoch die einheitliche Tendenz, die wir beobachten konnten.

Nicht-Mathematiker, gleich ob Frau oder Mann, empfinden Mathematik meist als schwierig, trocken, technisch, logisch, formal und ohne Bezug zur Wirklichkeit[25] und können sich kaum vorstellen, daß Frauen daran Gefallen finden. Sie lassen außer acht und wissen meist auch nicht, daß Mathematik ein sehr kreatives, spielerisches Gebiet ist, deren Entwicklung Ideen, Phantasie und Vorstellungsgabe bedarf. Natürlich benötigt man eine Sprache, die dem/der Außenstehenden dann trocken und formal erscheint, um die neuen Entdeckungen mitzuteilen und festzuhalten.[26] Beispielhaft für diese Form der Einschätzung ist das folgende Zitat von I. Kant: »Das schöne Geschlecht hat ebensowohl Verstand, als das männliche; es ist nur ein ›schöner Verstand‹, der unsrige soll ein ›tiefer Verstand‹ sein, welches ein Ausdruck ist, der einerlei mit dem Erhabenen bedeutet. (...) Der schöne Verstand wählt zu seinen Gegenständen Alles, was mit dem feineren Gefühle nahe verwandt ist, und überlässt abstracte Speculationen oder Kenntnisse, die nützlich, aber trocken sind, dem emsigen, gründlichen und tiefen Verstande. Das Frauenzimmer wird demnach keine Geometrie lernen; (...)«[27]

Die Frage nach Benachteiligung oder ›Sonderbehandlung‹ gegenüber ihren männlichen Kollegen in Studium und Beruf verneinen die meisten *Mathematikerinnen.* Sie sehen für sich keinerlei Nachteile und wollen ebenso keine Sonderstellung aufgrund ihres ›Frauseins‹ einnehmen. Jedoch müssen sie sich nach dem Studium damit abfinden, als einzige oder eine von wenigen Frauen ständig aufzufallen. Die fast ausschließliche Zusammenarbeit mit Männern gehört zum Alltag und zur Normalität für fast jede Mathematikerin. Stellvertretend für die Meinung von vielen im Beruf anerkannten Mathematikerinnen sagt Hel Braun (1914–1986, Deutschland) in ihrer Biographie: »Wenn heutzutage immer wieder Frauen sich benachteiligt fühlen, dann kann ich zwar mitfühlen, aber ich selbst habe mich nie benachteiligt gefühlt. Immer wieder habe ich gesagt, daß die Mathematiker von jedem Frauenzimmer be-

---

25 Diese Liste ließe sich ohne Schwierigkeiten durch weitere ›männliche‹ Eigenschaften fortsetzen.

26 Siehe auch R. Klimmek: Entmystifizierung der Mathematik, in dem lesenswerten Sammelband von C. Bath, N. Schälicke, Ch. Knipping (Hrsg.): Frauen und Mathematik. Fachbereich Mathematik, FU Berlin 1991.

27 Siehe J. H. v. Kirchmann: Immanuel Kant's vermischte Schriften und Briefwechsel. Beobachtungen über das Gefühl des Schönen und Erhabenen. Heimann's Verlag, Berlin 1873, S. 29/30.

geistert sind, das ein hübsches Integralzeichen an die Tafel schreiben kann.«[28] Mathematikerinnen fallen also auf und nehmen damit ständig eine Sonderstellung ein – ob bewußt oder unbewußt bleibe dahingestellt. Auffallend ist weiter, daß kaum eine Mathematikerin ihre wissenschaftliche Karriere gezielt plant oder geplant hat. Wenn es ihr trotzdem gelingt, im wissenschaftlichen Bereich Fuß zu fassen, so beruht das nach eigener Einschätzung auf einem ›glücklichen Zufall‹.[29] Wissenschaftlerinnen, denen eine Karriere gelungen ist, werden heute oft mit administrativen Aufgaben der wissenschaftlichen Gemeinschaft – als ›Alibifrau‹ – oder wirklich als ›Fachfrau‹ belastet und sie entziehen sich nur selten diesen Aufgaben und der übertragenen Verantwortung.

Mathematiker sehen ebenfalls keine Benachteiligungen für Frauen in der Mathematik und teilen somit die Meinung ihrer Kolleginnen. Weiter halten die meisten Mathematiker Frauen und Männer im gleichen Maße für die mathematische Forschung befähigt, d. h. sie sehen keine biologisch bedingten Unterschiede. (Zu jeder Regel gibt es Ausnahmen, und nach wie vor muß man gerade bei diesbezüglichen Diskussionen mit extremen Meinungen und Vorurteilen rechnen.) Auch werden Frauen in den Augen von Mathematikern nicht anders behandelt als Männer. Bei aller Gleichheit – biologisch und sozial – zeigen Mathematiker jedoch häufig Bewunderung oder gar Stolz, wenn eine Mathematikerin die üblichen Qualifikationsstufen erfolgreich abschließt. Im Unterbewußten ist es in ihren Augen eben doch nicht ganz selbstverständlich, wenn eine Frau mathematisch erfolgreich ist. Sie haben es im allgemeinen gern, wenn Mathematikerinnen, vorzugsweise mit einem ›angenehmen‹ und ›unterhaltenden‹ Wesen, ihrem Kollegenkreis angehören.

Auch *Mathematikstudentinnen* fühlen sich nicht benachteiligt oder sagen es zumindest nicht. Falls ihre Studienwahl von anderen bewundert wird, jedoch in Frage gestellt wird, ob sie noch ›richtige Frauen‹ sein können, so weisen sie diese Bedenken in der Regel zurück. Sie studieren Mathematik, weil sie es in der Schule ›gern mochten‹ und es ihnen meist ›sehr leicht gefallen ist‹.

---

[28] Max Koecher (Hrsg.): Hel Braun. Eine Frau und die Mathematik 1933–1940. Der Beginn einer wissenschaftlichen Karriere. Springer Verlag, Berlin / Heidelberg 1990 S. iv.

[29] Siehe A. Wetterer: »Man marschiert als Frau auf Neuland« – Über den schwierigen Weg der Frauen in die Wissenschaften. In: U. Gerhardt, Y. Schütze (Hrsg.): Frauensituation. Suhrkamp Taschenbuch Wissenschaft 1988, für eine detaillierte Untersuchung und einen Vergleich mit männlichen Wissenschaftskarrieren.

Andere Studentinnen wollen zeigen, daß sie ›das‹ [Mathematikstudium] als Frauen auch schaffen. Sie sehen das Mathematikstudium als eine Herausforderung an das weibliche Geschlecht an. Eine aktive Unterstützung vom Elternhaus, der Schule oder aus dem Bekanntenkreis ist selten, allerdings wird die Entscheidung zum Mathematikstudium heutzutage akzeptiert. *Mathematikstudenten* dagegen begründen ihre Studienfachwahl häufig anders. Sie studieren Mathematik, weil es sie ›am meisten herausfordert‹, ›am schwersten‹ ist oder einfach weil Mathematik in Naturwissenschaft und Technik ›wichtig ist‹. Während ihres Studiums haben Mathematikstudentinnen nur selten eine wissenschaftliche Karriere vor Augen. Um einen wissenschaftlichen Weg überhaupt in Erwägung zu ziehen, brauchen sie einen Anstoß von ihren Betreuern. Die eigenen Leistungen werden häufig in Frage gestellt, wenn etwas im Studium anders verläuft als geplant. Selbst gute Beurteilungen im Studium und in den Abschlußprüfungen können diese fachliche Unsicherheit nicht beheben. Eine Einschätzung wie ›ich bin die Beste‹ erscheint unter Studentinnen unvorstellbar, kommt dagegen – ob zu recht oder nicht bleibe dahingestellt – bei männlichen Mathematikstudenten vor.

Trotz dieser Aussagen, die keine größeren Schwierigkeiten für Frauen in der Mathematik zu implizieren scheinen, scheitern alle Versuche, mehr qualifizierte Mathematikerinnen zu einer Karriere an der Hochschule zu bewegen. Ob die Entscheidung ›Karriere oder Familie‹ in Deutschland die Haupthürde für Frauen ist, oder ob es noch andere Gründe gibt, warum so wenig Mathematikprofessorinnen an deutschen Universitäten beschäftigt sind, bleibt damit vorerst ungeklärt.

An dieser Stelle erhebt sich natürlich eine Vielzahl von Fragen, die in dem vorliegenden Buch diskutiert werden: Wieso ist die wissenschaftliche Laufbahn für Frauen so unattraktiv? Wie werden (wenn überhaupt) Frauen im Wissenschaftsbetrieb diskriminiert? Ist Mathematik wirklich ein ›unweibliches‹ Fach? Was für ein Bild hat eine Mathematikerin in unserer Gesellschaft? Warum weichen Frauen immer wieder auf zur Mathematik verwandte Berufsfelder aus, anstatt eine Karriere als Mathematikerin anzustreben? Einen Überblick über die Situation von Mathematikerinnen in Deutschland gibt Irene Pieper-Seier in ihrem Beitrag. Anhand von Beispielen aus der Geschichte wird eine Bestandsaufnahme und Analyse vorgenommen.

Zahlreiche Studien belegen die Bedeutung der Erziehung für die weitere Entwicklung eines Kindes. Werden in dieser Zeit schon die Grundlagen für geschlechtspezifisches Verhalten gelegt? Oder denken Mädchen wirklich anders als Jungen? Ist das ein biologisches, ein soziales oder biologisch-soziales Phänomen? Welche unterschiedlichen Strategien zum Lösen von Problemen werden von Jungen und Mädchen benutzt? Ist mathematische Hochbegabung bei Jungen und Mädchen unterschiedlich ausgeprägt? Haben Mädchen ein breiteres Interessenfeld als Jungen? Eine Auseinandersetzung mit den psychologischen und biologischen Aspekten dieser Fragen findet sich in dem Artikel von Aiga Stapf. Die geschlechtsspezifischen Unterschiede im algorithmischen Denken werden von Inge Schwank analysiert. Unterschieden werden ein begrifflich-prädikatives (d. h. vorab strukturierendes und logische Urteile einsetzendes) und ein sequentiell-funktionales (d. h. etwas auf den Weg bringendes und wirkungsorientiertes) geistiges Zurechtlegen von Problemen.

Einen weiteren wichtigen Themenkomplex bildet die Schulerziehung, zu dem die Beiträge von Marianne Horstkemper, Christiane Funken, Anneliese Dick und Gertrud Effe-Stumpf vielerlei Anregungen liefern. Welche Rolle spielen die Erfahrungen der Schulzeit für die Wahl des Studienfaches? Stellt die Koedukation[30] wirklich einen Fortschritt dar? Welche Erfahrungen hat man früher und heute in geschlechtshomogenen Schülergruppen und bei der Erwachsenenbildung gemacht?

Marianne Horstkemper betrachtet die häufig als ›männliche Domäne‹ bezeichneten Bereiche Mathematik, Naturwissenschaft und Technik und untersucht Geschlechterunterschiede in schulischen Lern- und Interaktionsprozessen. Welche Bedeutung hat die Selbsteinschätzung der SchülerInnen und das Verhalten der LehrerInnen? Schließlich untersucht sie die Frage, von welchen Veränderungen des koedukativen Unterrichts Mädchen profitieren könnten. Statistiken ergeben, daß Schülerinnen in mathematisch-naturwissenschaftlichen Grund- und Leistungskursen der Oberstufe deutlich unterrepräsentiert sind. Anneliese Dick untersucht die Bedeutung der Interaktion zwischen SchülerInnen und den Einfluß der Unterrichtsinhalte auf die Kurswahl. Welche Konsequenzen lassen sich für den Umgang mit den ›Neuen Technologien‹ ableiten? Die Untersuchungen von Christiane Funken beziehen sich im wesentlichen auf den Informatikunterricht und die Computerbenutzung. Welchen Einfluß auf die Entwicklung haben die Erfahrungen mit Computer und Technik, die Kinder im privaten Bereich machen? Welche Be-

30 Nach Duden, Fremdwörterbuch, Bibl. Institut & F. A. Brockhaus AG, Mannheim 1990, ›Koedukation‹: Gemeinschaftserziehung von Jungen und Mädchen in Schulen und Internaten.

deutung kommt der Motivation zu? Sie stellt fest, daß Mädchen an Mädchenschulen wesentlich selbstbewußter und erfolgreicher mit dem Computer umgehen, als ihre Altersgenossinnen an gemischten Schulen. Der Schulalltag steht im Mittelpunkt des Artikels von Gertrud Effe-Stumpf. Wie sehr prägen die gängigen Unterrichtsmaterialien und Schulbücher das spezifische Rollenverhalten? In ihrem Beitrag entwickelt Gertrud Effe-Stumpf mögliche Unterrichtsmaterialien und gibt Anregungen zu einem mädchengerechteren Mathematikunterricht.

Nicht vernachlässigen darf man die Vorbildfunktion, welche von den Lehrenden ausgeht. Sind in der Schule mittlerweile Mathematiklehrerinnen keine Seltenheit mehr, so sieht dies an der Universität ganz anders aus. Kaum eine Mathematikstudentin wird jemals in den Genuß kommen, bei einer Frau eine Vorlesung zu besuchen. Ebenso erfährt man im Studium immer wieder einiges über die ›großen Männer der Mathematik‹, aber selten etwas über diejenigen Mathematikerinnen, die sich – trotz aller Schwierigkeiten – in der Mathematik einen Namen machten.

Die oft sehr interessanten Lebensschicksale von Mathematikerinnen verdeutlichen Probleme, die heute noch nichts von ihrer Aktualität verloren haben. Als ein Beispiel wird das Leben der ersten ordentlichen Mathematikprofessorin Sonja Kowalevskaya in dem Artikel von Almut Zwölfer vorgestellt. Kowalevskaya mußte sich mit vielfältigen Problemen auseinandersetzen bis ihre Fähigkeiten offiziell anerkannt wurden. Nicht zu vernachlässigen ist in ihrem Leben die Dreifachfunktion als Wissenschaftlerin, Frau und Mutter. Diese Problematik ist noch heute von großer Bedeutung.[31]

Einen weiteren Zeitraum der Geschichte – neben der Antike –, in dem Mathematik nicht als ›typisch männlich‹ angesehen wurde, studiert Jeanne Peiffer in ihrem Artikel. Sie untersucht die Möglichkeiten von Bildung und wissenschaftlicher Arbeit von Frauen zur Zeit der französichen Aufklärung. Jeanne Peiffer entwickelt ein überraschendes und unbekanntes Bild dieser Zeit. Sie kommt zu dem Schluß, daß im angehenden 18. Jahrhundert französische Aristokratinnen die Möglichkeit zu einer wissenschaftlichen Ausbildung in den Naturwissenschaften und der Mathematik regelrecht gefordert haben. Sie belegt ihre These durch verschiedene persönliche Aufzeichnungen von Frauen aus jener Zeit. Eine Vielzahl von populärwissenschaft-

[31] Für eine detaillierte Untersuchung siehe zum Beispiel U. GERHARDT: Frauenrolle und Rollenanalyse. In: U. GERHARDT, Y. SCHÜTZE (aaO.).

lichen Werken über Naturwissenschaft und Mathematik, die speziell für Frauen verfaßt wurden, bilden einen weiteren Ausgangspunkt für ihre Untersuchung.

Mathematik als weibliche Wissenschaft: Wie wir gesehen haben, sind die Probleme nicht leicht definiert und noch weniger leicht gelöst. Soziale Erwartung, kulturelle Haltung, Standardtests, Erziehungspraktiken, Spielzeug- und Spielerfahrung, Leistungsdruck, Wettbewerb und nicht zuletzt unser patriarchales Gesellschaftssystem verfälschen das Bild und müssen als ganzes, vernetztes Gebilde systematisch analysiert werden. Ziel dieses Buches ist, solchen und ähnlichen Themen nachzugehen und mit der Analyse zu beginnen. Vielleicht ist mit dieser expliziten Thematisierung des Konfliktfeldes ›Mathematik und Frauen‹ ein kleiner Schritt zur ›allmählichen Rückeroberung der Normalität‹ getan. Wir wissen zwar nicht, ob es wirklich etwas ›zurückzuerobern gibt‹ oder das Gebiet erst ›neu zu erobern‹ ist, aber wir können uns zumindest gut vorstellen, daß Mathematik nicht immer ein ›typisch‹ männliches Wissenschaftsgebiet war und daß Frauen wie Männer zu ihrer Entwicklung maßgebend beigetragen haben. Anhaltspunkte haben wir genug gegeben, und es bleibt der Phantasie der Leserinnen und Leser überlassen, sich eine eigene Meinung zu bilden.

In unseren Augen ist und war Mathematik immer ein ›normales Arbeitsfeld‹ für Frauen, was den etwas provokanten Titel des Buches näher erklären mag. Wir würden uns auf alle Fälle wünschen, daß in der breiten Öffentlichkeit Vorurteile abgebaut werden und mehr Frauen in die Mathematischen Institute vordringen werden. Nach wie vor sind die Machtpositionen in den deutschen Universitäten und insbesondere in den Mathematischen Instituten von Männern besetzt und Männer verteilen die Stellen. Heute wie in der Geschichte entscheiden sie damit, wie weit Frauen in die Wissenschaft eindringen dürfen. Unserer Meinung nach sollten die Wissenschaftler, also insbesondere Männer, sich dafür einsetzen, daß Frauen einen größeren Einfluß in den Universitäten bekommen. Leider wird die Notwendigkeit der Kooperation von Frauen und Männern immer noch zurückgedrängt und verleugnet.

In diesem Sinne möchten wir an alle Schülerinnen und Studentinnen, aber auch an alle Schüler und Studenten appellieren, sich nicht von eingefahrenen Meinungen leiten zu lassen. Die Mathematische Gemeinschaft braucht Frauen in ihren Reihen. Und falls jemand behauptet, daß Frauen im Durchschnitt um einige Prozent ›dümmer‹ sind als die Männer, so können immer noch 49 % der Frauen ›klüger‹ sein als der Durchschnitt der Männer.[32] Diese Aussage spiegelt die Irrelevanz der gängigen Stereotype wider. Wir hoffen, daß damit Ansporn genug gegeben ist, eine Mathematikkarriere als Frau ins Auge zu fassen.

---

[32] Idee aus V. Braitenberg: Gescheit sein, und andere unwissenschaftliche Essays. Haffmans Verlag, Zürich 1987, S. 16.

Literatur zum Thema ›Frauen und Mathematik‹

ALIC, MARGARET: Hypatias Töchter. Unionsverlag, Zürich 1987.

AICHELE-MEY, MONIKA; KRAHN, HELGA; NIEDERDRENK-FELGNER, CORNELIA: Mädchen und Computer. Arbeitsberichte Mathematik / Informatik / Naturwissenschaften. Deutsches Institut für Fernstudien an der Universität Tübingen, Tübingen 1989.

AVELSGAARD, CAROL: Women in mathematics: The silent minority. The mathematical Intelligencer 10 (1988), 32–34.

BATH, CORINNA; SCHÄLICKE, NICOLA; KNIPPING, CHRISTINE (HRSG.): Frauen und Mathematik. Fachbereich Mathematik. FU Berlin 1991.

DE BEAUVOIR, SIMONE: Das andere Geschlecht. Rowohlt Verlag GmbH, Hamburg 1989. (Erste deutsche Auflage 1951, erste französische Auflage 1949).

BENBOW, CAMILLA PERSSON; STANLEY, JULIAN J.: Sex Differences in Mathematical Ability: Fact or Artifact? Science 210 (1980), 1262–1264.

BENBOW, CAMILLA PERSSON; STANLEY, JULIAN J.: Sex Differences in Mathematical Ability: More Facts. Science 222 (1983), 1029–1031.

BERGHAHN, SABINE; AAROE, KIRSTEN; TAPPESER, BEATRIX; SCHUCHALTER-EICKE, GABRIELE (Hrsg.): Wider die Natur? Frauen in Naturwissenschaft und Technik. Elefanten Press, Berlin 1984.

BLUM, LEONORE: Women in Mathematics. An international perspective, eight years later. Mathematical Intelligencer 9 (1987), 29–32.

BISCHOF, NORBERT: Das Rätsel Ödipus. Die biologischen Wurzeln des Urkonfliktes von Intimität und Autonomie. Piper Verlag, München 1989.

BISCHOF, NORBERT; PREUSDORFF, HOLGER (Hrsg.): Geschlechtsunterschiede. Entstehung und Entwicklung. Mann und Frau in biologischer Sicht. Beck Verlag, Beck'sche Reihe, München 1980.

BOYKAN POU-EL, MARIAN: Spatial separation in family life: A mathematician's choice. In: Lynn A. Steen: Mathematics Tomorrow, Issues of Equality, S. 187–194. Springer Verlag, Heidelberg, Berlin 1981.

BUCCIARELLI, LOUIS L.; DWORSKY, NANCY: Sophie Germain. An essay in the history of the theory of elasticity. D. Reidel Publishing Company, Dordrecht / Boston / London 1980.

CHOWDHURY, M. R.: Koblitz, Klein and Kovalevskaia. The Mathematical Intelligencer 8 (1986), 68–71.

CLARK KENSCHAFT, PATRICIA: Charlotte Angas Scott (1858–1931). In: DUREN, P. (Hrsg.): A century of mathematics in America, Part III, S. 241–252. AMS, History of mathematics, Vol. 3, 1989.

Dick, Auguste: Emmy Noether. 1882–1935. Birkhäuser Verlag, Boston / Basel / Stuttgart 1981.

Eckelt, Irmgard: Mathematik – nix für Frauen?!! Albatros Verlag, Frankfurt 1981.

Effe-Stumpf, Gertrud; Glässing, Gabriele; Habigsberg, Annette: Weibliche Wege zu Naturwissenschaft und Computer? Unterricht, Frauenstudien. Ambos, Band 27, Bielefeld 1988.

Ernest, John: Mathematics and sex. The Amer. Math. Monthly 83 (1976), 595–614.

Faulstich-Wieland, Hannelore; Dick, Anneliese: »Wir Mädchen können das, auch wenn die Jungen lachen (...)« Dokumentation und Vorerhebung des Vorhabens »Mädchenbildung und neue Technologien.« Hessisches Institut für Bildungsplanung und Schulentwicklung, Wiesbaden 1988.

Feingold, Alan: Cognitive Gender Differences are Disappearing. American Psychologist 43 (1988), 95–103.

Fennema, Elizabeth: Sex-related Differences in Mathematics Achievement: Where and Why? In: L. H. Fox et al. (Hrsg.): Women and the Mathematical Mystique, S. 76–90, The John Hopkins University Press, Baltimore 1980.

Fölsing, Ulla: Nobel-Frauen. Naturwissenschaftlerinnen im Portrait. Beck Verlag, Beck'sche Reihe, München 1990.

Fox, Lynn H.; Brody, Linda; Tobin, Dianne: Woman and the mathematical mystique. John Hopkins University Press, Baltimore, London 1976.

Fox Keller, Evelyn: Liebe, Macht und Erkenntnis. Männliche oder weibliche Wissenschaft? Hanser Verlag, München / Wien 1986.

Frougny, Christiane; Peiffer, Jeanne: Der mathematische Formalismus – eine Maschine, die Wahres aussondert. In: Naturwissenschaftlerinnen: Einmischung statt Ausgrenzung. Feministische Studien 4 (1985), 61–77. Beltz GmbH & Co.KG, Weinheim 1985.

Feyl, Renate: Der lautlose Aufbruch. Frauen in den Wissenschaften. Sammlung Luchterhand, Darmstadt, 3. Auflage 1989 (1. Auflage 1983).

Flad-Schnorrenberg, Beatrice: Der wahre Unterschied: Frau sein – angeboren oder erlernt? Herder Verlag, Freiburg 1978.

Fuchs, Margot (Hrsg.): Naturwissenschaft und Technik – doch Frauensache? Dokumentationsband. flv – Frauenliteraturvertrieb, Wiesbaden 1986.

Gerhardt, Uta: Frauenrolle und Rollenanalyse. In: U. Gerhardt, Y. Schütze (Hrsg.): Frauensituation. Suhrkamp Taschenbuch Wissenschaft 1988.

Gerhardt, Uta; Schütze, Yvonne (Hrsg.): Frauensituation. Suhrkamp Taschenbuch Wissenschaft 1988.

Grabrucker, Marianne: »Typisch Mädchen (...)« Prägung in den ersten drei Lebensjahren. Ein Tagebuch. Die Frau in der Gesellschaft. Fischer Taschenbuch Verlag, Frankfurt a. M. 1985.

Green, Judy; LaDuke, Jeanne: Women in American Mathematics: A century of contributions. In: Duren, P. (Hrsg.): A century of mathematics in America, Part II, S. 379–398. AMS, History of mathematics, Vol. 2, 1989.

GRINSTEIN, LOUISE S.; CAMPBELL, PAUL J.: Anna Johnson Pell Wheeler (1883–1966). In: DUREN, P. (Hrsg.): A century of mathematics in America, Part III, S. 293–297. AMS, History of mathematics, Vol. 3, 1989.

GRINSTEIN, LOUISE S.; CAMPBELL, PAUL J. (Hrsg.): Women in Mathematics. A bibliographic sourcebook. Greenwood Press, Inc., Westport, Conneticut 1987.

HARDING, SANDRA: The science question in feminism. Cornell University Press 1986.

HARDING, SANDRA; O'BARR, JEAN F.: Sex and scientific inquiry. University of Chicago Press, Chicago / London 1987.

HICKEL, ERIKA: Naturwissenschaft aus Sicht der Frauen. In: SCHERER, IRENE; THUNECKE, INKA (Hrsg.): Frauen in Naturwissenschaft und Technik. Natur und Technik – Geist und Gesellschaft. S. 55–60. Tüte Sonderheft, Tübinger Termine Verlags GmbH 1989.

JACKLIN, CAROL NAGY: Female and Male: Issues of Gender. American Psychologist 44 (1989), 127–132.

JACKSON, ALLYN: Encouraging women in math and science. Notices of the AMS 37 (1990), 5–6.

JACKSON, ALLYN: Feminist critiques of science. Notices of the AMS 36 (1989), 669–672.

JUNGINGER, GABRIELE (Hrsg.): Maria Gräfin von Linden. Erinnerungen der ersten Tübinger Studentin. Attempto Verlag, Tübingen 1991.

KAISER-MESSMER, GABRIELE: Frauen und Mathematik – ein verdrängtes Thema der Mathematikdidaktik. Zentralblatt der Didaktik der Mathematik (1989), 56–66.

KELLER, HEIDI (Hrsg.): Geschlechtsunterschiede. Psychologische und physiologische Grundlagen der Geschlechterdifferenzen. Beltz Verlag 1979.

KENNEDY, DON H.: Little Sparrow: A portrait of Sophia Kovalevsky. Ohio University Press, Athens (Ohio) / London 1983.

KIEN, JENNY: Die unsichtbaren Frauen in den Naturwissenschaften. In: Scherer, Irene; Thunecke, Inka (Hrsg.): Frauen in Naturwissenschaft und Technik. Natur und Technik – Geist und Gesellschaft. S. 16–20. Tüte Sonderheft, Tübinger Termine Verlags GmbH 1989.

KIEN, JENNY: Gibt es »weibliche« und »männliche« Naturwissenschaft? Analyse von Beispielen aus der Hirnforschung. In: SCHERER, IRENE; THUNECKE, INKA (Hrsg.): Frauen in Naturwissenschaft und Technik. Natur und Technik – Geist und Gesellschaft. S. 43–46. Tüte Sonderheft, Tübinger Termine Verlags GmbH 1989.

KOECHER, MAX (Hrsg.): Hel Braun. Eine Frau und die Mathematik 1933–1940. Der Beginn einer wissenschaftlichen Karriere. Springer Verlag, Berlin / Heidelberg 1990.

KOBLITZ, ANN HIBNER: A convergence of lives. Sofia Kovalevskaia: Scientist, writer, revolutionary. Birkhäuser Verlag, Boston / Basel / Stuttgart 1983.

KOBLITZ, ANN HIBNER: Sofia Kovalevskaia and the mathematical community. The Mathematical Intelligencer 6 (1984), 20–29.

KOBLITZ, ANN HIBNER: A reply to Chowdhury. The Mathematical Intelligencer 8 (1986), 71–72.

LAFORTUNE, LOUIS (Hrsg.): Femmes et mathématique. Les éditions du revenue-ménage, Montréal 1986.

MAURER, MAGARETE: Die Verdrängung der Frauen aus Naturwissenschaften und Technik. In: SCHLÜTER, ANNE; KUHN, ANNETTE (Hrsg.): Lila Schwarzbuch: zur Diskriminierung von Frauen in der Wissenschaft, S. 234–256. Schwann Verlag, Düsseldorf 1986.

MERCHANT, CAROLYN: Der Tod der Natur. Ökologie, Frauen und neuzeitliche Naturwissenschaften. Beck Verlag, München 1987.

METZ-GÖCKEL, SIGRID; NYSSEN, ELKE: Frauen leben Widersprüche. Zwischenbilanz der Frauenforschung. Edition Soziales. Beltz Verlag, Weinheim / Basel 1990.

MOZANS, H. J.: Woman in science. D. Appleton and Company, 1913, Nachdruck: MIT Press, Cambridge (Massachusetts) 1974.

OGILVIE, MARILYN B.: Women in science. Antiquity through the nineteenth century. A biographical dictionary with annotated bibliography. MIT Press, Cambridge (Massachusetts), London 1988.

OSEN, LYNN M.: Women in mathematics. MIT Press, Cambridge (Massachusetts) 1974, 9th printing 1988.

PERL, TERI: Math Equals. Biographies of women mathematicians + Related activities. Addison-Wesley Publishing Company. Philippines 1978.

POIANI, EILEEN L.: The real energy crisis. In: LYNN A. STEEN: Mathematics Tomorrow, Issues of Equality, S. 155–163. Springer Verlag, Heidelberg / Berlin 1981.

PUSCH, LOUISE F.: Feminismus. Inspektion einer Herrenkultur. Suhrkamp Verlag, Frankfurt a. M. 1983.

REES, MINA; interviewed by DANA, R.; HILTON, P. J.: In: Mathematical People. Profiles and Interviews. D. J. ALBERS; G. L. ALEXANDERSON (Hrsg.), S. 255–267. Birkhäuser Verlag, Boston / Basel / Stuttgart 1985.

REID, CONSTANCE; interviewed by Alexanderson, G. L.: In: Mathematical People. Profiles and Interviews. D. J. ALBERS, G. L. ALEXANDERSON (Hrsg.), S. 269–280. Birkhäuser Verlag, Boston / Basel / Stuttgart 1985.

REID, CONSTANCE; ROBINSON, RAPHAEL M.: Julia Bowman Robinson (1919–1985). In: DUREN, P. (Hrsg.): A century of mathematics in America, Part III, S. 405–413. AMS, History of mathematics, Vol. 3, 1989.

RUBIN, VERA C.; STRYKER, LINDA L.: Review of »A Convergence of Lives« by A. HIBNER KOBLITZ. The Mathematical Intelligencer 7 (1985), 69–73.

RUPP, ELKE: Die Beginne des Frauenstudiums an der Universität Tübingen. Tübingen 1978.

SARGES, HEIDRUN: Frau und Mathematik – Mädchen und Mathematikunterricht. In: LOUISE F. PUSCH: Feminismus. Inspektion einer Herrenkultur. Suhrkamp Verlag, Frankfurt a. M. 1983.

SCHAFER, ALICE T.: Women and mathematics. In: LYNN A. STEEN: Mathematics Tomorrow, Issues of Equality, S. 165–185. Springer Verlag, Heidelberg / Berlin 1981.

SCHERER, IRENE; THUNECKE, INKA (Hrsg.): Frauen in Naturwissenschaft und Technik. Natur und Technik – Geist und Gesellschaft. Tüte Sonderheft, Tübinger Termine Verlags GmbH 1989.

SCHLÜTER, ANNE; KUHN, ANNETTE (Hrsg.): Lila Schwarzbuch: zur Diskriminierung von Frauen in der Wissenschaft. Schwann Verlag, Düsseldorf 1986.

SCHMIDT, WILLI; SCRIBA, CHRISTOPH J. (Hrsg.): Frauen in den exakten Naturwissenschaften. Franz Steiner Verlag, Stuttgart 1990.

SCHOCH, ANNEMARIE: Frauen in Naturwissenschaft und Technik. Ein Überblick über die neuere Literatur. Diplomarbeit Bibliothekswesen, Stuttgart 1989.

SCHRÖDER, J.: Die neuzeitliche Entwicklung des mathematischen Unterrichts an den höheren Mädchenschulen Deutschlands. Teubner Verlag, Leipzig / Berlin 1913.

SCROCKE, B.: Mädchen und Mathematik. Wiesbaden 1989.

SERIES, CAROLINE: Review of the »Problem of Women and mathematics« by L. H. Fox. The Mathematical Intelligencer 5 (1983), 52–53.

SMORYŃSKI, C.: Julia Robinson. In Memoriam. The Mathematical Intelligencer 8 (1986), 77–79.

SRINIVASAN, BHAMA: Ruth Moufang, 1905–1977. The Mathematical Intelligencer 6 (1984), 51–55.

TAUSSKY-TODD, OLGA: An autobiographical essay. In: Mathematical People. Profiles and Interviews. D. J. ALBERS, G. L. ALEXANDERSON (Hrsg.), S. 309–336. Birkhäuser Verlag, Boston / Basel / Stuttgart 1985.

TEE, G. J.: The pioneering women mathematicians. The Mathematical Intelligencer 5 (1983), 27–36.

TOBIAS, SHEILA: Overcoming math anxiety. Houghton-Mifflin, Boston 1980.

VOLLRATH, MARGARETE: Studentinnen: Streß und Streßbewältigung im Studium. Campus Verlag, Frankfurt / New York 1988.

WETTERER, ANGELIKA: »Man marschiert als Frau auf Neuland« – Über den schwierigen Weg der Frauen in die Wissenschaften. In: U. GERHARDT, Y. SCHÜTZE (Hrsg.): Frauensituation. Suhrkamp Taschenbuch Wissenschaft 1988.

WOOLF, VIRGINIA: Ein Zimmer für sich allein. Fischer Verlag, Frankfurt am Main 1989 (Erste englische Auflage 1929).

ZIMMER, DIETER E.: Sexualhormone und die Mathematik. Die Zeit, Dezember 1988, Nr. 49.

ZITELMANN, ARNULF: Hypatia. Beltz-Verlag, Weinheim 1988, und Deutscher Taschenbuchverlag GmbH & Co. KG, München 1990.

Studien- und Arbeitsbedingungen von Mathematikerinnen an westdeutschen Hochschulen

Irene Pieper-Seier

Meine Herren, ich kann nicht einsehen, warum das Geschlecht des Kandidaten ein Argument gegen ihre Zulassung als »Privatdozent« ist. Schließlich ist der [Universitäts-]Senat doch keine Badeanstalt.

Hilbert auf die Einwände zum Habilitationsantrag von Emmy Noether

Das Thema dieses Beitrags ist so gewählt, um eine Übersicht über Probleme des Verhältnisses von Frauen zur Mathematik zu geben, soweit sie mit der Aneignung und Produktion von Mathematik unter unseren kulturellen und gesellschaftlichen Bedingungen zusammenhängen. Die Berufsgruppen der Mathematiklehrerinnen, der Mathematikerinnen in der Industrie und im Dienstleistungsbereich sind hier jedenfalls in ihrer Ausbildung mit erfaßt. Über ihren Berufsalltag gibt es meines Wissens keine verallgemeinerbaren Erkenntnisse, die sowohl frauen- als auch mathematikspezifisch sind.[1] Mathematikerinnen in anderen Ländern befinden sich, mindestens in Westeuropa und Nordamerika, in einer vergleichbaren Situation; dennoch sind die Unterschiede durch nationale Besonderheiten beispielsweise der Geschichte, des Bildungswesens und der kulturellen Traditionen vielfältig. Einen systematischen und detaillierten internationalen Vergleich kann ich hier nicht leisten.

Dieser Text beruht nicht auf einer empirischen Studie, sondern auf Zusammenfassung, Analyse und Interpretation von vielfältigem einschlägigen Material. So wurden historische und biographische Darstellungen, Statistiken, erziehungs- und sozialwissenschaftliche, psychologische und wissenschaftstheoretische Beiträge herangezogen.[2] Eine eigene etablierte Fachrichtung ›Frauenforschung in der Mathematik‹, die das Thema umfassend aufgreift und die dann, wie zum Beispiel die Mathematikgeschichte oder die Fachdidaktik, zu den metamathematischen Fächern zählen würde, gibt es in der

[1] Einiges Material ist in [13] enthalten. Eine umfassende Studie, wie sie für Ingenieurinnen in [16] vorgelegt wurde, fehlt bisher sowohl für Mathematikerinnen als auch für Naturwissenschaftlerinnen.

[2] Die beigefügte Literaturliste gibt nur eine Auswahl.

Bundesrepublik Deutschland nicht.[3] Einige Aufsätze zum Thema Mädchen im Mathematikunterricht zeigen, daß die Fragestellung in der Mathematikdidaktik an Interesse gewinnt.[4]

Als Professorin an der Universität Oldenburg lehre ich vorrangig in Algebra, mein Arbeitsgebiet im engeren Sinn sind die Grundlagen der Geometrie. Das Thema Frauen und Mathematik habe ich mehrfach in Seminaren behandelt. Mit den bisher vorliegenden Ergebnissen bin ich noch nicht zufrieden, zumal es mir an methodischer Kompetenz in den Geisteswissenschaften mangelt. Es fehlt auch der systematische Zusammenhang und die Zusammenarbeit und der Austausch mit anderen, die an diesem Thema arbeiten. Dieser Beitrag ist also erst ein Anfang. Es ging mir darum, diejenigen Faktoren, die nach meiner Erfahrung und Beurteilung für die Arbeit von Frauen im mathematischen Wissenschaftsbetrieb von spezifischer Bedeutung sind, zu benennen und ihre Wirkungen zu beschreiben.[5]

I. Mit welchen Erfahrungen tritt eine Mathematikstudentin in die Universität ein?[6]

Empirische Studien für die Bundesrepublik Deutschland (und die USA) belegen, daß die mathematische Leistungsfähigkeit in der Schule allenfalls nach der Pubertät geschlechtsspezifische Unterschiede aufweist, die zudem eher gering sind. In vergleichbaren Ländern wie beispielsweise Italien konnten gar

---

[3] Hier sind zum Thema einige wenige Arbeiten erschienen, wie [15, 26, 27, 28]. In den USA ist die mathematikspezifische Frauenforschung viel weiter entwickelt. Außer materialreichen historischen und biographischen Übersichten (siehe etwa [25, 23, 12, 22, 29]) gibt es dort eine Vielzahl von Aufsätzen, die verschiedene Teilaspekte, häufig auf der Grundlage empirischer Untersuchungen, behandeln und die zum Teil auch in mathematischen Fachzeitschriften erscheinen.

[4] Als neuere Arbeiten sind besonders [17] und [31] hervorzuheben.

[5] Eine umfangreiche systematische Bestandsaufnahme zum Thema Frauen in der Wissenschaft, die auch auf die Unterschiede in den Fächern eingeht und die Ergebnisse u. a. mit einer Fülle von Interviewaussagen sehr plastisch belegt, ist [21]. Interessant sind auch [6] und [7].

[6] Der folgende Abschnitt ist im wesentlichen eine stark verkürzte Zusammenfassung von [17] und [28]. Die Dissertation [31] behandelt die geschlechtsbezogenen Aspekte des Mathematikunterrichts sowohl historisch als auch systematisch sehr gründlich. Zur Frage der Entwicklung des Selbstvertrauens vergleiche auch [14].

keine solchen Unterschiede festgestellt werden. Es gibt keine Evidenz für biologische Unterschiede, wenn auch einige amerikanische Autoren, wie Benbow, für die Erklärung von Ergebnissen amerikanischer Standardtests solche biologischen Interpretationsmuster in Erwägung ziehen. Auffällig sind Unterschiede in der Selbsteinschätzung: Mädchen gehören seltener zu der Gruppe im Mathematikunterricht, die leistungsorientiert und leistungsstark ist, eine hohe Meinung von ihren Fähigkeiten hat, Erfolge auf eigene Leistung und Mißerfolge auf Pech, zu geringen Einsatz oder andere äußere Umstände zurückführt.

Im Mathematikunterricht (und in der Sachkunde) neigen Lehrer und Lehrerinnen zu wesentlich stärkerer Beachtung, Lob und Ermutigung von Jungen. Mädchen werden in der Schule immer noch mehr für Anpassungsleistungen belohnt, Jungen eher für Initiative und Neugier, also für solches Verhalten, das Grundlage für eine wissenschaftliche Betätigung ist. Die Erziehung der Mädchen ist, entsprechend der gesellschaftlich akzeptierten Auffassung von weiblicher Identität, auf Fähigkeiten ausgerichtet, die wesentlich und grundlegend für Beziehungsarbeit sind. Das ist jedenfalls die Norm. Mathematik gilt dagegen als ein Feld männlicher Betätigung, häufig genug wird diese Einschätzung unterstützt dadurch, daß die Nützlichkeit von Mathematik an traditionell männlichen Berufsfeldern wie zum Beispiel der Technik ausgewiesen wird. Mädchen setzen im Ergebnis ihrer Erziehung eher auf Kooperation und Anpassung als auf Konkurrenz. Sie lernen eher, Konflikte zu vermeiden als sie auszutragen und sich durchzusetzen.

Ein Mädchen, eine junge Frau entscheidet sich im allgemeinen für das Mathematikstudium nicht in Kenntnis dieser Faktoren. Es ist aber, vor allem solange die genannten Rollenzuweisungen weiterbestehen und die Studienfachwahl – meist während der Pubertät – stark beeinflussen, nicht erstaunlich, daß Frauen sich deutlich seltener als Männer zum Mathematikstudium entscheiden (vgl. [6]). Sie brauchen dafür eine positive Selbsteinschätzung ihrer Leistungsfähigkeit und Ermutigung und Zuspruch von Lehrern, Eltern oder sonst wichtigen Personen. Und daran mangelt es eben oft, selbst wenn sie Spaß an Mathematik haben und sich eine berufliche Zukunft damit vorstellen können.

II. Mathematik ist männlich dominiert

Diese Aussage wird durch Fakten belegt.[7] Die beiden folgenden Tabellen geben den Prozentsatz von Frauen (Studentinnen / Wissenschaftlerinnen) an den (bundes-)deutschen Universitäten an.

Die erste Tabelle bezieht sich auf das Studium und die Abschlüsse ›Diplom‹ und ›Promotion‹, insbesondere im Fach Mathematik. Für die unteren Ausbildungs- und Karrierestufen (zweite Tabelle) gibt es keine Mathematik-bezogene Statistik. Deutlich sind aber auch schon in der allgemeinen Übersicht Sprünge zwischen den aufeinanderfolgenden Karrierstufen (vgl. [7]).

1. *Anteil der Studentinnen bei den*

StudienanfängerInnen in allen Fächern	1986	50,2 %
Studierenden	1986	37,9 %
	1987	40,7 %
Studierenden in Mathematik und Naturwissenschaften (ohne Lehramt, einschl. Fachhochschulen)	1986	31,5 %
StudienanfängerInnen in Mathematik an Universitäten und Gesamthochschulen (einschl. Lehramt)	1986	37,5 %
Diplomprüfungen in Mathematik	1986	20,6 %
	1987	24,1 %
Promotionen in allen Fächern	1985	24,1 %
	1987	26,3 %
Promotionen in Mathematik	1985	9,5 %
	1986	10,0 %
	1987	8,8 %

2. *Anteil der Frauen bei den*

bei den Studierenden	1987	40,7 %
der Abschlußprüfungen (alle Arten)	1987	41,7 %
der Promotionen	1987	26,3 %
der Habilitationen	1987	7,7 %
der Stellen des Wissenschaftlichen Personals	1987	16,6 %
der Professuren (C2–C4)	1987	5,0 %
der C4-Professuren.[8]	1987	2,6 %

---

[7] Die Zahlenangaben sind [6, 7] und den Mitteilungen der Deutschen Mathematiker-Vereinigung vom April 1990 entnommen. Sie basieren auf Angaben des Statistischen Bundesamtes.

[8] Bei diesen Zahlen ist noch zu beachten, daß auch solche Fächer wie Haushalts- oder Textilwissenschaften in der Statistik enthalten sind, in denen 25 % der Profes-

Diese Zahlen weisen die Universität insgesamt noch immer als Männer-Domäne aus. Bei den Professoren und Habilitierten gibt es für die Mathematik genaueres Material. Das Verzeichnis [19] enthält Personalangaben für 54 bundesdeutsche Hochschulen mit mathematischen Instituten oder Fachbereichen. Nach diesen Angaben gibt es in 30 dieser Institutionen weder eine Professorin noch eine Dozentin in Mathematik. In den übrigen 24 Hochschulen arbeiten insgesamt *30 Hochschullehrerinnen in Mathematik* (einschließlich Mathematik-Didaktik). Eine Detailstatistik, die auch noch die Art der Stellen ausweist und die auch die wissenschaftlichen Mitarbeiterinnen erfaßt, gibt es leider nicht.[9] Man muß aber annehmen, daß die Zahlen für Mathematik deutlich unter denen für das gesamte Fächerspektrum liegen.

Wie nehmen sich diese Zahlen im historischen Vergleich aus? Der Frauenanteil an den Mathematikstudierenden lag in der Zeit von 1925–1930 schon einmal bei 33 %; damals gab es als mathematische Studiengänge nur Versicherungsmathematik (nicht an allen Universitäten) und Lehramt an Gymnasien.[10] Einen solch relativ hohen Anteil hat es dann während des Krieges noch einmal gegeben, entsprechend dem insgesamt hohen Anteil der Studentinnen in allen Fächern. Nach dem Krieg sank der Studentinnenanteil insgesamt auf etwa 16 % (vgl. [21]). Zur Zeit meines Studienbeginns 1961 war ein Viertel der Studentenschaft weiblich, in Mathematik waren es vielleicht knapp 10 % Studienanfängerinnen (an der Universität Hamburg). Ganz wenige davon studierten mit Ziel Diplom.

In der Zeit von 1920–1945 haben sich in Deutschland vier Frauen für Mathematik habilitiert (nach [20]), nämlich:

1920 Emmy Noether[11] in Göttingen
1927 Hilda Geiringer[12] in Berlin
1936 Ruth Moufang[13] in Frankfurt
1940 Hel Braun[14] in Göttingen.

---

fessuren von Frauen besetzt sind – und 75% von Männern, trotz des angeblich weiblichen Charakters dieser Gebiete, siehe dazu [21].

9 Die Deutsche Mathematiker-Vereinigung hat bisher auch keine Angaben über den Anteil der weiblichen Mitglieder gemacht.

10 Genauere Angaben sind in [13] enthalten. Das Diplom in Mathematik wurde 1942 eingeführt, siehe auch Gert Schubring: Zur strukturellen Entwicklung der Mathematik an den deutschen Hochschulen 1800–1945; in [20].

11 Emmy Noether gehört zu den wenigen Frauen in Mathematik / Naturwissenschaften, über die ausführliche Biographien erarbeitet wurden (und deren Gesammelte Werke erschienen sind): siehe dazu [9, 5, auch 23].

Hel Braun, Göttingen 1949

Wie sahen ihre Karrieren aus? Emmy Noether und Hilda Geiringer wurden 1933 entlassen, weil sie Jüdinnen waren, und gingen ins Exil. Ruth Moufang wurde – als Frau – die venia legendi verwehrt. Sie mußte die Universität verlassen, arbeitete bis 1946 bei Krupp, war dann Privatdozentin und wurde (erst) 1957 Professorin. Hel Braun war bis 1947 Privatdozentin, dann apl. Professorin zunächst in Göttingen, später in Hamburg und wurde dort 1968 ordentliche Professorin. Für alle vier gilt: Im Vergleich mit Männern zu dieser Zeit ist das keine Normalkarriere.

Die (aktuellen) Zahlen zeigen trotz des feststellbaren Anwachsens: Studentinnen in der Mathematik sind deutlich in der Minderheit. Sie finden an den meisten Universitäten im Lehrkörper keine Frau, die ihnen als Vorbild oder Beraterin oder Identifikationsmodell helfen könnte, mit ihrer Außenseiterposition fertig zu werden und eine Identität als Mathematikerin zu finden.

[12] Eine Kurzbiographie ist in [12, S. 41–46] enthalten.

[13] Siehe dazu [30].

[14] Die Autobiographie [4] behandelt die Zeit bis zur Habilitation.

Es kommt hinzu, daß die wenigen Frauen, die eine mathematische Karriere an der Universität gemacht haben, sich selbst oft genug – und die Umstände sind ja auch danach – als Exotin empfinden, deren Dasein für junge Frauen nur unter ganz besonderen Bedingungen erstrebenswert ist. Die Minderheitsposition führt natürlich dazu, daß Studentinnen in Mathematik leichter auffallen. Das kann sich positiv auswirken, wenn die betreffende Frau ein starkes Selbstbewußtsein hat, leistungsstark ist und entsprechende Bestätigung und Förderung findet.[15] Für viele Frauen ist aber dieser Zustand eine zusätzliche Belastung. Sie fühlen sich ständig unter Beobachtung und Druck, obwohl sie doch nur ein ganz normales Studium absolvieren wollen. Eine solche Erfahrung kann unter Umständen dazu führen, daß eine an sich mögliche Promotion[16] nicht angefangen wird, oder ein Wechsel in einen Studiengang, in dem Frauen nicht so auffallen, z. B. ins Lehramt, womöglich in einer ›niedrigeren‹ Schulart, oder in ein anderes Fach, erfolgt.

Die zahlenmäßig begründete und erfahrene Außenseiterposition wird durch andere Faktoren, die noch zu nennen sein werden, verstärkt. Sie kann erleichtert werden, wenn die Mitglieder des Lehrkörpers sich stärker zu mehr persönlicher Ermutigung und Lob für Frauen entschließen könnten, mindestens immer dann, wenn sie sie bei gleichrangigen Leistungen von Studenten aussprechen würden. Wenn das nicht geschieht, handelt es sich objektiv um Diskriminierung, auch wenn es subjektiv nicht beabsichtigt ist (und die Gründe irgendeiner psychologischen Natur sind).

Die Minderheitsposition wird immer deutlicher, je weiter frau auf der Karriereleiter steigt, wenn sie es überhaupt schafft. Bewirbt sie sich, ist sie – meistens – die einzige Frau, Unterlagen werden besonders penibel geprüft. Außer den ›objektiven‹ Daten wie Publikationsliste und Lehrerfahrung spielt schließlich auch die erwartete ›Harmonie‹ mit den Kollegen eine wichtige Rolle. Wie in (fast) allen Berufen wird die Norm von Männern gesetzt: Sie sind für die Arbeit voll verfügbar, weitgehend frei von Familienaufgaben und haben einen ununterbrochenen Karriereverlauf, jedenfalls im Idealfall. Am besten ist auch noch ein Auslandsaufenthalt zum Studium oder als post-

[15] Hel Braun betont in [4] gerade diesen Aspekt als positive Erfahrung, im Gegensatz zu der von Ruth Moufang als diskriminierend erlebten Situation.

[16] Zur Entscheidung gegen eine Promotion tragen andere Faktoren vermutlich stärker bei, die auch im spezifischen Charakter der Mathematik und ihren Arbeitsweisen begründet sein könnten. Gerade zu dieser Frage wäre eine Nachforschung von Interesse.

graduate, eine lange Publikationsliste, reichlich Lehrerfahrung und die Fähigkeit, sich selbst als den Besten darzustellen, ohne allzu eitel zu wirken. Frauen können dieser Norm häufig nicht genügen; viele wollen auf Familie nicht verzichten und so wie die Verhältnisse meist sind, haben sie dann den größten Teil der Familienaufgaben. Das führt zu weniger Publikationen und beeinträchtigt die Chancen. Auf das andere Konkurrenzverhalten habe ich schon hingewiesen.[17] Möglicherweise sind Frauen auch auf Grund zurückhaltender Selbsteinschätzung zögerlicher, Arbeiten bei Zeitschriften einzureichen. Dafür fehlt mir ein empirischer Beleg.[18]

Die hohe Abstraktheit und Spezialisierung in der Mathematik läßt eine wissenschaftliche Kommunikation, und das heißt auch verständige Würdigung der Leistung eines Mathematikers von außerhalb der Mathematik meistens nicht zu. Das ist schon lange so, vielleicht neigen Mathematiker deshalb so sehr dazu, sich wie eine Gemeinde von Rechtgläubigen aufzuführen.[19] Man könnte das natürlich auch als Männerbündelei bezeichnen. Auch wenn diese Haltung heute nicht mehr als offene Abwehr von Frauen ausgelebt wird, so könnte sie dennoch bei der Beurteilung der Qualifikation von konkurrierenden Männern und Frauen eine Rolle spielen, denn da gibt es ja nicht nur objektive Kriterien.

An diesem Punkt, denke ich, ist es mit Appellen allein nicht getan, oder mit gutem Willen. Hier müssen Entscheidungsstrukturen so geschaffen werden, daß Frauen bessere Karrierechancen haben. Die Bund-Länder-Kommission hat in ihrem Bericht zur »Förderung von Frauen im Bereich der Wissenschaft« [7] sehr interessante und vermutlich wirksame Vorschläge gemacht.

III. Mathematik ist in ihrem heutigen Zustand größtenteils das Werk von Männern

Mathematik und Rechenkunst war in den abendländischen Zivilisationen von Beginn an das Wissen einer Elite, die politisch oder ökonomisch auch Macht

[17] Der Bericht [7] beschreibt die Problemsituation detaillierter. Eine Verbesserung der Situation für Frauen hat sich seit Mitte der 60er Jahre schon dadurch ergeben, daß offene Stellen auch im Wissenschaftsbereich ausgeschrieben werden.

[18] Eine Untersuchung über das Publikationsverhalten, die Produktivität und die bevorzugten Arbeitsgebiete von Frauen in der Mathematik fehlt bisher.

[19] J. Dieudonné beschreibt in [10] die ›Mathematikergemeinde‹, ihre Entwicklung und Bedeutung, ohne auf die Geschlechterfrage einzugehen.

hatte.[20] Und, außer in Ausnahmefällen, waren Frauen von dieser Elite ausgeschlossen, die Gesellschaft patriarchalisch organisiert. Ein Beispiel hierfür ist die klassische griechische Antike.[21] Die Entwicklung der modernen Mathematik beginnt etwa zu Beginn des 18. Jahrhunderts, zunächst durch die Tätigkeit von Privatgelehrten, die von den gerade entstandenen Akademien oder Mäzenen gefördert wurden. Um diese Zeit hatte die Mathematisierung der Naturwissenschaften, insbesondere der Physik und die darauf basierende technische Entwicklung schon große Erfolge erreicht.[22] Der Bedarf an ausgebildetem Personal und an systematischer Ausweitung der Mathematik und Naturwissenschaften als Basis für die Anwendung in der Technik war einer der Gründe für die preußische Universitätsreform Anfang des 19. Jahrhunderts, mit der zugleich auch das Schulwesen neugeordnet wurde, beispielsweise durch Einführung des Abiturs als Zulassungsvoraussetzung zum Studium. Spätestens von dieser Zeit an kann man sagen, daß mathematische Forschung und Lehre von der Institution Universität nicht mehr zu trennen ist. Auch wenn die Produktion von Mathematik weiterhin im wesentlichen Einzeltätigkeit geblieben ist, spielt doch die Verfügbarkeit von Literatur, von verständigen Kollegen und die systematische Ordnung des Wissens als Lehrstoff für die Studierenden eine bedeutende Rolle. Mit der Schaffung der Seminare zunächst an den preußischen, später an allen deutschen Universitäten sind die Organisations- und Vergesellschaftungsformen entwickelt, die auch heute noch die mathematische Tätigkeit an deutschen Universitäten wesentlich bestimmen (vgl. [20]).

Wie schon vorher waren Frauen von diesen neuen Universitäten ausgeschlossen, sie konnten nicht einmal Abitur machen, und in den Lehrplänen

---

[20] In den frühen Hochkulturen waren mathematische Fertigkeiten Grundlage für die Baukunst, das Steuersystem, die Berechnung von Kalendern und andere Aufgaben, die in die Kompetenz von Beamten und Priestern fielen, also für die praktische Ausübung von Herrschaft von Bedeutung waren. Siehe: Dirk J. Struik: Abriß der Geschichte der Mathematik. Berlin: VEB Deutscher Verlag der Wissenschaften, 1967.

[21] Im klassischen antiken Griechenland waren die Philosophen (und das heißt auch die Mathematiker) fast ausschließlich Mitglieder der herrschenden Schicht der freien Bürger, zu der Frauen nicht gezählt wurden. Es gab aber auch Ausnahmen, z.B. Theano, vgl. [2].

[22] Siehe [10]; Struik, aaO.; John Desmond Bernal: Wissenschaft (Science in History) Bd. 2: Die wissenschaftliche und die industrielle Revolution. 1970. Reinbek: Rowohlt Taschenbuch Verlag; auch Schubring, aaO.

der Mädchenschulen kam bis fast 1900 keine Mathematik vor. Felix Klein hat sich hier als besonders freundlich gegenüber der mathematischen Ausbildung von Mädchen gezeigt (vgl. [15]).

Erst nach langen Kämpfen der bürgerlichen Frauenbewegung wurde in Europa das Frauenstudium möglich, zu allerletzt 1908 in Preußen. Die Gründung von Frauen-Hochschulen wie in den USA, die auch Hochburgen der Mathematik wurden,[23] ist in Europa nie ernsthaft betrieben worden. Die Einzelheiten der Entwicklung des Frauenstudiums müssen hier wegfallen.[24] Aber eins muß doch erwähnt werden: Ab 1933 gab es strenge Maßnahmen gegen das Frauenstudium: Beschränkung auf 10 % der gesamten Studentenschaft, eine rigorose Diskriminierung von Frauen im Berufsleben, insbesondere in akademischen Karrieren, und eine umfassende Propaganda für ein Frauenbild, das ganz auf die Mutterrolle zugeschnitten war und die weibliche Existenz als dem Mann untergeordnet beschrieb. Dies Frauenbild, in dem wissenschaftliche Leistung als unweiblich erscheint, besonders in den Fächern, die nicht der Allgemeinbildung zugerechnet werden, hat noch lange fortbestanden, da ihm keine Gegenaufklärung entgegen wirkte.

Eine 1960 durchgeführte Befragung von Professoren ergab 64 % Ablehnung des Frauenstudiums überhaupt, 79 % Ablehnung von weiblichen Dozenten.[25] Wie hat sich diese Entwicklung der Institution Universität, von Männern für Männer gegründet, die Herausbildung der modernen mathematisch-naturwissenschaftlich-technischen Intelligenz als neue Elite, die Professionalisierung des Lehr- und Forschungsbetriebs an der Universität für die Frauen ausgewirkt?

Sie konnten lange nicht teilhaben; mit Privatunterricht war bei der enormen Zunahme des mathematischen Wissens nicht mehr viel zu erreichen. Ohne organisierten Arbeitszusammenhang, Austausch, umfassende Vorbildung, das heißt ohne Beteiligung an der Institution, blieben die Beiträge von Frauen marginal.[26] Die männliche Dominanz in der Mathematik, wie in den anderen Wissenschaften, war gewollt. Da die Bedeutung des institutionellen

---

[23] Z. B. die Colleges Bryn Mawr, Radcliffe, Vassar, Wellesley.

[24] Vgl. [33, 21]. Eine gründliche Untersuchung wie etwa [25] fehlt in Deutschland.

[25] Die hier zitierte Anger-Studie ist in [21] ausführlicher, auch qualitativ, dargestellt.

[26] Möglicherweise ist dies vor allem der heutige Eindruck, der auch durch die übliche nicht immer präzise Wahrnehmung der Mathematik-Geschichte beeinflußt ist. In [2], auch in [18] wird im Einzelfall dargelegt, daß die Leistungen von Mathematikerinnen früherer Jahrhunderte von ihren Zeitgenossen als bedeutend beurteilt wurden.

Zusammenhangs in der Mathematik besonders groß ist, sowohl aus subjektiven schon genannten Gründen, wie auch aus objektiven (z. B. Zugang zur aktuellen, individuell nicht mehr bezahlbaren Literatur) wirken die nach männlichen Normen der Konkurrenz und Hierarchie verfaßten Strukturen besonders nachhaltig. Es kommt dazu, daß der Satz: Frauen können keine Mathematik – im letzten Jahrhundert eine wahre Aussage nicht über Fähigkeiten, sondern über die Folgen eines frauenfeindlichen Bildungssystems – immer noch eine lebendige Existenz als Vorurteil hat und die männliche Verfügungsgewalt über Mathematik und deren gesellschaftliche Akzeptanz fortschreibt, wenn ihm nicht entgegengewirkt wird.

Zu den männlich dominierten Strukturen an der Universität gehört übrigens auch die Sprache. Unter Berufung auf die akademische Tradition sind üblicherweise alle Begriffe und alle Ordnungen geschrieben, als wenn sie nur für Männer gelten; sie handeln nur von ihnen. Aber sie gelten eigentlich für alle: Frauen haben in dieser Institution immer noch nur eine abgeleitete Existenz. Sie werden als eine andere, genauer untergeordnete Art Männer behandelt. Das ist eine allgemeine Erscheinung, die wohl auch nur durch allgemeine Regeln, beispielsweise durch Gesetz, verändert werden kann. Ich erwähne sie hier, weil wir Mathematikerinnen und Mathematiker doch wissen, wie wichtig eine präzise Begriffsbildung und die treffende Bezeichnung ist. Die bisherige Sprache ist nicht geschlechtsneutral, sondern männlich; und es wäre nur angemessen, wenn Männer und Frauen gleiche Rechte in bezug auf sprachliche Erfassung hätten. Der allfällige Hinweis auf Umständlichkeit oder Ungewohntes kann nur als Ausrede für fahrlässige oder vorsätzliche Diskriminierung durch Ausgrenzung angesehen werden.

IV. Erfolgreiche Frauen hat es in der Mathematik zu allen Zeiten der abendländischen Kulturentwicklung gegeben

Die meisten von ihnen haben allerdings bisher keinen Platz in der (auch überwiegend von Männern geschriebenen) Mathematik-Geschichte gefunden. Einige Namen sollen hier beispielhaft genannt werden (vgl. [23, 2, 12, 22]):

- Theano, Mitglied der pythagoräischen Schule, um 500 v. u. Z.;
- Hypatia, Alexandria, ca. 370–415;
- Emilie de Breteuil, Marquise du Châtelet, Frankreich, mathematische Physik, 1706–1749;

- Maria Gaetana Agnesi, Italien, Analysis, 1718–1799;
- Sophie Germain, Frankreich, Zahlentheorie und mathematische Physik, 1776–1831;
- Mary Fairfax Somerville, England, mathematische Physik, 1780–1872;
- Ada Lovelace Byron, England, Rechnertheorie, 1815–1852.

Besonders hervorzuheben ist Sonya Kovalevskaya, 1850-1891, die ihre Ausbildung noch als Privatschülerin von Weierstraß erhielt, weil sie in Preußen nicht an einer Universität zugelassen wurde, und die die erste Mathematikprofessorin (nach heutigem Verständnis) in Stockholm wurde.[27]

Die bisher bedeutendste Mathematikerin ist wohl Emmy Noether, 1882–1935, die erste Privatdozentin für Mathematik in Deutschland und Schöpferin der modernen Algebra.[28]

Nur Noether, Kovalevskaya und manchmal Germain werden bisher in der ›normalen‹ Historiographie der Mathematik wahrgenommen. Die Biographiesammlung [3] von Bell heißt ›Men of Mathematics‹, und als einzige Mathematikerin kommt Sonya Kovalevskaya in dem Kapitel über Weierstraß vor, als dessen Lieblingsschülerin. Die große Geschichte der Mathematik [10] von Dieudonné nennt unter 341 Namen genau drei von Frauen, die schon erwähnten Ausnahmen. Es ist wohl möglich, daß die Beiträge, die die genannten Frauen zur Mathematik geleistet haben, außer im Falle von Emmy Noether, nicht von ganz hervorragender Bedeutung waren. Ihre Bedingungen waren, jedenfalls in der Neuzeit, denkbar schlecht, eine hinreichend gründliche Ausbildung in Mathematik hat außer Kovalevskaya und Noether keine von ihnen erfahren. Nur diese beiden hatten auch Zugang zu dem für Männer normalen institutionell organisierten Arbeitszusammenhang. Die meisten anderen, zum Beispiel Somerville und Germain hatten selbst zu Bibliotheken nur dadurch Zugang, daß ein Verwandter oder Freund für sie Bücher auslieh. So unbedeutend sind die hier genannten Frauen aber auch nicht, daß sie nicht

---

27 Neuere Biographien sind [8, 18]. Zur Auseinandersetzung mit den Legenden, die um Sonya Kovalevskaya entstanden sind siehe auch: LINDA KEEN (Hrsg.): The Legacy of Sonya Kovalevskaya. Providence: AMS 1986. Contemporary Mathematics vol. 64.

28 Außer den Biographien [9] und [5] sei hingewiesen auf: EMMY NOETHER: Gesammelte Abhandlungen. Collected Papers. Herausgeg. v. N. JACOBSON. Berlin / Heidelberg u. a. O.: Springer-Verlag, 1983. BARTEL L. VAN DER WAERDEN: A History of Algebra. From al-Khwarizmi to Emmy Noether. Berlin / Heidelberg u. a. O.: Springer-Verlag, 1985.

neben vielen der Männer, die in historischen Darstellungen der Mathematik selbstverständlich erwähnt werden, bestehen könnten. Es müßte sich nur jemand die Mühe machen, die jeweilige Leistung herauszuarbeiten und sie in Beziehung zum historischen Umfeld (und zu den Arbeitsbedingungen) zu setzen. Anfänge hierzu sind getan, wie die Biographien über Noether, Kovalevskaya und Lovelace [32] zeigen.

In Sammelbiographien von Mathematikleuten[29] kommen heute auch Frauen vor. Es gibt Bio-Bibliographen über Frauen in der Mathematik und den Naturwissenschaften (siehe z.B. [12, 22, 29]) und es gibt auch Aufsätze zu ›Mathematik – Frauen‹ in mathematik-historischen Zeitschriften.

Die systematische Ausgrenzung aus der Fachöffentlichkeit geht also zu Ende. Das gilt auch für Kongresse, bei denen nun auch gelegentlich eine, selten mehrere Frauen zum Hauptvortrag oder zur Sektionsleitung eingeladen werden. Wie viele Frauen in Juries bei mathematischen Wettbewerben beteiligt sind oder – in Nachfolge von Sonya Kovalevskaya – als Herausgeberinnen für mathematische Zeitschriften tätig sind, müßte genauer ermittelt werden.

Erst 1990 wurde erstmals eine Frau in das Präsidium der Deutschen Mathematiker-Vereinigung gewählt; die Mitteilungen vom April 1990, die Vervollständigung des Oberwolfach-Verzeichnisses [19] mit den Vornamen bei den Personalangaben und vor allem die Einrichtung des Forums »Frauen in der Mathematik« bei der DMV-Jahrestagung 1991 zeigen eine zunehmende Wahrnehmung der Tatsache an, daß es auch in der Mathematik eine Frauenfrage gibt.[30] Die American Mathematical Society hat – mit Julia Robinson – schon einmal eine Präsidentin gehabt.[31]

Bei allem langsamen, aber erkennbaren Fortschritt muß doch eines negativ angemerkt werden: Der angesehenste internationale Preis für Mathematik,

[29] Allerdings sind die Auswahlkriterien bei Frauen offenbar andere als bei Männern. So wird in [1] außer den Mathematikerinnen Mina Rees und Olga Taussky-Todd auch Constance Reid, die Biographin von Hilbert und Courant, aufgeführt, aber nicht ihre Schwester Julia Robinson, die wichtige Beiträge zur Lösung des 10. Hilbert'schen Problems geleistet hat (siehe dazu [12]).

[30] Hilfreich wäre es, wenn die DMV eine Auszählung ihrer Mitglieder nach Frauen und Männern vornehmen würde und für das Hochschulpersonal differenzierte und alle Statusgruppen umfassende Angaben ermitteln könnte.

[31] In den USA treten Frauen in der Mathematik stärker öffentlich auf, nicht nur durch Beiträge zur mathematischen Frauenforschung, sondern auch durch einen eigenen Verband, die Association of Women in Mathematics.

die Fields-Medaille, wurde seit 1936 bis 1990 insgesamt 34 mal verliehen, aber noch nie an eine Frau (vgl. [24]).

V. Mathematische Theorien werden als objektiv und wahr, unabhängig von Personen, Raum, Zeit und gesellschaftlichen Bedingungen dargestellt

Subjektive Entscheidungen und Wertungen haben nach allgemeinem Verständnis in der Mathematik keinerlei Existenzrecht. Und dennoch kann ja nicht geleugnet werden, daß die Mathematik in einem historischen Prozeß von Menschen, genauer überwiegend von Männern entwickelt wurde. Und die Persönlichkeit und Individualität eines Menschen ist nicht unabhängig vom Geschlecht. Dieudonné [10] schreibt die Dynamik der Mathematik im wesentlichen dem Spieltrieb des Mathematikers zu, der überwältigenden Neugier, der Freude am Wettbewerb. Ich halte diese Erklärung nicht für ausreichend. Selbst wenn sie es wäre, müßte man doch bemerken, daß diese Eigenschaften und Haltungen im allgemeinen Männern zugeschrieben werden, und müßte deshalb die Frage stellen, ob sich diese Antriebe nicht als Konstituenten eines spezifisch männlichen Wissenschaftskonzepts erwiesen haben. Anders ausgedrückt: Läßt sich das Faktum, daß die moderne Mathematik von Männern des abendländischen Kulturkreises unter den gesellschaftlichen Bedingungen einer bürgerlichen Gesellschaft entwickelt wurde, in dem Gegenstand, den Methoden, den Begriffsbildungen wiederfinden?

Um die Frage, wie denn eine von Frauen dominierte Mathematik aussehen könnte oder eine in gleichberechtigter Kooperation entstandene, gleich zu beantworten: Ich weiß es nicht. Einen Gegenentwurf habe ich nicht. Ich bin schließlich auch innerhalb des beschriebenen Mathematikbetriebs ausgebildet und habe in ihm Karriere gemacht, also wohl die – zwangsläufige – Anpassung vollzogen. Jeanne Peiffer und Christiane Frougny [11] haben versucht, die formalistische Schule unter diesem Gesichtspunkt zu deuten, insbesondere in Verbindung mit der aristotelischen Schlußlehre. Es würde hier zu weit führen, diese Ideen ausführlich darzustellen. Im wesentlichen ist das Argument, daß Anschauung und Wahrheitsanspruch im Formalismus eliminiert sind, und daß dadurch unmittelbar zugängliche Erkenntniswege, wie sie von Frauen bevorzugt werden, verschlossen sind. Tatsächlich ist wohl der hohe Abstraktionsgrad der Mathematik ein Problem, das es Frauen erschwert, eine positive Einstellung zur Mathematik zu finden, wie sie für Studium und wissenschaftliche Arbeit unerläßlich sind. Das könnte mit geschlechtsspezifischen Bedürfnissen und Erkenntnisinteressen zusammenhängen, die sich primär auf die Beziehungen von Menschen und deren Entwicklung richten; das könnte aber auch das Ergebnis jahrhundertelanger Ausgrenzung aus dem mathematischen Arbeitsprozeß sein.

Die Abstoßungskraft der Mathematik, wie immer sie verursacht sein mag, wirkt bekanntlich nicht nur auf Frauen. Jede Person, die mit Mathematik im Studium oder Beruf befaßt ist, hat Erfahrungen mit Reaktionen wie:

- Ich hatte in Mathematik immer eine 5, geschadet hat es nicht.
- Kann man denn in Mathematik promovieren, es ist doch alles bekannt über die Zahlen und das Rechnen.

Verbunden sind solche Äußerungen häufig mit einem deutlichen Unterton, der die Beschäftigung mit Mathematik in die Nähe eines klinisch-psychiatrischen Befundes rückt. Für Frauen kommt sehr oft noch die Bemerkung hinzu, daß Mathematik doch gar nicht zu ihr passe.

Man kann das als Ignoranz von Nicht-Fachkolleginnen und -Kollegen deuten oder sich fragen, welches Bild von Mathematik der Unterricht in unseren Schulen erzeugt. Es bleibt aber festzuhalten, daß solche Äußerungen für Frauen häufig einen zusätzlichen Legitimationsdruck erzeugen und zur Verunsicherung führen.

VI. Wie können Mathematikerinnen mit diesen Befunden umgehen?

Beredte Klage über die Umstände ändert sie nicht, und ein Patentrezept gibt es auch nicht. Es ist wichtig, den Vorurteilen, die über das Verhältnis von Frauen und Mathematik immer noch bestehen, mit Aufklärung entgegenzuwirken, zum Beispiel durch öffentliche Veranstaltungen wie die in Tübingen organisierte Ringvorlesung. Da es hier vor allem darauf ankommt, Eltern und Lehrer zu erreichen, die als einzige frühe Fehlprägungen verhindern können, wird eine positive Auswirkung einige Zeit in Anspruch nehmen. Die Veränderung in den Auffassungen über studierende Frauen von 1960 bis heute, die einerseits durch den wachsenden Bedarf an wissenschaftlich ausgebildeten Arbeitskräften, andererseits aber auch durch die neue Frauenbewegung beeinflußt wurden, gibt Anlaß, nicht allzu pessimistisch zu sein.

Diese öffentliche Aufklärung kann schon mit den jetzt bekannten Fakten, wie sie oben zusammengestellt sind, geleistet werden. Darüber hinaus sind Forschungen über die Beziehungen zwischen dem Geschlecht und der mathematischen Tätigkeit unter verschiedenen Aspekten notwendig, die als Grundlage für ein besseres Verständnis des Problems und eine wirksame Förderung der Neigung und Fähigkeit zur Mathematik bei Frauen (und Männern) dienen kann. Hierbei sind pädagogische, psychologische, soziologische, wissenschaftstheoretische und historische Ansätze gefragt, und der Zusammenhang mit Gegenständen und Methoden der Mathematik darf dabei nicht ausgeblendet werden. Empirische Erhebungen sind insbesondere auch für die neuen Bundesländer erforderlich.

Frauen, gerade auch in der Mathematik, haben allen Grund, selbstbewußt zu sein. Sie haben mit dem Studium und der wissenschaftlichen Tätigkeit ein hohes Maß an Wissen, auf das sie bauen und auf das sie stolz sein können. Sie sollten sich deshalb selbst als erwachsene Menschen ernstnehmen und ihre Entscheidungen von ihren eigenen Interessen abhängig machen. Die Unterordnung gegenüber den Männern ist jahrhundertelang erzwungen und durchgesetzt worden. Jetzt besteht dafür keine Geschäftsgrundlage mehr, das Ende der Bescheidenheit ist angesagt.

Frauen müssen heute nicht mehr wie die Pionierinnen als Einzelkämpferinnen antreten, sie müssen nicht mehr unüberwindbare gesellschaftliche Barrieren durchbrechen. Sie können sich gegenseitig unterstützen. Die frühen Mathematikerinnen mit ihrem unbezähmbaren Erkenntnisdrang und die Frauenbewegung sind gute Vorbilder.

Und wenn es an Bestätigung durch Professoren, Kollegen, Kommillitonen mangelt: Jede Frau in der Mathematik sollte jede Nicht-Resonanz auf ihre Leistungen als Lob auffassen, denn Zweifel an der Qualität oder Mängel werden ihr bestimmt nicht verschwiegen.

Dieser Text ist die überarbeitete Fassung des Manuskripts, das am 8. Mai 1990 im Rahmen der von der Frauenkommission der Mathematischen Fakultät organisierten Ringvorlesung »Frauen und Mathematik« an der Eberhard-Karls-Universität Tübingen vorgetragen wurde. Für die Einladung möchte ich der Frauenkommission an dieser Stelle noch einmal herzlich danken.

Literatur

[1] ALBERS, DONALD J.; G. L. ALEXANDERSON (Hrsg.): Mathematical People. Boston: Birkhäuser 1985.

[2] ALIC, MARGARET: Hypatias Töchter. Der verleugnete Anteil der Frauen an der Naturwissenschaft. Zürich: Unionsverlag 1987.

[3] BELL, ERIC T.: Die großen Mathematiker. Düsseldorf / Wien: Econ-Verlag 1967.

[4] BRAUN, HEL: Eine Frau und die Mathematik 1933-1940. Der Beginn einer wissenschaftlichen Laufbahn, hrsg. v. Max Koecher. Berlin / Heidelberg: Springer-Verlag 1990.

[5] BREWER, JAMES W.; MARTHA K. SMITH (Hrsg.): Emmy Noether. A Tribute to her Life and Work. New York / Basel: Marcel Dekker 1981.

[6] Bund-Länder-Kommission für Bildungsplanung und Forschungsförderung: Qualifizierung von Frauen für naturwissenschaftliche und technische Berufe. Bonn 1988.

[7] Bund-Länder-Kommission für Bildungsplanung und Forschungsförderung: Förderung von Frauen im Bereich der Wissenschaft (Heft 19 der Materialien zur Bildungsplanung und zur Forschungsförderung). Bonn 1989.

[8] COOKE, ROGER: The Mathematics of Sonya Kovalevskaya. New York: Springer-Verlag 1984.

[9] DICK, AUGUSTE: Emmy Noether 1882–1935. Boston: Birkhäuser 1981.

[10] DIEUDONNÉ, JEAN: Geschichte der Mathematik 1700–1900. Braunschweig: Vieweg & Sohn 1985.

[11] FROUGNY, CHRISTIANE; JEANNE PEIFFER: Der mathematische Formalismus – eine Maschine, die Wahres aussondert. In: Feministische Studien Heft 1 (1985) 61–77.

[12] GRINSTEIN, LUISE S.; PAUL J. CAMPBELL (Hrsg.): Women of Mathematics. A Biobibliographic Sourcebook. New York / Westport Conn.: Greenwood Press 1987.

[13] GROSS, HORST E.; ULRICH KNAUER: Der Beruf des Mathematikers. Materialien zur Entstehung. Oldenburg, 1987.

[14] HORSTKEMPER, MARIANNE: Schule, Geschlecht und Selbstvertrauen. Eine Längsschnittstudie über Mädchensozialisation in der Schule. Weinheim / München: Juventa-Verlag 1987.

[15] INHETVEEN, HEIDE: Frau und Mathematik. In: DIETER VOLK (Hrsg.): Kritische Stichwörter zum Mathematikunterricht. München: Fink-Verlag 1979, 67–85.

[16] JANSHEN, DORIS, HEDWIG RUDOLPH et. al.: Ingenieurinnen. Frauen für die Zukunft. Berlin / New York: de Gruyter 1987.

[17] KAISER-MESSMER, GABRIELE: Frau und Mathematik – ein verdrängtes Thema der Mathematikdidaktik. In: ZDM 21 (1989) 56–66.

[18] Koblitz, Ann Hibner: A Convergence of Lives. Sofia Kovalevskaia: Scientist, Writer, Revolutionary. Boston: Birkhäuser 1983.

[19] Mathematisches Forschungsinstitut Oberwolfach (Hrsg.): Mathematik. Institute, Lehrstühle, Professoren, Dozenten. Freiburg 1990.

[20] Mathematische Institute in Deutschland 1800–1945. Bearb. W. Scharlau. Braunschweig: Vieweg & Sohn 1990.

[21] Mohr, Wilma: Frauen in der Wissenschaft. Ein Bericht zur sozialen Lage von Studentinnen und Wissenschaftlerinnen im Hochschulbereich (GEW-Texte). Freiburg: Dreisam-Verlag 1987.

[22] Ogilvie, Marilyn B.: Women in Science. Antiquity through the Nineteenth Century. A Biographical Dictionary with Annotated Bibliography. Cambridge, Mass., London: The MIT Press 1986.

[23] Osen, Lynn M.: Women in Mathematics. Cambridge, Mass. / London: The MIT Press 1974.

[24] Proceedings of the International Congress of Mathematics. Berkeley 1986.

[25] Rossiter, Margaret: Women Scientists in America. Struggles and Strategies to 1940. Baltimore: John Hopkins Press 1982.

[26] Sarges, Heidrun: Frau und Mathematik – Mädchen und Mathematikunterricht. In: Luise F. Pusch (Hrsg.): Feminismus. Inspektion der Herrenkultur. Ein Handbuch. Frankfurt/M.: Suhrkamp 1983, 340–366.

[27] Schildkamp-Kündiger, Erika: Frauenrolle und Mathematikleistung. Düsseldorf: Pädagogischer Verlag Schwann 1974.

[28] Schildkamp-Kündiger, Erika: Special Problems of Women in Mathematics. In: ZDM 13 (1981) 12–17.

[29] Siegel, Patricia J.; Kay Th. Finley: Women in the Scientific Search. An American Bio-bibliography 1724–1979. Metuchen, N. J. / London: The Scarecrow Press 1985.

[30] Srinivasan, Bhama: Ruth Moufang, 1905–1977. In: The Math. Intelligencer 6 (2) (1984) 51–55.

[31] Srocke, Bettina: Mädchen und Mathematik. Wiesbaden: DUV 1989.

[32] Stein, Dorothy: Ada: A Life and a Legacy. Cambridge, Mass. / London: The MIT Press 1985.

[33] von Soden, Kristine; Gaby Zipfel (Hrsg.): 70 Jahre Frauenstudium. Frauen in der Wissenschaft. Köln: Pahl-Rugenstein 1979.

»Der Garten der mathematischen Künste«: Tartaglia, umgeben von Frauengestalten als Allegorien der mathematischen Künste.

Mathematisch hochbegabte Mädchen

Aiga Stapf

Sie [die Mädchen] fallen nicht gern durch Leistung auf, sie exponieren sich nicht mit der gleichen Selbstverständlichkeit wie Männer, sie scheuen zurück vor der männlichen Domäne.
Heidrun Sarges, deutsche Mathematikerin

Wenn man sich mit dem Thema ›mathematisch hochbegabte Mädchen‹ befaßt, so bietet sich eine Darstellung aus zwei Sichtweisen an:

- der Vergleich von Mädchen und Jungen, also ein Geschlechtervergleich bezüglich ihrer Leistungen in Mathematik, und
- ein Vergleich hochbegabter Mädchen mit durchschnittlich begabten Mädchen, um herauszufinden, welche Besonderheiten mathematisch Hochbegabte auszeichnen.

Beide Aspekte sind für einen Erkenntnisgewinn bedeutsam und werden daher im folgenden berücksichtigt. Leider liegen zu dem zweiten Punkt nur wenige empirische Befunde vor. Dementsprechend wird im nächsten Abschnitt auf den Vergleich von Mädchen und Jungen bezüglich ihrer Mathematikleistungen eingegangen. Im Anschluß an die Erläuterung und Begriffsbestimmung von intellektueller (auch mathematischer) Hochbegabung werden dann die Eigenarten und Besonderheiten mathematisch hochbegabter Mädchen erörtert.

I. Geschlechtervergleich: Zu den Mathematikleistungen von Mädchen und Jungen

Bevor auf den Geschlechtervergleich bezüglich der Mathematikleistungen eingegangen wird, sollen kurz einige allgemeine Erläuterungen, die eventuellen Mißverständnissen vorbeugen und meinen grundlegenden Standpunkt klarmachen, vorausgeschickt werden.

In der psychologischen Geschlechterforschung werden üblicherweise zwei Arten von Merkmalen oder Verhaltensweisen sehr deutlich unterschieden, nämlich ›geschlechtsspezifische‹ und ›geschlechtstypische Merkmale‹. Geschlechtsspezifische Eigenarten, also solche, die ausschließlich bei einem Geschlecht vorkommen, gibt es im biologisch-körperlichen Bereich: so können beispielsweise nur Frauen Kinder gebären.

Psychologen beschäftigen sich vorrangig mit ›geschlechtstypischen Merkmalen‹ als solchen, die zwischen den Geschlechtern nach Auftretenshäufigkeit oder -intensität unterscheiden. Sie sollten zwischen den Geschlechtern deutlich stärker variieren als innerhalb eines Geschlechts. Nur sehr wenige geschlechtstypische psychologische Merkmale sind auffindbar, die als gesichert gelten können. Die meisten Verteilungen solcher Merkmale zeigen sehr starke Überlappungen; das heißt die Variabilität *innerhalb* eines Geschlechts (die Unterschiede beispielsweise *zwischen* den Frauen) ist meist größer als die *zwischen* Frauen und Männern. Es liegen demnach zwischen den Geschlechtern nur relativ geringe Unterschiede vor. Zusätzlich werden diejenigen Merkmale, die eher für die männliche Population typisch sind, und die Lebensbereiche, für deren Bewältigung diese Merkmale wichtig sind, höher bewertet. Aufgrund dieser Bewertungen erfahren die Ergebnisse zu möglichen Geschlechterunterschieden insbesondere im kognitiven Bereich oft eine unsachliche und ideologisch gefärbte Interpretation und Schlußfolgerung.

Diese Erläuterungen deuten an, daß eine Beantwortung der Frage »Gibt es eindeutige Unterschiede zwischen den Geschlechtern in den Mathematikleistungen oder Begabung?« nicht ganz einfach ist. Überblickt man die vorliegende Literatur der letzten zehn bis zwanzig Jahre, so kann man bezüglich dieser Frage folgende Schlüsse ziehen:

- Je älter die jeweilige wissenschaftliche Veröffentlichung ist, desto eher werden Unterschiede zwischen Mädchen und Jungen gefunden. Dabei sind die Unterschiede im Grundschulalter auf die besseren Mathematikleistungen (oder Rechenleistungen: computation) der Mädchen zurückzuführen. Ab dem Alter von 12 bis 13 Jahren ist jedoch durchgängig eine deutlich bessere Leistung der Jungen beobachtbar.
- In den neuesten Sammelreferaten werden hingegen sehr viel geringere Unterschiede bis gar keine Unterschiede gefunden. Die Ergebnisse in den amerikanischen Studien (deutschsprachige Untersuchungen gibt es nur wenige in diesem Bereich) müssen danach getrennt werden, ob Leistungen in Mathematiktests, z. B. SAT (Scholastic Attitude Test), oder Mathematik-Schulnoten (grades) erfaßt wurden. Die Mädchen weisen hiernach entweder bessere Noten auf oder es sind keine Unterschiede auffindbar, wäh-

rend Jungen in den Tests besser abschneiden. Insgesamt ist die Befundlage etwas unübersichtlich und widersprüchlich. Es scheint mir jedoch betonenswert, daß – wenn Unterschiede gefunden werden – die durch das biologische Geschlecht (bzw. das durch äußerliche Merkmale zugeschriebene Geschlecht) aufgeklärte Varianz (zwischen 5 % und 17 %) eher gering ausfällt, d. h. andere Bedingungen als das Geschlecht tragen zu den beobachtbaren Unterschieden bei.

Insgesamt scheint der Forschungsstand den Schluß zuzulassen, daß – zumindest im Mittelbereich der Verteilung – keine bedeutsamen Geschlechterunterschiede in Mathematikleistungen beobachtbar sind, d. h. die Fähigkeiten hierzu bei Mädchen wie Jungen vorhanden sind (vgl. Srocke 1989). Unterschiede soll es jedoch bezüglich folgender Bereiche geben:

- Interesse für Mathematik
- Erfahrungen / Übung in Mathematik
- Selbstvertrauen und Selbsteinschätzung
- Lehrerverhalten / Elternverhalten und -einschätzung
- Lern- und Denkstile (rote vs. autonomous learning / analytisch vs. global / funktionaler vs. prädikativer Stil)
- räumliches Vorstellungsvermögen.

Das räumliche Vorstellungsvermögen, vor allem Aufgaben aus den Bereichen ›mental rotation‹ und ›space perception‹, gilt als dasjenige kognitive Merkmal, welches die stärkste Unterscheidung der Geschlechter ab dem Schulalter (mit 7 bis 8 Jahren) zuläßt; ab dem 12. Lebensjahr werden die Unterschiede noch deutlicher. Jungen sind dabei durchgängig besser bei Aufgaben, wo zweidimensionale Muster erkannt werden sollen, aus denen durch Faltung ein dreidimensionaler Körper entstehen soll. Interessanterweise finden sich vor allem bei Jungen Zusammenhänge zwischen räumlichem Vorstellen und Mathematikleistung. Bislang ist nicht geklärt, in welcher Weise räumliches Vorstellungsvermögen mit dem Lösen mathematischer Probleme zusammenhängt und welche Auswirkungen es auf die Mathematikleistung hat. Eindeutiger scheint die Beziehung von räumlichem Vorstellungsvermögen und Physikleistungen und -interesse zu sein, da in Physik Frauen noch sehr viel seltener als in Mathematik berufliche Karrieren erleben und anstreben.

Die Annahme, daß keine grundlegenden Unterschiede bezüglich mathematischer Fähigkeiten bestehen, führt zu der Konsequenz, daß es ebenso wie mathematisch hochbegabte Jungen auch mathematisch hochbegabte Mäd-

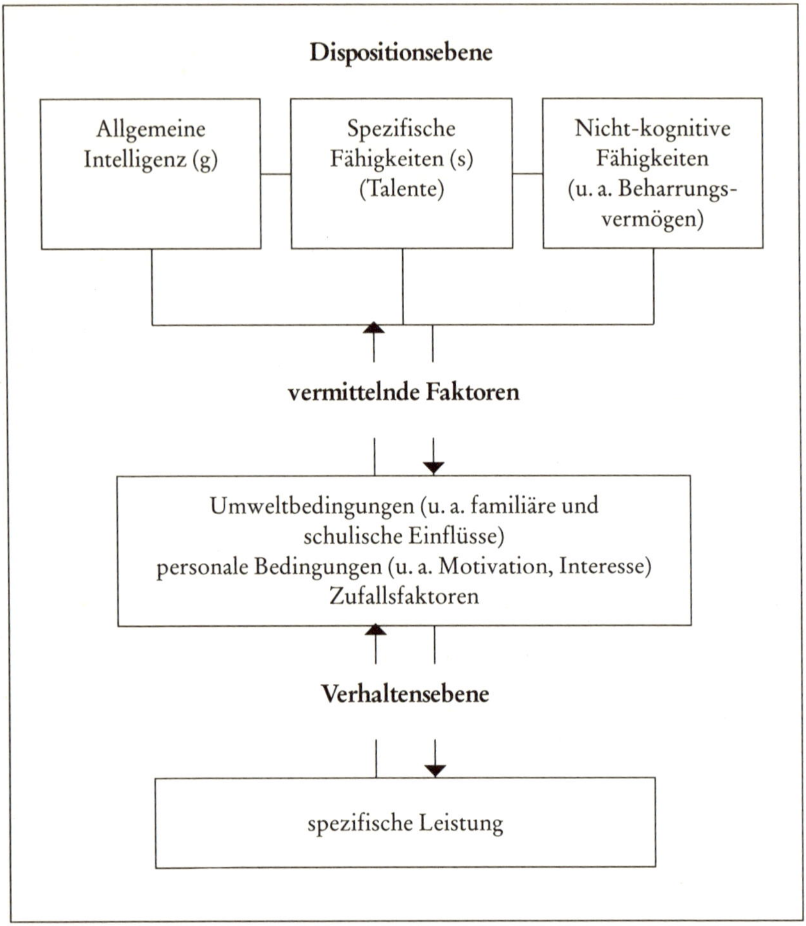

Abbildung 1: Allgemeines Bedingungsgefüge für außergewöhnliche Leistungen

Zur Veranschaulichung haben Stapf & Stapf 1988 dieses Bedingungsgefüge für außergewöhnliche Leistungen erstellt, das von hierarchisch organisierten kognitiv-intellektuellen sowie nicht-kognitiven Fähigkeiten im Sinne von Dispositionen ausgeht, die eine notwendige, aber nicht hinreichende Bedingung für herausragende Leistung darstellen.

chen gibt. Ehe ich auf diese Thematik näher eingehe, möchte ich kurz einige Erläuterungen und Begriffsklärungen zur intellektuellen Hochbegabung vorausschicken, ein Thema, das in der Forschung im Vergleich zur kognitiven Minderbegabung ungemein stark vernachlässigt wird.

II. Intellektuelle Hochbegabung

Unter intellektueller Hochbegabung verstehen Stapf & Stapf (1986) eine besonders wirksame Ausprägung der Intelligenz bzw. des geistigen Arbeitens (›mental processing‹). Dabei werden unterschiedliche Akzente gesetzt bzw. bereichsspezifische Fähigkeiten (verbale oder mathematische) hervorgehoben, die in besonderer Weise Hochbegabte von Nicht-Hochbegabten unterscheiden sollen. Stern (1920) definiert Intelligenz wie folgt:

> »Intelligenz ist die allgemeine Fähigkeit eines Individuums, sein Denken bewußt auf neue Forderungen einzustellen, sie ist allgemeine geistige Anpassungsfähigkeit an neue Bedingungen des Lebens.«

Erst unter bestimmten Bedingungen, die wir als vermittelnde Faktoren ansehen, wird demnach ein Individuum zu einem bestimmten Zeitpunkt, bei bestimmten Aufgaben, in bestimmten Situationen eine herausragende Leistung erbringen. Dabei werden für die Persönlichkeitsentwicklung förderliche bzw. hemmende Einflüsse vor allem bei den vermittelnden Faktoren angenommen. Somit wird auch klar ersichtlich, daß nicht unbedingt jedes Kind, genauer jeder aufgrund seiner Dispositionen hochbegabte Säugling, herausragende Leistungen zeigen wird, z. B. wenn die sozialen Umweltbedingungen in der Schule (geringe intellektuelle Anforderung, Unterforderung, Ablehnung durch Gleichaltrige) eher hemmend sind. Unter die spezifischen Fähigkeiten fallen dann solche wie verbale oder mathematische Begabungen, auf letztere will ich ganz kurz eingehen. Bezüglich der Definition von mathematischer Hochbegabung zitiert König (1986, S. 213) Dahlke (1978, S. 85), der die mathematischen Fähigkeiten Hochbegabter wie folgt beschreibt:

1. Sammeln mathematischer Information.

   A. Die Fähigkeit zur formalisierten Wahrnehmung mathematischen Materials zum Erfassen der formalen Struktur eines Problems.

2. Verarbeiten mathematischer Information.
   A. Die Fähigkeit zum logischen Denken im Bereich von quantitativen und räumlichen Beziehungen; die Fähigkeit zum Denken in mathematischen Symbolen.
   B. Die Fähigkeit zu einer schnellen und breiten Generalisierung von mathematischen Objekten, Relationen und Operationen.
   C. Die Fähigkeit zur Verkürzung des Prozesses mathematischer Schlußfolgerungen; die Fähigkeit, in verkürzten Strukturen zu denken.
   D. Beweglichkeit bei geistigen Prozessen im mathematischen Handeln.
   E. Streben nach Klarheit, Einfachheit, Ökonomie und Rationalität der Lösungsmethoden.
   F. Reversibilität im geistigen Prozeß mathematischer Schlußfolgerungen (schnelles Umschalten von einem direkten zu einem umgekehrten Gedankengang).

3. Behalten mathematischer Information.
   A. Mathematisches Gedächtnis, d.h. ein generalisiertes Erinnerungsvermögen für mathematische Beziehungen, typische Charakteristika, Schemen von Argumentationen und Beweisen, Methoden des Problemlösens und grundsätzlichen Zugängen.«

Wagner (1986, S. 210) betont, daß bei mathematischer Hochbegabung wie bei musikalischer Begabung oder Schach gilt, daß herausragende Talente schon sehr früh und relativ sicher erkannt werden können und eine Förderung sehr früh einsetzen muß, um Leistungen auf höchstem Niveau erreichen zu können. In dem neu entwickelten Hamburger Test für mathematische Begabung (HTMB) sollen folgende komplexe mathematischen Tätigkeiten geprüft werden:

1. Organisieren von Material;
2. Sehen von Mustern und Gesetzen;
3. Wechsel der Repräsentationsebene und Muster und Regeln in diesem neu konstruierten Bereich erkennen;
4. Strukturen höheren Komplexitätsgrades erfassen und darin arbeiten;
5. Prozesse umkehren;
6. Finden und Konstruieren von Anschlußproblemen.

Nach dieser kurzen Erläuterung der Begriffe ›Hochbegabung‹ und ›mathematische Begabung‹ wird im folgenden Abschnitt näher auf den Vergleich der Mathematikleistungen von hochbegabten Mädchen und Jungen eingegangen.

III. Mathematisch hochbegabte Mädchen und Jungen

Aufsehen erregt und teilweise heftige Debatten ausgelöst haben die Ergebnisse von Untersuchungen, die Stanley (Keating & Stanley 1972) seit 1972 im Rahmen des von ihm gegründeten Projekts »Study of Mathematically Precocious Youth« (SMPY) u. a. auch mit Camilla Benbow durchgeführt hat, bei dem 12- bis 13jährige Schülerinnen und Schüler aus dem gesamten Bereich der USA mit dem SAT-M (Scholastic Aptitude Test-Mathematik) und dem SAT-V (Scholastic Aptitude Test-Verbal) zum Zwecke der Talentsuche getestet wurden. Hierzu wurden die Kinder eingeladen, die in einem allgemeinen Intelligenz- (Leistungs-)Test im Bereich der oberen 3 % der Verteilung liegen. Der SAT war zunächst für überdurchschnittlich intelligente 17- bis 18jährige konstruiert worden und soll bei den 12- bis 13jährigen sehr gut ›mathematisches Denken‹ (mathematical reasoning) beim Lösen neuer mathematischer Probleme erfassen. Benbow schreibt, daß auf der Grundlage von bisher ca. 700000 getesteten 12- bis 13jährigen sich immer wieder zeigt, daß bei den hochbegabten Kindern klare Leistungsunterschiede im SAT-M zugunsten der Jungen deutlich sind. Weiterhin werden diese Unterschiede im SAT-M in deutschen sowie chinesischen Untersuchungen gefunden (vgl. Wagner 1990). Im SAT-V dagegen sind die Leistungen von Mädchen und Jungen identisch!

Interessant sind diese Ergebnisse vor allem im Hinblick auf die allgemeine Aussage, ob Mädchen und Jungen im Bereich Mathematik über vergleichbare Fähigkeiten verfügen, d. h. welche Erklärungen – wenn wir von gleicher Begabung ausgehen – kann es für diese Ergebnisse geben. Benbow (1990) nennt folgende:

1. Umweltbedingungen

Ihre auf den Ergebnissen empirischer Untersuchungen beruhende Schlußfolgerung hierzu ist, daß sich bei Untersuchungen zu Einstellungen, Werten, Ermutigung durch Eltern etc., Spielzeugpräferenzen, Geschlechtsstereotype, Lebensstilerwartungen und Vorerfahrung mit Mathematik u. ä. nur geringe Unterschiede zwischen Mädchen und Jungen gezeigt haben, die wenig konsistent sind. Der einzige klare und konsistente Unterschied zwischen mathematisch hochbegabten Mädchen und Jungen ist der, daß hochbegabte Mädchen ein geringeres Selbstvertrauen in ihre eigene Leistungsfähigkeit aufweisen.

2. Biologisch begründete Erklärungen

Diese Erklärungsansätze sind nach Benbow insofern bedenkenswert, als bei extremer Hochbegabung genetische Bedingungen nachweislich eine Rolle spielen. Für die mathematisch Hochbegabten meint sie, einen Zusammenhang zwischen Linkshändigkeit, Immunsystemstörungen (Allergien) und damit einer stärker ausgebildeten (funktionierenden) rechten Hirnhemisphäre zeigen zu können. Sie vermutet, daß diese Merkmale auf ein hohes Ausmaß an Testosteron bzw. hohe Sensitivität hierfür zurückzuführen sind, dem der Fötus pränatal ausgesetzt ist. Dabei soll das Testosteron die Entwicklung der Thymusdrüse beeinflussen, was zu Immunsystemstörungen führen kann. Weiterhin fördere das Testosteron die Entwicklung der rechten Gehirnhemisphäre, was die Wahrscheinlichkeit für Linkshändigkeit erhöht. Gleichzeitig nimmt man an, daß das räumliche Vorstellungsvermögen, welches möglicherweise mit mathematischen Fähigkeiten (zumindest in Teilbereichen) zusammenhängt, auf einer Spezialisierung der rechten Hirnhälfte beruht.

Tatsächlich findet Benbow im Vergleich zu anderen Stichproben neben häufigerer Kurzsichtigkeit bei Hochbegabten einen bedeutsam erhöhten Prozentsatz von Linkshändern (15 % vs. 7,2 %) im Vergleich zur Gesamtpopulation sowie mehr Allergiker, und sie meint, bei diesen Schülern Anzeichen für eine stärkere Funktion der rechten Hemisphäre zu finden.

Wenn es auch – wie anderweitig gefunden – Hinweise dafür gibt, daß pränatale Geschlechtshormone einen gewissen Einfluß z. B. auf räumliches Vorstellungsvermögen ausüben, so ist die bislang vorfindliche Datenbasis noch nicht ausreichend, um irgendwelche eindeutigen Aussagen treffen zu können. Auch Camilla Benbow betont, daß erst das Zusammenspiel von biologischen Gegebenheiten und Umweltbedingungen die Erklärung für die beobachteten Unterschiede bieten kann. Sie fand, daß gerade Schüler mit extremer Hochbegabung (Leistungsfähigkeit) aus sehr anregenden und unterstützenden Familien kommen.

Es bleibt weiterhin erklärungsbedürftig, warum selbst Mädchen, die sich freiwillig und intensiv für Mathematik interessieren und vergleichbare mathematische Vorerfahrungen haben, nicht an die allerhöchsten Werte der Jungen herankommen bzw. diese nur sehr selten erreichen. In einem Hamburger Projekt zur ›Identifizierung und Förderung von mathematisch besonders befähigten Schülern‹ (Wieczerkowski 1990) waren ca. 70 % der Teilnehmer (10. Klassen) Jungen, wobei neben höheren Mittelwerten auch die höchsten

Werte bei den Jungen viel häufiger waren (bei Testbesten Rate 4:1). Dabei fällt auf, daß Mädchen häufiger Aufgaben unbeantwortet lassen und tendenziell zum Testende hin schlechtere Leistungen zeigen. Es scheint, als ob Mädchen durch Zeitdruck stärker in ihrer Leistung beeinträchtigt werden, da in dem Hamburger Test für mathematische Begabung HTMB (ohne Zeitdruck) keine Unterschiede zwischen Mädchen und Jungen gefunden werden.

Zusätzlich wurden in diesem Projekt die unterschiedlichen Erwartungen, subjektiven Wertungen und die Präferenzen für ein Studienfach erhoben. Es zeigte sich, daß in der Hochbegabtengruppe nicht sehr große Unterschiede bestanden. Schwierigkeitsgrad des Faches Mathematik, Anstrengungsanforderungen, Spaß, außerschulisches Interesse wurden gleichermaßen eingeschätzt. Nur bezüglich der erwarteten Leistungsverbesserung sind Jungen signifikant zuversichtlicher, was mit Benbows Einschätzung der Rolle des Selbstvertrauens übereinstimmt. Während die Mädchen insgesamt eine eher geschlechtsneutrale Position erkennen ließen, schätzten Jungen Mathematik eher als männliche Domäne mit männlicher Überlegenheit ein. Bei der Wahl des Studienfaches gab es für das Fach Mathematik keine Unterschiede, jedoch für Physik und Informatik, welches Jungen häufiger nannten.

Beim Vergleich der entsprechenden Bewertungen etc. durch eine unausgelesene Stichprobe fand man, daß Jungen und Mädchen sich im Interesse, Spaß, Einschätzung der Wichtigkeit und Nützlichkeit, Schwierigkeit von Mathematik deutlich im Sinne bekannter Stereotypisierungen unterscheiden. Studienpräferenzen wiesen deutlich auf die geringen Interessen der Mädchen an Physik (Mädchen:Jungen 0:11 %), Informatik (12:20 %) und Mathematik (8:16 %) hin. Somit deutet sich an, daß mathematisch hochbegabte Mädchen in ihren Interessen und Vorlieben wohl den Jungen ähnlicher sind als den durchschnittlich begabten Mädchen, ein Ergebnis, das wir in einer kleinen Pilotstudie an Vorschul- und Grundschulkindern fanden, auf die im nächsten Abschnitt kurz eingegangen wird.

Da insgesamt in der Bundesrepublik sehr wenig Daten über mathematisch hochbegabte Mädchen vorhanden sind, sei auf die Bundeswettbewerbe, Bundeswettbewerb Mathematik und Fremdsprachenwettbewerb, hingewiesen. Bei dem Wettbewerb Mathematik liegt die Beteiligung der Mädchen in den Jahren 1971 bis 1989 zwischen 8 und 17 %, davon 14 weibliche Bundessieger. Durch wiederholte Teilnahme kann eine Schülerin mehrfach Bundessieger werden; es ergab sich, daß in den 18 Jahren nur sieben verschiedene Mädchen Bundessieger wurden. Wagner (1990, S. 114 f.) berichtet über den weiteren Lebenslauf dieser Mädchen:

> »Fünf haben die Studienfächer Mathematik und Physik gewählt, eine Siegerin hat Mathematik und Informatik und eine Elektrotechnik studiert. Die Berufe der Eltern: zwei sind Diplom-Physiker bzw. Dozenten, einer ist Oberstudienrat, einer Lehrer für Mathematik und Physik, einer Diplom-Elektrotechniker, einer Diplom-Bauingenieur und einer Volkswirt und Marktforscher. Die Siegerinnen haben sich offenbar sehr stark mit dem Beruf des Vaters identifiziert, wie etwa die Siegerin, die Elektrotechnik studiert hat: der Vater ist Diplom-Elektrotechniker. ... Vier Bundessiegerinnen haben ihr Studium inzwischen erfolgreich beendet: eine ist ›assistant professor‹ in Kalifornien, eine im Hochschulbereich als Biostatistikerin, eine ist Hausfrau, über eine fehlen die Angaben.«

Im Fremdsprachenwettbewerb dagegen nehmen ca. 77 % Mädchen teil, davon sind – mit starken Schwankungen – ca. 63 % Mädchen Bundessieger, deren Studienfächer in den Bereich Kultur- und Sprachwissenschaften, Medizin, Jura o. a. liegen. Die Eltern sind weitgehend Akademiker, eine Übereinstimmung von Beruf des Vaters und dem der Töchter konnte nicht festgestellt werden (Wagner, aaO.).

Viel intensiver und gezielter als bei uns wurden mathematisch Hochbegabte seit Jahren in der DDR gefördert. Eine Form der Förderung ist die Mathematische Schülergesellschaft (MSG), die von der Sektion Mathematik der Humboldt-Universität Berlin in zweiwöchentlichem Zirkel für Schülerinnen und Schüler der 6. bis 12. Klasse angeboten wird mit dem Ziel der Befähigung zur Teilnahme an der Mathematik-Olympiade. Wie Nietzsch (1990) berichtet, waren stets nur ein Drittel der Teilnehmer Mädchen, wobei die Ergebnisse der Aufnahmeklausur keine Unterschiede zwischen Mädchen und Jungen erkennen lassen. Bei der Beschreibung des Arbeitsstils wird vor allem die größere Sauberkeit, Ordentlichkeit und Übersichtlichkeit der Arbeiten von Mädchen hervorgehoben. In den Spitzenolympiadezirkeln sind Mädchen mit ca. 10 % vertreten; in den letzten 15 Jahren gelang es nur zwei Mädchen – bei gleicher Förderintensität und -qualität – an der internationalen Mathematik-Olympiade (IMO) teilzunehmen und dort Preise zu gewinnen. Die Teilnahme an der IMO bedeutet Verzicht auf andere Interessen, Freizeit und Kommunikation, und Nietzsch (aaO.) meint, daß Mädchen aufgrund einer größeren Vielseitigkeit dazu nicht bereit sind. Jungen sind auch frühzeitig fachlich festgelegt auf Algebra, Zahlentheorie, Geometrie und Abstrakte Analysis – sie studieren Mathematik, was für die geförderten Mädchen nicht selbstverständlich ist. Diese wählen als Studienfach häufig Medizin, biologische Fächer oder Sprachwissenschaften. Weiterhin wurde beobachtet, daß diese mathematisch hochbegabten Mädchen Themen wählen, die einen Bezug zu anderen Fachrichtungen haben: Mathematische Physik, Biostatistik, Programmierung oder Medizin. Und obwohl sie in den Computerzirkeln mit dem gleichen Engagement und der gleichen Intensität arbeiten, wählen sie selten Technikwissenschaften. Bei allen Teilnehmern der MSG wird ein großes Spektrum von außermathematischen Interessen Sport, Kunst und Kultur (Fremdsprachen) beobachtet; es ist bei mathematisch hochbegabten Mädchen jedoch besonders ausgeprägt: Nach Nietzsch (aaO.) haben alle Schülerinnen ein enges und tiefes Verhältnis zur Literatur, viele spielen ein Instrument oder sind bildnerisch tätig. Politisch interessiert und engagiert argumentieren sie überlegter als Jungen: Die Mädchen scheinen so vielseitig begabt, daß sie wirklich die Qual der Wahl haben. Interessant scheinen mir in diesem Zusammenhang Beobachtungen, daß Jungen, die sich für einen ›sprachlichen‹ oder geisteswissenschaftlichen Bereich und ihn als Beruf wählen, häufig eine echte ›Schwäche im räumlichen Vorstellen‹ besitzen. Sie machen damit eher ›aus der Not eine Tugend‹.

Wie erstaunlich wenig sich in einem sozialistischen Land die beruflichen Karrieren von hochbegabten Mädchen von denen in der Bundesrepublik unterscheiden, weist eine bildungspolitische Studie von Gerlinde Mehlhorn (1990) in Leipzig auf, die die Entwicklungsverläufe von Nachwuchswissenschaftlern und -wissenschaftlerinnen und Erfindern (606 Männer / 42 Frauen) analysiert. Auch hier zeigt sich, daß der Anteil weiblicher Personen umso geringer ist, je höher das wissenschaftlich-schöpferische Niveau der Gruppe angesetzt wird (nur 8 % weibliche Wissenschaftler in der höchsten Gruppe). (53 % der Hochschulstudenten sind weiblich – 5 % Professorinnen). Wie in der BRD gilt nach Mehlhorn (1990) in der DDR, daß »weibliche Hochbegabte männlichen Begabten in wesentlichen leistungsrelevanten Persönlichkeitsvoraussetzungen (Allgemeinwissen, Fachwissen, Interessen, Motiven, Fähigkeiten, sozial-charakterlichen Qualitäten relativ stark gleichen.« Sie schreibt weiter: »Es ist nachweisbar, daß mit wachsender Begabungshöhe geschlechtsspezifische Differenzen geringer werden.« (aaO., S. 25) Somit wären die Voraussetzungen für eine berufliche Karriere gegeben, allerdings finden wir z. B. bei den Hochbegabten (wie auch bei Frauen, die Karriere machen, z. B. Managerinnen!) einen höheren Anteil lediger / geschiedener Personen, weniger Kinder und kleinere Haushalte (ledig bei Erfindern: Männer 9 %, Frauen 24 %). In der Leipziger Studie stammten begabte Frauen in der Regel (häufiger als Männer) aus harmonischen und kulturell, fachlich breit profilierten Elternhäusern, sie haben vielfältige Entwicklungsanregungen genossen. Der Berufsorientierungs- und der Berufsfindungsprozeß verläuft konfliktärmer auf der Grundlage frühzeitiger Identifikation und Unterstützung durch Eltern und Schule. Auch Mehlhorn (aaO.) findet bei den begabten Frauen eine selbstkritischere und sich unterschätzende Haltung bei deutlichem Bestreben nach Absicherung der selbst gestellten Ziele und Aufgaben. Diese Frauen sind stärker erfolgsabhängig und kritikempfänglich.

Fassen wir die vorliegenden Ergebnisse zusammen, so ergibt sich folgendes Bild: Im Bereich der Höchstleistungen sind die Jungen den Mädchen überlegen. Auffällig sind die Interessenunterschiede mit vor allem viel breiterem Spektrum bei Mädchen und Frauen. Ebenso wie durchschnittlich begabte Mädchen verfügen mathematisch hochbegabte über ein geringeres Selbstvertrauen und unterschätzen ihre Fähigkeiten eher. Wenn sie eine ihrem Potential entsprechende berufliche Entwicklung aufweisen, dann benötigen sie in stärkerem Maße als Jungen eine förderliche soziale Umwelt; d. h. hochbegabte Mädchen scheinen in stärkerem Ausmaß als hochbegabte Jungen von hemmenden Umweltbedingungen beeinflußt zu werden. Daher sprechen wir im Rahmen der Begabungsforschung von einer Risikogruppe. Im letzten Abschnitt werden einige Überlegungen zu den Bedingungen dargestellt, die meines Erachtens dazu beitragen, daß mathematisch hochbegabte Mädchen in ihrer Selbstverwirklichung stärker gefährdet sind, d. h. daß sie nicht glücklich sind.

IV. Hochbegabte Mädchen (insbesondere mathematisch hochbegabte) als Risikogruppe

Tatsächlich finden wir in der einschlägigen Literatur neben hochbegabten Behinderten, hochbegabten Ausländerkindern häufig hochbegabte Mädchen als mit hohem Risiko behaftet geschildert; d. h. die Chancen der Verwirklichung ihres Potentials an Begabungen ist sehr vermindert. Was diese Aussage bedeutet, wird deutlicher, wenn man – wie ich vor kurzer Zeit – bei der Beratung von Eltern mit hochbegabten Kindern erlebt, daß eine Mutter, die zur Untersuchung mit ihrem fünfjährigen hochbegabten Sohn gekommen war, während der Anamnese in Tränen ausbricht und gesteht, daß sie Angst habe, daß ihr Kind ein ebenso verpfuschtes Leben erwartet wie sie es selbst erlebt hat. Sie schildert dann ihre Entwicklung, wie wir sie auch bei einigen Mädchen selbst beobachtet haben. Ihr Problem verschlimmerte sich in der Pubertät: die Schule fiel ihr sehr leicht, sie hatte sehr gute Noten – auch in Mathematik – und wurde deshalb als Streberin beschimpft: Daraufhin begann sie systematisch schlechte Noten zu schreiben, ja sie schwänzte sogar die Schule, um endlich von den anderen als Mitglied der Klasse akzeptiert zu werden. Sie war ›hochbegabt‹, aber machte mit Mühe und Not ihr Abitur und arbeitete als Sekretärin, dann heiratete sie und ist als Hausfrau und Mutter nicht besonders glücklich. – Betrachtet man die Literatur, dann ist das Leben dieser Frau kein Einzelschicksal – das Problem ist nur, wir wissen überhaupt nicht, wieviele hochbegabte Mädchen in ähnlicher Weise versuchen, durch Anpassung an ein niedrigeres Leistungsniveau die Gunst und die Anerkennung der Gleichaltrigen zu erlangen. Die Art und Weise, wie hochbegabte Mädchen ihre Probleme zu lösen versuchen ist – im Vergleich zu hochbegabten Jungen – sehr viel häufiger leise, versteckt, ohne Kampf und Aufbegehren. Daher haben sie eine geringere Chance, entdeckt zu werden und mit Hilfe möglicher Fördermaßnahmen eine ihren Bedürfnissen entsprechende Lebensverwirklichung zu erreichen.

Verschiedene Gegebenheiten können sich hemmend auf die Entwicklung mathematisch-technisch hochbegabter Mädchen auswirken, von denen im folgenden einige thesenartig erwähnt seien:

1. These:
Hochbegabte Mädchen zeigen im Vergleich zu hochbegabten Jungen seltener (und weniger intensiv) ›extreme‹, fast monomanisch zu nennende Verhaltensweisen sowohl im kognitiven als auch im sozial-emotionalen Bereich.

Es werden z. B. selten exzessive Sammelleidenschaften oder das mit großer Systematik über länger Zeit hinweg erfolgende Anlegen von Karteien und Listen bei Mädchen berichtet. Selbst beim Vergleich zweier mathematisch hochbegabter Vorschulkinder, finden sich entsprechende Unterschiede: Von dem Jungen berichtet die Mutter eine zeitweise ausschließliche Beschäftigung mit Zahlen, welche die Mutter fast ängstigte (u. a. nachts mußten riesige Papierblätter mit Zahlen an sein Bett gehängt werden). Von dem Mädchen wird berichtet, daß sie gerne rechnet, sich selbst kleine Rechenaufgaben stellt, wobei sie mit 20 Monaten den Zahlenraum bis 20 beherrschte. Aber diese ›Verbissenheit‹ in ein Thema, was diese Kinder dann zu herausragenden Experten macht, wurde in keinem Fall bei einem Mädchen erwähnt. Auch im verbal-kreativen Bereich zeigen hochbegabte Jungen häufiger, daß sie Geschichten oder Hörspiele schreiben und dabei die soziale Umwelt in Schule und Kindergarten mit einbeziehen. Die Mädchen dagegen ziehen sich eher zurück und lesen. Ich denke, dies hängt vor allem mit den hier aus Zeitgründen nicht näher genannten Unterschieden im Dominanz- und Explorationsverhalten zusammen.

2. These:
Hochbegabte Mädchen werden seltener und später identifiziert.

Ein Anzeichen hierfür ist beispielsweise das Aufsuchen einer Beratungsinstitution. Wie in allen Erziehungsberatungsstellen ist die Zahl der Jungen, die zur Untersuchung gebracht werden, auch bei uns wesentlich größer. Seit 1985 kamen N = 99 Jungen (2; 6–16 Jahre) und N = 30 Mädchen (4; 6 und 19 Jahre) zu uns in die Beratung, davon wurden sieben Mädchen und 47 Jungen als hochbegabt erkannt, wobei die Jungen vorwiegend wegen störenden Verhaltens in der Schule, Langeweile und Unterforderung kamen und die Mädchen zur Feststellung ihrer Begabung. Bei den Teambesprechungen fiel uns auf, daß wir häufig viel größere Mühe hatten, die Mädchen als eindeutig hochbegabt zu klassifizieren. Ein Problem mag hierbei das Wissen um den Entwicklungsvorsprung der Mädchen sein, das eine Einschätzung des Intelligenzniveaus unabhängig von der Entwicklungsgeschwindigkeit erschwert. Weiterhin stellt die größere Reifungsgeschwindigkeit, die sich in einer besseren Anpassungsfähigkeit niederschlägt, insofern eine hemmende Bedingung dar, als die Mädchen den Einflüssen der sozialen Umwelt (Eltern, Erzieher, Gleichaltrige) stärker unterliegen, was meist eine geschlechtsrollenkonforme Sozialisation bedeutet. Für hochbegabte Mädchen heißt das, nicht Spiel als Raumfahrer und Entdecker von neuen Sternen, was ihnen Spaß machen würde, sondern Spiel mit Puppen und Gummitwist!

Die überraschende Tatsache, daß ein Drittel der von uns untersuchten Mädchen nur zufällig getestet wurde, weil der Bruder bei uns war, und die Schwester dann mitkam, spricht für sich. Weiterhin haben hochbegabte Mädchen ohne Geschwister, Erstgeborene ohne Brüder bzw. mit einem großen Abstand zum Bruder eine größere Chance, erkannt oder gefördert zu werden, d. h. es wird eher ihren Interessen an Legos, Naturwissenschaft oder auch Computer nachgegeben. Die Hierarchie, die im Kindergarten durch das Dominanzverhalten der Jungen zu beobachten ist, die sich den Platz in der Bauecke oder später am Computer sichern und vor allem die Mädchen nicht heranlassen, ist auch in der Familie zwischen den Geschwistern erkennbar. Es ist daher auch bei Hochbegabten klar ersichtlich, daß – insbesondere bei eingeschränkten Ressourcen – die Förderung der Jungen vorrangig ist.

3. These:
Hochbegabte Mädchen ähneln in ihren kognitiv-intellektuellen Interessen und Verhaltensweisen in starkem Maße hochbegabten Jungen, sind aber in den sozial-emotionalen Reaktionen anderen Mädchen vergleichbar.

Dadurch ergibt sich eine Zwischenstellung, die in den üblichen Kindergärten und Schulen, wo selten mehr als ein hochbegabtes Kind in einer Klasse ist, entweder eine starke Isolierung der Mädchen mit sich bringt oder einen Druck zur Anpassung an die Interessen und Beschäftigungen der durchschnittlich begabten Mädchen bedeutet. Diese Zwischenstellung betonen auch Fox und Zimmermann (1985, S. 226), wenn sie – bezogen auf die Wertvorstellungen – schreiben: »The gifted girls differed from both their male and female peers on measures of value.«

Zur Untersuchung der Interessen und Vorlieben bei Vorschul- und Grundschulkindern mittels eines Fragebogens zur kindlichen Interessenentwicklung (vgl. Handte 1987) erhielten wir im Vergleich von hochbegabten mit durchschnittlich begabten Mädchen folgende Ergebnisse: Neben der stärkeren Präferenz für ›alleine spielen‹, die wir bei Hochbegabten (oft notgedrungen) finden, ergaben vor allem solche Items Unterschiede, bei denen eher ›typisch‹ weibliche Beschäftigungen (Puppen, Spielzeugtiere) thematisiert wurden. Dies stimmt mit unseren früheren Beobachtungen überein, daß bei hochbegabten Mädchen häufiger ›männliche‹ Interessen wie Raumfahrt, Schach, Politik usw. sowie anspruchsvolle intellektuelle und ästhetische Beschäftigungen (Denksportaufgaben, klassische Musik) gefunden werden. Dazu paßt ferner, daß hochbegabte Mädchen häufiger angeben, lieber mit Jungen zu spielen.

Bei den Jungen werden die Unterschiede bezüglich der Sach- und Nachschlagbücher (Naturwissenschaften, Geographie, Geschichte) sowie das Interesse für Computer bedeutsam. Es ist interessant, daß selbst mathematisch hochbegabte Mädchen selten ein Interesse für Computer erkennen lassen, welches bei mathematisch begabten Jungen immer vorfindlich ist. Weiter ist zu betonen, daß die hochbegabten Jungen durchaus gleich gern mit Mädchen und Jungen spielen, was mit den Angaben der Mütter unserer Beratungsgruppe übereinstimmt.

Aufgrund unserer Beobachtungen kommen wir – ähnlich wie Fox & Zimmermann (aaO.) – zu der Vermutung, daß bei Hochbegabten geringere Geschlechterunterschiede auffindbar sind, was für hochbegabte Mädchen mit typisch männlichen Interessen eine weitere Behinderung bedeutet, da diese häufig von den (nicht-hochbegabten) Jungen als Spielpartner nicht akzeptiert werden. Vergleicht man hochbegabte Mädchen mit hochbegabten Jungen, so unterscheiden sie sich nur darin, daß Mädchen zwar weniger Interesse an Bauklötzen und Legos, Autos, Werkzeug und Spielzeugwaffen haben als die Jungen, daß aber ihr Interessensspektrum insgesamt breiter ist. Die Eltern geben hierbei an, daß gerade die Mädchen in ihren Reaktionen eher einem Erwachsenen als einem Kind gleichen. Dieses stimmt mit der häufigen Betonung von Eltern überein, daß ihre Tochter überaus vernünftig und einsichtig sei.

Insgesamt scheint – wie bei durchschnittlich begabten Mädchen – auch bei hochbegabten Mädchen eine stärkere Tendenz zur Anpassung an die anderen Mädchen, diplomatisches Verhalten, Resignation und Rückzugsverhalten beobachtbar zu sein.

Abschließend sei festgehalten, daß zur Verbesserung unseres Kenntnisstandes über mathematisch hochbegabte Mädchen vor allem weitere Untersuchungen schon im Vorschulalter dringend erforderlich sind. Diese sollten zu einer gezielten Aufklärung von Eltern, Erziehern und Lehrern sowie einer stärkeren Unterstützung und Förderung der Mädchen – auch durch gleichaltrige Jungen – in ihren mathematisch-technischen Interessen und Beschäftigungen führen.

Literatur

Benbow, C. P.; Stanley, J. C. (1983): Sex differences in mathematical reasoning ability: More facts. Science, 222, 1029–1031.

Benbow, C. P.; Stanley, J. C. (1988): Sex differences in mathematical ability: Fact or artifact. Science, 210, 1262–1264.

Benbow, C. P. (1990): Mathematical Talent and Females: From a Biological Perspective. In: W. Wieczerkowski, T. M. Prado (Hrsg.): Mädchen und Hochbegabung. Bericht über ein Symposium in Bonn, 14.–16. Juni 1989 (S. 68–81). Hamburg: William-Stern-Gesellschaft für Begabungsforschung und Begabtenförderung.

Bischof, N. (1980): Biologie als Schicksal? Zur Naturgeschichte der Geschlechterrollendifferenzierung. In: N. Bischof, H. Preuschoft (Hrsg.): Geschlechterunterschiede und ihre Entwicklung. München: Beck, S. 25–42.

Dahlke, E. (1986). Rezension von Kruteskii, V. A.: The psychology of mathematical abilities in school children. Zentralblatt für Didaktik der Mathematik 10, 84–86.

Degenhardt, A. (1979): Geschlechtstypisches Verhalten über die Lebensspanne. In: A. Degenhardt, H. M. Trautner (Hrsg.) Geschlechtstypisches Verhalten. Mann und Frau in psychologischer Sicht. München: Beck, S. 26–49.

ECCLES, J., ADLER, T. F., KACZALA, C. M. (1982): Socialization of achievement attitudes and beliefs. Parental influences. Child Development, 53, 310–321.

EISENBERG, N., WOLCHIK, S. A., HERNANDEZ, R., PASTERNACK, J. F. (1985): Parental socialization of young children's play: A short-term longitudinal study. Child Development, 56, 1506–1513.

FAGOT, B. I. (1985). Beyond the reinforcement principle: Another step toward under standing sex role development. Developmental Psychology, 21, 1097–1164.

FEINGOLD, A. (1988): Cognitive gender differences disappearing. American Psychologist, 43, 95–103.

FOX, L. H., ZIMMERMANN, W. Z. (1985): Gifted women. In: J. FREEMAN (Ed.): The psychology of gifted children. Chichester / New York: John Wiley, Sons, S. 219–243.

HANDTE, G. (1987): Persönlichkeitsentwicklung hochbegabter Kinder und Jugendlicher. Interessen, Interessenentwicklung und Selbstkonzept. Unveröffentl. Diplomarbeit, Tübingen.

HYDE, J. S., LINN, M. C. (1986): The psychology of gender: Advances through meta-analysis. Baltimore: The John Hopkin's University Press.

JACKLIN, C. N. (1989): Female and male: Issues of gender. American Psychologist, 44, 127–133.

JACKLIN, C. N., MACCOBY, E. E., DOERING, C. H. (1983): Neonatal sex-steroid hormones and timidity in 6–18 month-old boys and girls. Developmental Psychobiology, 16, 163–168.

JACKLIN, C. N., WILCOX, K. T., MACCOBY, E. E. (1988): Neonatal sex-steroid hormones and intellectual abilities of six year old boys and girls. Developmental Psychobiology, 21, 567–574.

KEATING, D. P., STANLEY, J. C. (1972): Extreme measures for the exceptionally gifted in mathematics and science. In: Educational Researcher 1 (9), 3–7.

KIMBALL, M. M. (1989): A new perspective on women's Math achievement. Psychological Bulletin, 105, 198–214.

KÖNIG, G. (1986): Mathematische Begabung im Kindes- und Jugendalter. Eine Literaturübersicht. In: Bundesminister für Bildung und Wissenschaft (Hrsg.): Hochbegabung – Gesellschaft – Schule: ausgew. Beiträge aus der 6. Weltkonferenz über Hochbegabte und Talentierte Kinder in Hamburg vom 5.–9. August 1985. Bad Honnef: Bock, S. 212–224.

LINN, M. C., PETERSEN, A. C. (1985): Emergence and characteristics of sex differences in spatial ability: A meta-analysis. Child Development, 56, 1479–1498.

MARSHALL, S. P., SMITH, J. D. (1987): Sex differences in learning mathematics: a longitudinal study with item and error analyses. Journal of Educational Psychology, 79, 372–383.

MEHLHORN, G. (1990): Begabungsgenese – Probleme und Ergebnisse der Untersuchung geschlechtsspezifischer Verlaufsformen. In: W. WIECZERKOWSKI, T. M. PRADO (Hrsg.): Mädchen und Hochbegabung. Bericht über ein Symposium in

Bonn, 14.–16. Juni 1989. Hamburg: William-Stern-Gesellschaft für Begabungsforschung und Begabtenförderung, S. 22–29).

Merz, F. (1979): Geschlechterunterschiede und ihre Entwicklung. Göttingen: Hogrefe.

Nietzsch, J. (1990): Zur Förderung hochbegabter Mädchen in der Berliner Mathematischen Schülergesellschaft. In: W. Wieczerkowski, T. M. Prado (Hrsg.): Mädchen und Hochbegabung. Bericht über ein Symposium in Bonn, 14.–16. Juni 1989 Hamburg: William-Stern-Gesellschaft für Begabungsforschung und Begabtenförderung, S. 117–120.

Signorella, L. M., Jamison, W., Krupa, M. H. (1989): Predicting spatial performances from gender stereotyping in activity preferences and in self-concept. Developmental Psychology, 25, 89–95.

Schwank, I. (1988): Zum algorithmischen Denken von Mädchen. In: Beiträge zum Mathematikunterricht 1988. Bad Salzdetfurth: Franz Becker, S. 289–292.

Sherman, J. (1980): Mathematics, spatial visualization, and related factors: Changes in girls and boys, Grades 8–11. Journal of Educational Psychology, 72, 476– 482.

Stapf, A. (1988): Die Entwicklung hochbegabter Kinder im Vorschul- und Schulalter, oder: Warum es für viele Hochbegabte nach der 4. Klasse schon zu spät ist. In: Konferenzbericht: Europäische Konferenz: Begabungen gefragt. Salzburg, S. 86–92.

Stapf, A. (1990): Hochbegabte Mädchen: Entwicklung, Identifikation und Beratung, insbesondere im Vorschulalter. In: W. Wieczerkowski, T. M. Prado (Hrsg.): Mädchen und Hochbegabung. Bericht über ein Symposium in Bonn, 14.–16. Juni 1989. Hamburg: William-Stern-Gesellschaft für Begabungsforschung und Begabtenförderung, S. 31–40.

Stapf, A., Stapf, K. H. (1985): Mädchen in Männerberufen. Ein Vergleich von Jugendlichen in geschlechtstypischen und geschlechtsuntypischen Ausbildungsgängen. Psychologische Beiträge, 27, 447–459.

Stapf, A., Stapf, K. H. (1988): Kindliche Hochbegabung in entwicklungspsychologischer Sicht. Psychologie in Erziehung und Unterricht, 35, 1–17.

Stapf, A., Stapf, K. H. (1989): Zur kognitiven und motivationalen Entwicklung hochbegabter Kinder im Vorschulalter. Vortrag, gehalten auf der Tagung: Geistige Entwicklung – Früherkennung – Frühförderung, Leipzig.

Srocke, B. (1989): Mädchen und Mathematik. Wiesbaden: Deutscher Universitätsverlag.

Wagner, H. (1990): Zur Beteiligung von Mädchen an den Bundeswettbewerben Mathematik und Fremdsprachen. In: W. Wieczerkowski, T. M. Prado (Hrsg.): Mädchen und Hochbegabung. Bericht über ein Symposium in Bonn, 14.–16. Juni 1989. Hamburg: William-Stern-Gesellschaft für Begabungsforschung und Begabtenförderung, S. 113–116).

Wagner, H., Zimmermann, B., Stüven, N. (1986): Identifizierung und Förderung mathematisch besonders befähigter Schüler. Bericht über einen Modellversuch.

In: Bundesminister für Bildung und Wissenschaft (Hrsg.): Hochbegabung – Gesellschaft – Schule: ausgew. Beiträge aus der 6. Weltkonferenz über Hochbegabte und Talentierte Kinder in Hamburg vom 5.–9. August 1985. Bad Honnef: Bock, S. 239–251.

WIECZERKOWSKI, W., JANSEN, J. (1990): Mädchen und Mathematik. Geschlechtsunterschiede in Leistung und Wahlverhalten. In: W. WIECZERKOWSKI, T. M. PRADO (Hrsg.): Mädchen und Hochbegabung. Bericht über ein Symposium in Bonn, 14.–16. Juni 1989. Hamburg: William-Stern-Gesellschaft für Begabungsforschung und Begabtenförderung, S. 98–111.

Untersuchungen algorithmischer Denkprozesse von Mädchen

Inge Schwank

Müßten Mädchen eine Rakete so programmieren, daß sie zum Mond fliegt, dann würden sie zunächst alle verfügbaren Informationen sammeln und in das Programm einbauen. Die Jungen dagegen würden sie eher Richtung Mond starten und versuchen, unterwegs den Kurs zu korrigieren.

Den Ausgangspunkt unserer Darlegungen bilden Untersuchungen zur Frage, inwieweit sich mit kognitionswissenschaftlichen Methoden eine Erklärung für das unterschiedliche Verhalten von Mädchen und Jungen beim Umgang mit der Programmierung von Computern geben läßt. Die dazu herangezogene Theorie und die Ergebnisse einer Pilotstudie geben Anlaß, grundsätzlicher nach einer unterschiedlichen Verteilung individueller Präferenzen für kognitive Strukturen und kognitive Strategien bei Mädchen und Jungen zu fragen. Die Konfrontation unserer eigenen Ergebnisse mit einschlägigen Befunden und ihren theoretischen Erklärungen in der Literatur zu geschlechtsspezifischen Unterschieden beim Umgang mit Mathematik und Naturwissenschaften führt zu einer grundsätzlicheren Position über den Nutzen, den eine kognitiv begründete Frauenforschung mit dem Konstrukt der mentalen Modelle für ein generelles Verständnis verschiedener Aspekte der geschlechtsspezifischen Unterschiede anbieten könnte, die bisher nur sozialwissenschaftlich oder psychobiologisch erklärt werden. Trotz dieser von uns bei der Auseinandersetzung mit diesem Thema vollzogenen Ausweitung der Fragestellung und unseres Ansatzes haben wir für dieses Papier den oben genannten engeren Titel gewählt, weil wir damit das Fundament unserer Theorie und unsere experimentelle Basis kenntlich machen wollen.

I. Ausgangslage

Seit einigen Jahren finden sich verstärkt Bemühungen, die beobachtete Distanz von Mädchen zur Mathematik und zu den Naturwissenschaften schon in ihrer Schulzeit durch geeignete Fördermaßnahmen zu vermindern. Als theoretische Grundlage dienen dabei insbesondere in Deutschland sozialwissenschaftliche Erklärungsversuche, welche das beobachtete Verhalten der Mädchen fast ausschließlich mit ihrer besonderen Sozialisation erklären. Dementsprechend sind auch die erarbeiteten Vorschläge im wesentlichen einer Veränderung dieser Rahmenbedingungen zuzuordnen. Es finden sich aber in der Literatur auch Untersuchungen, die belegen sollen, daß zwischen Mädchen und Jungen im Bereich mathematischer Leistungsfähigkeit geschlechtsspezifische Unterschiede bestehen. Eine breit angelegte Übersicht, wie sie in Maccoby / Jacklin ([1974]; überarbeitet in Block [1976]) gegeben ist, zeigt, daß das Bild in den empirischen psychologischen Untersuchungen nicht einheitlich ist. Feingold (1988) weist nach, daß geschlechtsspezifische Unterschiede in den letzten Jahren abgenommen haben sollen. In ihrer umfangreichen Analyse der geschlechtsspezifischen Unterschiede in der mathematischen Denkfähigkeit bei hochbegabten Mädchen und Jungen (wie sie in dem Test SAT-M erfaßt wird) kommt Benbow (1988) zu dem Schluß, daß sowohl die soziale Umwelt als auch biologische Faktoren für die festgestellte größere Leistungsstärke der Jungen eine Rolle spielen.

Der Schwerpunkt der Untersuchungen liegt dabei auf der Dokumentation von Leistungsunterschieden, nicht jedoch auf experimenteller Überprüfung kognitiver Theorien, welche beobachtete Leistungsunterschiede auf Unterschiede in der kognitiven Struktur oder den angewandten Problemlösestrategien zurückführen lassen. Insofern mangelt es diesen Untersuchungen zu den Leistungsunterschieden an einer theoretischen Erklärung: diese Forschungen lassen nicht verstehen, wie die nach außen meßbaren Unterschiede als Ergebnisse von im Kopf unterschiedlich ablaufenden Prozessen erklärt werden können. Insofern sind auch diese Untersuchungen noch unter einem behavioristischem Aspekt zu beurteilen. Einen Versuch, die beobachteten kognitiven Unterschiede zwischen Männern und Frauen neurologisch zu erklären und daraus auch die sozialen, edukativen und klinischen Implikationen aufzuzeigen, unternimmt Witelson (1979). Bischof (1979) und Bischof-Köhler (1990) versuchen eine bemerkenswerte Erklärung aus psychobiologischer Sicht. Nach unserer Kenntnis fehlt eine kognitionswissenschaftliche Analyse des beobachteten unterschiedlichen Leistungsstandes und der Interessen von Mädchen und Jungen der Sekundarstufe I.

Wir sind der Überzeugung, daß es sich beim geistigen Verhalten um das Ergebnis sehr komplexer Prozesse mehrerer Veränderlicher handelt. Wir verstehen unsere Untersuchungen als einen Beitrag zu einer kognitiven Theorie der Erklärung geschlechtsspezifischer Unterschiede des Denkens und Problemlösens in der Frauenforschung. Die mit sozialwissenschaftlichen Methoden erhobenen Ursachen sollen dabei nicht geleugnet, sondern nur in ihrer Ausschließlichkeit relativiert und der Blick auf neue Handlungsansätze gelenkt werden. Die verstärkte Berücksichtigung eines kognitiven Ansatzes heißt für uns, daß wir uns für die Beziehung zwischen (den spezifischen Repräsentationen) der äußeren Welt und den von den Individuen in ihrem Kopf daraus konstruierten Vorstellungen interessieren. Für die Zwecke einer experimentellen Untersuchung kommt es dabei darauf an, daß die äußeren Darstellungen der algorithmischen Ideen nicht nur den Kern der Sache treffen (bei aller Problematik, die mit der Idee ›Kern einer Sache‹ verbunden ist, vgl. Schwank 1990a, S. 33), sondern daß die Variation einer einzigen (platonisch aufgefaßten) Idee in unterschiedlichen Darstellungen die verschiedenen Denkstrukturen unterschiedlich begünstigt. Den im Falle einer Begünstigung sich einstellenden Resonanzeffekt nutzen wir bei der Konstruktion der Aufgaben für unsere Untersuchungsstunden aus.

II. Theoretische Grundlagen

Die theoretischen Grundlagen unserer Untersuchung lieferte das von der VW-Stiftung an unserem Institut geförderte Projekt »Auswirkungen verschiedener Repräsentationsformen algorithmischer Begriffe und der Aufbau mentaler Modelle«. Unsere langjährigen Untersuchungen von Versuchspersonen der Sekundarstufe I beim Konstruieren und Analysieren von Algorithmen haben zu der Beobachtung geführt, daß es größere individuelle Unterschiede in der Art der geistigen Auseinandersetzung mit diesen mathematischen Problemen gibt. Wir können sie dadurch erklären, daß wir Unterschiede in den Problemlösestrategien und der kognitiven Struktur der Versuchspersonen postulieren.

1. Die Rolle der Darstellung

Wir möchten in diesem Zusammenhang nicht darüber nachdenken, ob es die Welt gibt oder nicht. Die sprachliche Beschreibung unserer Gedanken wird aber einfacher, wenn wir uns in der Metasprache auf den Standpunkt eines Platonisten stellen: Wir nehmen an, daß unsere Vorstellungen von mathematischen Objekten ein Gegenstück in einer idealen Welt haben. Mit dieser

Sprachregelung können wir ein Stück weit mathematische Begriffe handhaben wie Begriffe über die reale Welt.

Welt $\leftrightarrow$ Vorstellung

Wenn man dieses aber genauer analysiert, stellt man fest, daß bei der Handhabung mathematischer Ideen durch Sprache das grundsätzliche Problem nicht aus der Welt zu schaffen ist, daß in einem solchen mathematischen ›Text‹ nicht die Bedeutung aller vorkommenden Begriffe durch Nominaldefinitionen erklärt werden kann, sondern immer ein Bestandteil an undefinierten Grundbegrifffen übrigbleibt, deren Bedeutung letztlich evident sein muß. Es ist klar, daß die (von einem platonischen Standpunkt aus) gleiche mathematische Idee durch verschiedene mathematische Texte, welche unterschiedliche Begriffe als Grundbegriffe haben, dargestellt werden kann. Das Nachdenken über die mathematische Idee ist also selbst in einem so abstrakten Verständnis immer nur über eine spezifische *Darstellung* möglich. Die Welt wirkt über die Darstellung auf die Vorstellung ein. Es kommt zentral auf diese Interaktion zwischen Darstellung und Vorstellung an. Wenn wir von den Ideen der reinen Mathematik übergehen zum Bereich des Lehrens und Lernens von Mathematik, ist die Rolle, welche die Darstellung mathematischer Ideen spielt, noch offenkundiger.

Welt $\leftrightarrow$ *Darstellung* $\leftrightarrow$ Vorstellung

Da dieser Text in der deutschen Sprache verfaßt ist, stehen mit ›Darstellung‹ und ›Vorstellung‹ wenigstens zwei verschiedene Wörter zur Verfügung. Es ist dann leichter, sich darauf einzulassen, daß sich dahinter zwei verschiedene Dinge verbergen, als wenn dieser Text z. B. in englisch verfaßt werden würde, einer Sprache, die für beide Phänomene nur das eine Wort ›representation‹ kennt.

Nach diesen einleitenden Worten läßt sich der Gegenstand unserer Untersuchung schon etwas genauer beschreiben. Man nehme die Idee von einfachen Algorithmen, besorge sich dazu unterschiedliche Darstellungen und lasse sich Versuchspersonen damit auseinandersetzen. Diese machen sich dann Vorstellungen. Schließlich sehe man nach, ob sie sich eigentlich bei gleicher Darstellung dieselben Vorstellungen machen. Die Antwort ist ›nein‹. Unsere Hypothese ist, daß die unterschiedlichen Vorstellungen aufgrund von festen Vorlieben zustandekommen. Wir haben das mit Experimenten bestätigen können. Was hier bei diesem Thema interessiert, ist die Hypothese, daß die unterschiedlichen Strukturen der bevorzugten Vorstellungen bei Mädchen und Jungen nicht gleich verteilt sind.

2. *Prädikative versus funktionale Denkstruktur*

Wir unterscheiden zwischen einer eher prädikativen, auf Beziehungsgeflechte und Ordnungsprinzipien ausgerichteten Struktur und einer eher funktionalen Struktur, die den Vorrang im Denken in Wirkungsweisen und Handlungsfolgen ausmacht (Schwank 1985, 1990a). Für einen prädikativen Denker sind logische Urteile wichtig, für einen funktionalen die Kausalität. Also, nochmals übersichtlich dargestellt:

prädikativ	**funktional**
Strukturen / Begriffe sind Prädikate / Relationen zwischen verschiedenen (mathemathischen) Gegenständen Denken in Beziehungen	Strukturen / Begriffe sind Funktionen / Operationen auf, mit verschiedenen (mathematischen) Gegenständen Denken in Wirkungsweisen

Während für die Bewältigung mathematischer Probleme (zumindest auf Schulniveau) die prädikativen Darstellungen sehr fruchtbar sind, scheint es bei der Physik und Technik von besonderem Nutzen zu sein, über funktionales Denken bei Prozeßabläufen zu verfügen. Die naturwissenschaftliche Kategorie der Kausalität ist eine funktionale und läßt sich nur schwerlich in eine prädikative Sicht übersetzen, wie sie z. B. das Denken in logischen Begründungen darstellt. Das typische Vorgehen in Experimentalphysik und Technik bei der Erklärung von Versuchen und der sich daran anschließenden Begriffsbildung ist ohne deutliche Benutzung funktionaler Denkvorstellungen nicht möglich. Man könnte dieses so beschreiben: Das Ziel der Analyse von Versuchen ist es, hypothetische Zusammenhänge und Werkzeuge zu erfinden, die als Wirkung die beobachteten Phänomene haben können.

Ansätze zu solchen Überlegungen kann man in den psychologischen Arbeiten zum Verständnis der naiven Physik sehen, welche qualitatives Denken über Prozesse in ihren Mittelpunkt stellen (de Kleer / Brown 1983, Forbus / Gentner 1986, Hron 1988). Dabei wird von einem inhaltlich (physikalisch) verstandenen Problem ausgegangen und dargelegt, was man sich bei seiner Bearbeitung zurechtlegen muß und wie man dieses anstellt. Es bleibt offen, inwieweit es sich hierbei um eine eigenständige Denkart handelt. In unserem Ansatz postulieren wir funktionales (und prädikatives) Denken als psychologischen Grundbegriff (wie in einer axiomatischen Theorie) und zeigen umgekehrt auf, wie sich dieses Denkwerkzeug besonders gut zur Bearbeitung einer Sachstruktur eignet (vgl. Schwank 1990b).

3. Begriffliche versus sequentielle kognitive Strategie

Bei den von den Versuchspersonen benutzten kognitiven Strategien unterscheiden wir in unserem Kontext zwischen dem vorab-strukturierenden *begrifflichen* Vorgehen und dem interaktiven, sich im Fluß des Dialoges mit der Umgebung (z. B. Material, Partner, Teilideen) entwickelnden *sequentiellen* Vorgehen. Zur Übersicht dieser Begriffe dient folgendes Schaubild:

begrifflich	**sequentiell**
Schüler beginnen mit einer Analyse des Problems, strukturieren es und versuchen, einen begrifflichen / konzeptionellen Rahmen zu bauen, der das Vorwissen miteinschließt.	Schüler beginnen mit einer ersten Lösung, bevor sie ihre Ideen vollständig strukturiert haben; sie entwickeln ihre Ideen im Dialog mit dem Material, sie finden die vollständige Lösung durch Analyse und Modifizierung von Teillösungen.
Problem ▼ Analyse ▼ Strukturierung ▼ begrifflicher Rahmen ▼ Lösung	Problem ▼ (1. bzw. Teil-)Lösung ▼ Analyse ▼ Modifizierung ▼ Lösung

Das Begriffspaar begrifflich / sequentiell wurde ursprünglich von Cohors-Fresenborg / Kaune (1984) eingeführt und von Kaune (1985) experimentell untersucht. Zu diesem Zeitpunkt der Theoriebildung umfaßte die Merkmalsklassifizierung (nach unserer heutigen Auffassung) aber sowohl Elemente der kognitiven Struktur als auch der kognitiven Strategien. Von uns wurde die Unabhängigkeit beider Ebenen postuliert (Schwank 1986) und von Marpaung (1986) erstmals in einer Studie mit indonesischen Versuchspersonen nachgewiesen.

III. Untersuchungsmaterial

1. *Repräsentationsformen oder die Rolle der Darstellung*

Als mathematische Idee für den Algorithmusbegriff nehmen wir die Präzisierung durch das Konzept der *Registermaschine* (RM; Rödding 1968): Eine Registermaschine hat endlich viele Speicher – sogenannte Register – für (beliebig große) natürliche Zahlen; Programme für eine Registermaschine werden konstruiert aus Elementarbefehlen durch Hintereinanderausführung oder Wiederholung von Programmen (bis ein Register den Inhalt Null hat). Es gibt zwei Sorten von Elementarbefehlen: Vorwärts- und Rückwärtszählen in einem Register *i* der Registermaschine: A_i und S_i. Diese abstrakte Idee muß nun für Unterrichts- oder Untersuchungszwecke konkret repräsentiert werden. Wir wählen drei unterschiedliche Formen (siehe Abbildung auf S. 75).

Die in unseren Untersuchungen benutzten drei Formen der Repräsentation eines Algorithmus ›Manipulieren mit Stäbchen an der Registerkiste‹, ›Rechennetz‹ (gebaut mit Bausteinen des Baukastens ›Dynamische Labyrinthe‹ [Cohors-Fresenborg 1976]) und ›Programm für den mathematischen Modellrechner Registermaschine‹ sind für den Mathematikunterricht entwikkelt worden und finden sich schon im Textbuch ›Registermaschinen und Funktionen‹ (Cohors-Fresenborg / Griep / Schwank 1979) für Kinder der Sekundarstufe I. Eine erste Analyse der Rolle dieser Repräsentationsformen für die algorithmische Begriffsbildung findet man bei Cohors-Fresenborg (1985). Umgekehrt haben die von uns durchgeführten Untersuchungen, z. B. im Rahmen des Schulversuchs »Integration algorithmischer und axiomatischer Denkweisen in den gymnasialen Mathematikunterricht als Beitrag zur informations- und kommunikationstechnologischen Bildung« (Cohors-Fresenborg 1987), und die dabei vorgenommenen Verbesserungen (z. B. Einführung der Registerkiste) Rückwirkungen auf die didaktische Konzeption einer Einführung in die Computerwelt mit Registermaschinen (Cohors-Fresenborg / Kaune / Griep 1990) gehabt, wie sie in dem oben genannten Schulver-

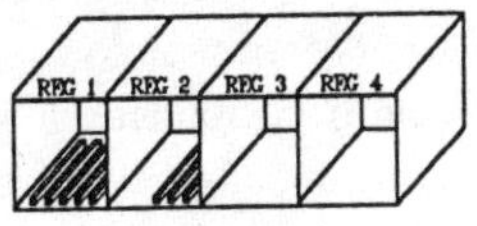

Registerkiste

Registerkiste

Register: Farbig gestrichene Fächer (verdeckt durch Vorhänge) in der hölzernen Registerkiste
Registerinhalt: Haufen von farbigen Stäbchen in einem Fach.
Algorithmus: Folge von Hinzufügen oder Wegnehmen eines Stäbchens, gesteuert durch ›Leer-Test‹.

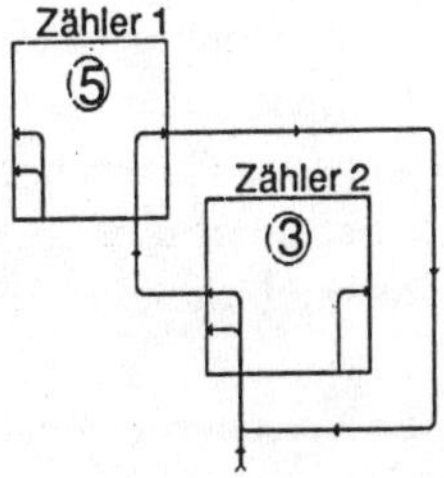

Rechennetz

Rechennetz

Register: Zählbausteine aus dem Baukasten ›Dynamische Labyrinthe‹.
Registerinhalt: Zahnradstellung im Zählbaustein
Algorithmus: Rechennetz, gebaut aus Zählbausteinen und den Verbindungsstükken ›Gerade‹, ›Kurve‹, ›Kreuzung‹, ›Einmündung‹. Alle Wege im Netz haben eine Richtung. Durchfahrten links bzw. rechts im Zählbaustein bewirken Rückwärts- bzw. Vorwärtszählen. Eine bewegliche Sperre am Rückwärtszähleingang realisiert den Null-Test.

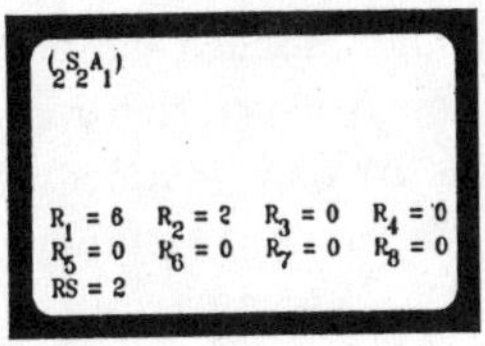

Registermaschine

Registermaschine (RM)

Register: Speicher in einem Modellrechner RM, welcher auf einem PC simuliert werden kann.
Registerinhalt: Übliche Zahldarstellung, permanent sichtbar auf dem Monitor.
Algorithmus: Programm, geschrieben in einer einfachen Programmiersprache für diesen Modellrechner.
Beispiel: Das Programm ($_2S_2A_1$) bedeutet: Wiederhole, bis Register 2 den Inhalt Null hat: Subtrahiere eins in Register 2 und addiere eins in Register 1.

such entwickelt worden ist. Insgesamt läßt sich feststellen, daß durch diese seit über 15 Jahren andauernde Wechselwirkung zwischen didaktischer Entwicklungsarbeit für den Mathematikunterricht und Untersuchungen der Denk- und Problemlöseprozesse die Rolle der Repräsentationsformen besonders genau erforscht ist. Deshalb läßt sich in jeder nächsten einschlägigen Untersuchung das beobachtete Verhalten beim Umgang mit Algorithmen, dargestellt in diesen Repräsentationsformen, vor einem viele hundert Kinder umfassenden Horizont diskutieren.

2. Resonanz zwischen äußerer Repräsentation und mentalem Modell

Eine Besonderheit des Arbeitens mit dem Material ›Dynamische Labyrinthe‹ liegt darin, daß sich so eine starke nonverbale Komponente in eine Untersuchung einführen läßt. Die Entwicklung algorithmischer Ideen einer Versuchsperson läßt sich gut ohne Rückgriff auf ihre verbalen Äußerungen verfolgen (Schwank 1979). Dies ist auch ein Vorteil bei interkulturellen Vergleichsstudien (Marpaung 1986). Das Material unterstützt außerdem ein sequentielles Problemlösen.

Schon Kaune (1985) hat gezeigt, daß teilweise die Versuchspersonen individuelle Vorlieben haben, wenn sie sich die Repräsentationsform aussuchen können, in der sie einen Algorithmus konstruieren sollen. Dieses wurde durch Marpaung (1986) bei seiner Untersuchung mit indonesischen Versuchspersonen bestätigt. Er konnte auch zum ersten Mal zeigen, daß diese Präferenz so weit gehen kann, daß vergleichbare Algorithmen in der einen Repräsentationsform konstruiert, analysiert oder verbessert werden können, in einer anderen aber nicht. Dieses legt die Vermutung nahe, daß diese Unterschiede weniger durch soziale Faktoren als durch Unterschiede in der kognitiven Struktur erklärt werden sollten, zumal die indonesischen Versuchspersonen keine Vorerfahrung z. B. mit Puzzles oder Lego-Bausteinen (vgl. auch Draper 1976) haben. Inzwischen haben wir diesen Befund auch bei unseren Untersuchungen mit deutschen Versuchspersonen bestätigt gefunden und mit unserer Resonanzthese erklärt (Schwank 1990a). Wir nutzen diese Idee jetzt systematisch für die Konstruktion von Aufgaben in Untersuchungen, durch die Versuchspersonen mit prädikativer oder funktionaler kognitiver Struktur entdeckt werden sollen.

In den letzten Jahren ist verstärkt die Rolle geeigneter Repräsentationsformen mathematischer Begriffe auch bei anderen Inhalten für das Lehren und

Lernen von Mathematik untersucht worden (Janvier 1987, Kaput 1983). Allerdings findet sich in diesen Arbeiten noch kein Hinweis auf das Phänomen einer individuell unterschiedlichen Wechselwirkung zwischen äußerer und innerer Repräsentation, wie wir sie mit unserer Resonanzthese beschrieben und experimentell bestätigt haben.

IV. Experimentelle Untersuchung

Unsere hier interessierende Untersuchung steht in einer Umgebung von Untersuchungen zur algorithmischen Begriffsbildung unterschiedlicher Untersuchungspopulationen. Diese benutzen im Prinzip das gleiche Material und beinhalten vergleichbare Aufgaben, sprechen aber – wie in untenstehender Übersicht zusammengefaßt – unterschiedliche Aspekte an. Insbesondere hat auch eine Entwicklung im experimentellen Design und in der Theoriebildung stattgefunden. Trotz dieser Einschränkungen läßt sich feststellen, daß alle diese Untersuchungen sich besonders für die Interaktion äußerer Repräsentationsformen algorithmischer Begriffe und den individuellen Unterschieden bei der Konstruktion mentaler Modelle für diese Begriffe interessieren. Außerdem berücksichtigen sie die Unterschiede in den Problemlösestrategien.

Untersuchungen von Schülern beim Konstruieren und Analysieren von Algorithmen bezüglich:

Kognitiver Strukturen des Denkens	– *prädikativ / funktional*
kognitiver Strategien beim Problemlösen	– *begrifflich / sequentiell*
Rolle der (äußeren) Repräsentationsformen	– *Resonanzeffekt*
	– *Hauptschüler / Realschüler / Gymnasiasten*
Sprache und mathematische Begriffsbildung	– *Grundschüler / gehörlose Kinder*
interkultureller Unterschiede	– *Deutschland / Indonesien / VR China*
geschlechtsspezifischer Unterschiede	– *Mädchen / Jungen*

Ausgangspunkt der im Mai 1987 begonnenen und vom Landkreis Emsland geförderten Pilotstudie »Untersuchung mathematischer Denkprozesse von Mädchen als Beitrag zur Förderung von Mädchen im Bereich der Neuen Technologien« war die Frage, ob sich das Untersuchungsdesign weiterentwickeln läßt mit dem Ziel, näheren Aufschluß über die spezifischen Denkstrukturen und Problemlöseprozesse von Mädchen beim Umgang mit Begriffen aus der Computerwelt und Mathematik zu erhalten. Ziel sollte die Formulierung einer wissenschaftlich begründeten Hypothese sein, mit der die beobachteten Besonderheiten von Mädchen, speziell beim Zugang zu Computern, unter einem kognitiven Aspekt erklärt werden können. Zur Erreichung dieses Zieles wurde von uns eine experimentelle Untersuchung mit Mädchen der Sekundarstufe I geplant und mit 10 ausgewählten Mädchen der Jahrgangsstufe 7 einer Realschule durchgeführt.

Die Forschungen der letzten Jahre (Kaune 1985, Marpaung 1986, Schwank 1989) haben zu einem immer feineren Untersuchungsdesign geführt, das es gestattet, die Wechselwirkung zwischen äußerer Repräsentation und mentalen Modellen von Menschen beim Umgang mit Algorithmen genauer zu erforschen. Es handelt sich dabei um drei einstündige Einzelsitzungen, bei denen eine Folge von Aufgaben unter Benutzung der oben genannten Materialien gelöst werden muß. Die einzelnen Aufgaben der Untersuchung sind so ausgewählt und angeordnet, daß die mögliche Vorliebe einer Versuchsperson für eine der Repräsentationsformen sichtbar gemacht werden kann. Die Konstruktion des Designs (Schwank 1989) berücksichtigt insbesondere die Resonanz zwischen äußerer Repräsentation und aufgerufenem mentalen Modell. Aus den Handlungen und verbalen Äußerungen einer Versuchsperson sollen Rückschlüsse auf ihre bevorzugte kognitive Struktur und Problemlösestrategie gezogen werden. Die Untersuchungsstunden wurden mit Video protokolliert und anschließend mit Hilfe eines Lernprozeßdiagnose-Systems ausgewertet. Weiter wurden Transkripte (Langen 1989a, b) und graphische Inhaltsangaben (Langen / Schwank 1989) erstellt. Außerdem wurden alle Schülerinnen dem APM-Test von Raven (1971) unterzogen, um - neben den Auskünften der Lehrer über schulische Leistungen - eine Abschätzung ihrer generellen intellektuellen Leistungsfähigkeit zu erhalten. Im Rahmen dieses Papieres kann die Zuordnung zu der bevorzugten Problemlösestrategie bzw. Denkstruktur anhand des Datenmaterials nicht vorgeführt werden. Es wurden über 400 Seiten vollständige Transkripte und fast 300 Einzelzeichnungen gebauter Rechennetze mit Hilfe eines speziell entwickelten Kategoriensystems zur Erfassung der Denk- und Problemlösearten ausgewertet. Dieses Kategoriensystem umfaßt 19 Unterpunkte zu den wichtigsten mathematischen Ideen, die geistig beim Umgang mit Algorithmen in den Untersuchungsstunden gehandhabt werden müssen. Eine ausführliche Darstellung der theoretischen Grundlagen der Untersuchung und Interpretation der Ergebnisse findet man in Schwank (1990b). An dieser Stelle belassen wir es bei der Vorstellung der generellen Ergebnisse sowie einer kurzen Kommentierung.

Nur ein Mädchen, *Pam*, erwies sich als funktionaler Denker. Zwei Mädchen, *Christa* und *Anne*, gingen die gestellten Aufgaben mit einer sequentiellen Problemlösestrategie an. Es ist bezeichnend, daß *Pam* als einzige sich am besten in der Welt der Rechennetze zu orientieren vermochte. Auch in anderen Studien war uns aufgefallen, daß man durchaus im APM-Test nur eine vergleichsweise geringe Punktzahl erhalten, trotzdem aber sehr leistungsstark beim Arbeiten mit den Rechennetzen sein kann. Die beiden sequentiellen Mädchen ließen sich auf ein interaktives Arbeiten mit den Materialien ein, suchten aber lokal sich an Eigenschaften und Beziehungen zu orientieren.

Ebenso wurde darauf geachtet, wieviel Zeit die Schülerinnen für die Entwicklung der einzelnen Algorithmen benötigten. Es ist uns immer wieder aufgefallen, daß einige Versuchspersonen ganz erhebliche Schwierigkeiten haben, sich in der ersten Stunde darauf einzulassen, daß mit einem Algorithmus eine Handlungsorganisation ausgedacht werden muß, diese Versuchspersonen in den Folgestunden aber zu den Leistungsstärksten gehören können.

In unserer heutigen Terminologie der Begriffspaare begrifflich / sequentiell und prädikativ / funktional können wir das leicht nachvollziehen. Mit dem Wissen aus den Transkripten können wir die Testergebnisse von *Pam* im Vergleich zu *Thea* wie folgt interpretieren: *Pam* ist von der Art der ihr zur Verfügung stehenden geistigen Werkzeuge offen, sich auf das Prozeßhafte eines Algorithmus einzulassen. Funktionales Denken ist sensibel und arbeitet mit Handlungen und erzielbaren Effekten. Dann sagt die Aufgabe, etwas zum Laufen bringen zu sollen, auch etwas. In der Einstiegsaufgabe benötigt man infolgedessen weniger Zeit und beginnt sofort mit dem Wesentlichen, dem Herstellen eines Prozesses. Dasselbe gilt erst recht in der Repräsentationform der Rechennetze, die noch mehr funktionales Zurechtfinden erfordert. In der zweiten Stunde wird dann noch weniger Zeit zur Konstruktion der Algorithmen benötigt, da die Funktionsweise und der Gebrauch des Materials nun bekannt sind. Prädikative Denker wie *Thea* haben erhebliche Schwierigkeiten, der Konstruktionsaufgabe einen Sinn abzugewinnen. Sie versuchen, das Ergebnis zu realisieren, ohne sich lange mit dem Weg dahin aufzuhalten, und scheitern damit zunächst, wenn es darum geht, einen Algorithmus zu erstellen. Es genügt nicht, das Ergebnis zu repräsentieren. Ihre prädikativen Ideen führen hier nicht weiter. So verbrauchen sie einige Zeit, bis sie die Forderungen eines Verarbeitungsprozesses nach und nach aufgrund der Intervention des Versuchsleiters erfüllen. Die benötigte Zeit bei den Rechennetzen ist erst recht hoch. In der zweiten Stunde fallen diese Schwierigkeiten insoweit weg, als nun aufgrund der ersten Stunde gebildete prädikative Ideen zur Verfügung stehen, die ausreichen, die Algorithmen in den Repräsentationsformen auszudrücken. Nun wird nur noch ein Bruchteil der Zeit gebraucht. Allerdings wird die Repräsentationsform der Rechennetze nicht freiwillig gewählt, wenn ein schwieriger Algorithmus neu zu konstruieren ist. Um auf neue Ideen zu kommen, reicht in schwierigen Situationen ein prädikatives Abbild nicht aus. Ein sequentielles Vorgehen verstärkt den funktionalen Effekt, ein begriffliches den prädikativen. Im umgekehrten Fall stellt sich eine Abschwächung ein.

Mit dem anläßlich dieser Pilotstudie entwickelten Kategoriensystem der mathematischen Ideen haben wir nachträglich in dem Datenmaterial abgelaufener Untersuchungen und einer gleichzeitig im Gymnasium Klasse 7 mit 30 Mädchen und Jungen durchgeführten Untersuchung eine Analyse des Verhaltens der Versuchspersonen erbracht. Die fortwährende Weiterentwicklung des Untersuchungsdesigns verbietet es, die verschiedenen Untersuchungspopulationen einfach zu aggregieren und die Befunde zu addieren. Als Ergebnis von Untersuchungen mit insgesamt mehr als 200 Mädchen und Jungen fällt aber auf, daß die Verteilung zwischen prädikativer und funktionaler kognitiver Struktur zwischen Mädchen und Jungen sehr unterschiedlich ist: Wir haben nur äußerst selten funktionale Mädchen gefunden. Die Aussage einer starken Ungleichverteilung läßt sich wissenschaftlich wesentlich eher halten als die Zuweisung von Prozentzahlen, weil die Postulierung einer Invarianz der starken Kleinerrelation bei der Aggregierung der Untersuchungspopulationen mathematisch harmloser ist als die für die Addition zu machenden Voraussetzungen. (Würde man doch addieren, käme man auf 8 % funktionale Mädchen und 65 % funktionale Jungen.)

Um zu einer quantitativen Aussage (mit entsprechender statistischer Absicherung) über die geschlechtsspezifische Verteilung kognitiver Strukturen und Strategien zu gelangen, müßte mit dem jetzt vorhandenen Untersuchungsdesign noch einmal eine größere Stichprobe nach einheitlichen Kriterien untersucht werden. Dieses würde aber die (bekannten) Schwierigkeiten aufwerfen, die bei der Benutzung eigentlich qualitativer Methoden für quantitative Aussagen auftreten: Einmal ist der Aufwand extrem hoch und übersteigt die verfügbaren Ressourcen, aber außerdem ist wegen der großen Zahl der dazu benötigten sehr qualifizierten Versuchsleiter zusätzlich auch ein ›nicht-finanzieller‹ Engpaß gegeben, der bei der Auswertung und Interpretation der Videobänder noch zusätzlich um das Problem der Objektivierung verstärkt wird. Unserer Meinung nach bietet sich deshalb für eine quantitative Aussage eher an, mit neuen Forschungen eine Art Testinstrumentarium für die Diagnose kognitiver Strukturen und Strategien zu entwickeln, welches erheblich geringere Anforderungen an die Versuchsleiter und Auswerter stellt, um dann anschließend unter Benutzung dieses Instrumentariums Untersuchungen über die geschlechtsspezifische Verteilung zu beginnen.

Aus den dargelegten Gründen halten wir es für angemessen, die Ergebnisse unserer Untersuchungen in der Form von Hypothesen zu formulieren. Diese Zurückhaltung soll aber nicht verdecken, daß wir meinen, guten Grund zu haben, von ihrer Gültigkeit überzeugt zu sein.

Wir stellen die Hypothese auf, daß sich unter den Mädchen wesentlich weniger funktionale Personen befinden als unter Jungen; auch neigen Mädchen seltener zu einer sequentiellen kognitiven Strategie. Es wird weiter die Hypothese aufgestellt, daß sich bei einer Bestätigung dieser unterschiedlichen Verteilung die unterschiedlichen Verhaltensweisen im mathematisch-naturwissenschaftlichen Bereich zu einem wichtigen Teil durch kognitive Unterschiede erklären lassen: Die oft dokumentierte unterschiedliche Herangehensweise an die Benutzung von Computern (vgl. Zitate im nächsten Abschnitt) beruht weniger auf einer emotionalen, anerzogenen Technikferne als auf dem Vorherrschen des begrifflichen Problemlösestils. Das oft beobachtbare geringe Interesse am Funktionieren von Abläufen – so wie sie dargeboten werden – könnte durch die häufigere Vorliebe für prädikative Denkstrukturen erklärt werden.

V. Querbezüge

Die Resultate dieser Pilotstudie müssen zwar noch in einer umfangreicheren Untersuchung bestätigt werden. Wir wollen im folgenden aber aufzeigen, wie man bei Benutzung unserer Hypothese das in der Literatur dokumentierte unterschiedliche Verhalten von Mädchen und Jungen auch anders erklären kann, als es die Autoren dort tun. Wir wählen dazu für die verbreiteten Klischees ›Jungen spielen‹, ›Mädchen sind unsicher‹, ›Arbeitsteilige Formen der Zusammenarbeit bei Mädchen‹ jeweils eine Textstelle aus und interpretieren diese in unserem Sinne. Anschließend wagen wir noch einen Querbezug zu einer psychobiologischen Theorie der Erklärung geschlechtsspezifischer Unterschiede.

1. *»Jungen spielen«*

(Deutsch-Projekttag: Die Jungen haben ihren Text fertig abgetippt und abgespeichert)

X nimmt die Diskette raus. Y tippt jetzt noch was ein, jetzt blinkt es. Z tut die Diskette wieder rein.
Jetzt verschiebt sich der Text, ist nur noch halb am Bildschirm zu sehen. Das passiert zunächst aus Versehen, dann versuchen sie es mit Absicht wieder herzustellen.
Y und Z schimpfen, daß X die Diskette rausgenommen hat. Irgendwie ist jetzt Aufregung. Sie kriegen den Text nicht wieder hin. Jetzt kriegen sie ihn wieder hin und schieben ihn absichtlich wieder herum.
Y macht's jetzt wieder absichtlich. Z kommentiert: Spielkind.
Jetzt spielen sie alle damit. Sie ändern jetzt die Überschrift. *(Heppner et al. 1989)*

Die Charakterisierung der Tätigkeit der Jungen mit dem Wort ›spielen‹, das in diesem Zusammenhang immer wieder anzutreffen ist, ist nicht günstig gewählt. Der gewählte begriffliche Rahmen spielt eine entscheidende Rolle bei dem Versuch, etwas zu beschreiben: Die Worte rufen Vorstellungen (mentale Modelle) auf, anschließend wird in diesen mentalen Modellen weiter argumentiert. Bei einer alternativen Betrachtungsweise kann man in dem beobachteten ›Spielen‹ den Spezialfall einer interaktiven (mit äußeren Repräsentationsformen verknüpften) Auseinandersetzung sehen. Ein solches ›Spielen‹ findet sich oft in Verbindung mit einer Wirkungsanalyse. Der anscheinende Befund ›spielen‹ kann somit als Präferenz für eine bestimmte Kombination von kognitiver Strategie und kognitiver Struktur interpretiert werden: sequentielle Problemlösestrategie und funktionale Denkstruktur.

2. *»Mädchen abwartend, suchen Gesamtzusammenhang«*

(Mädchen über Mädchen:)

»Irgendwie gehen die Jungen mit 'ner anderen Einstellung dran. Ich glaube, die setzen sich eher 'ran, und wenn sie 'ne ganz *vage Idee n*och haben, tippen die gleich ein. Die Mädchen melden sich erst dann, wenn sie sich *das Ganze* überlegt haben und wenn sie wissen, es ist 100 % sicher. Und dann überlegen die sich das halt, und ehe die fertig sind, haben die Jungen das vielleicht durch *Ausprobieren* 'rausgekriegt.«

»Ich kann mich nicht überwinden ein Programm einzutippen, das anfängt mit DATA, und dann kommen ein paar Zeilen, bleiben immer nur irgendwelche Zahlen, und da hätte ich gar nicht die Geduld dazu, so einzutippen, wenn ich das nicht verstehe, was das ganze soll. Das ist mir sehr unverständlich, wie Leute das einfach machen können.« *(Nach: Faulstich-Wieland, 1987)*

Diese Textstelle zeigt, daß Mädchen eine Einsicht in die unterschiedliche Art der kognitiven Strategien bei ›typischen‹ Jungen wie Mädchen haben: die Jungen werden als sequentiell, die Mädchen als begrifflich beschrieben. Das ›Ausprobieren‹ ist in unserem Sinne nicht als Probieren ohne Ideen zu verstehen, sondern als interaktives Testen und Erarbeiten von Zwischenlösungen. Das ›Abwarten‹ der Mädchen ist eine eigene Qualität, sie denken erstmal.

3. »Mädchen sind unsicher«

Beobachtungen zum Lernverhalten der jungen Frauen bei der praktischen Arbeit:

- sie sind bei neuen Aufgaben unsicher,
- sie bitten eher um Hilfe,
- sie arbeiten zunächst langsamer,
- sie resignieren schneller,
- sie haben Schwierigkeiten, theoretisches Wissen praktisch anzuwenden.

Die Beobachtungen zeigen, daß junge Frauen im Unterricht

- sich weniger beteiligen,
- sich erst nach längerer Zeit des Überlegens melden,
- den Stoff eher auswendig lernen.

(Brandherm-Böhmker, R., Stiegler, B., 1989, S. 20–21)

Ein begriffliches Vorgehen braucht eine größere Vollständigkeit im Problemverständnis und Problemlöseansatz, bevor an die Außenwelt herangetreten wird. Die sogenannte Unsicherheit kann auch als das Ergebnis des begrifflichen Eindringens in das Problem und seine geistige Zurechtlegung gesehen werden, das in einer Einsicht in die Unvollkommenheit des eigenen bisherigen Ansatzes bestehen kann. Man ist in der Versuchung, den Mädchen in einer solchen Situation zu raten, »Probier das doch mal aus!«. Dieses hilft jedoch gerade nicht, denn es setzt eine sequentielle Problemlösestrategie voraus, wenn es als *hilfreich* empfunden werden soll. Umgekehrt ist der Rat »Überlege dir das doch vorher genauer« für sequentielle Leute wenig hilfreich. Wenn ein sequentieller Problemlöser nicht ›bald‹ anfängt, tut er wenig; ein begrifflicher könnte immerhin noch genauer nachdenken wollen.

Man könnte diese Textstelle auch so analysieren: Zur Beschreibung des Verhaltens der Mädchen sind Kategorien gewählt, die eher zur Bewertung des sequentiell-funktionalen Vorgehens geeignet sind. Weil begrifflich-prädikatives Vorgehen andere Werte aufweist, sieht es bei dieser Bewertungsgrundlage ›schlecht‹ aus.

Wir kennen aus der Analyse von Kindern des 8. Schuljahres (Gymnasium) Beispiele, in denen Mädchen beim Aufschreiben von Computerprogrammen sich so ›gehemmt‹ verhielten, wie es in Brandhem-Böhmker / Stiegler (1989) dargestellt ist, die Nachfrage aber zeigte, daß sie mit der Analyse schon wesentlich weiter waren und längst gemerkt hatten, daß eine naive Lösung aus mathematischen Gründen nicht funktionieren kann. Warum sollten sie diese dann ausprobieren, wenn ihre Problemlösestrategie nicht von der Art ist, daß sie aus dem Erleben des sich Zusammenbrauens des Falschen Rückschlüsse ziehen können, sondern eher aus der globalen Einsicht in die prinzipielle Struktur. Im Problemlöseweg lernt ein ›Begrifflicher‹ weniger aus Fehlern als ein ›Sequentieller‹.

Unsere alternative Analyse zum Stichwort ›Unsicherheit‹ soll nun nicht an die Stelle der bisherigen treten. Natürlich gibt es einen Rückkopplungseffekt, und dann sind die Mädchen wirklich unsicher. Wir halten die Wechselwirkung zwischen einer bevorzugten begrifflichen kognitiven Strategie und beobachteter Unsicherheit oder Furcht vor Mißerfolg (Heckhausen 1963) für eine noch zu bearbeitende, interessante Forschungsfrage. Es ist sowohl eine Interpretation denkbar, die einen Zusammenhang von Ängstlichkeit zum begrifflichen Vorgehen konstruiert (aus ›Ängstlichkeit‹ will man alles vorher genau überlegt haben), als auch umgekehrt, daß der Erfolgsdruck bei einem sequentiellen Vorgehen nicht so hoch ist. Bis heute ist auch nicht geklärt, inwieweit ein interaktiver Problemlösestil, der für technische Wissenschaften nützlich zu sein scheint, mit einem besonderen Persönlichkeitsbild einhergeht.

4. *»Arbeitsteilige Formen der Zusammenarbeit bei Mädchen«*

Arbeitsteilung

Wir haben nur bei Mädchen beobachtet, daß die Zuständigkeit für einzelne Tasten wie in der folgenden Szene untereinander aufgeteilt wurde:

Die Mädchen tippen ihren Text ein. Jetzt wechseln sie die Plätze: Loni tippt, B diktiert weiter. Jetzt tippt B immer die Großtaste und »löschen«, während Loni alles übrige tippt. C liest auf dem Bildschirm und guckt auf die Tastatur. Dann kommen sie auf die Idee, die Arbeit noch weiter zu zerteilen. Auch C hat jetzt einen Finger auf der Tastatur, auf der Shift-Taste. Während B die Lösch-Taste bedient, bedient Loni die Buchstaben. Anmerkung der Beobachterin: Sie lachen und freuen sich über ihre Kooperation. Loni kommentiert: Moment, das war ich. Loni: Ey, das ist echt gut. B: Find ich echt gut. *(Heppner et al. 1989, S. 80)*

Eine Vorliebe und Fähigkeit zur arbeitsteiligen Organisation setzt eine begriffliche kognitive Strategie voraus. Die Art, wie hier die Schnittstelle gelegt wird, deutet auf eine prädikative Denkstruktur hin. Es ist undenkbar, daß ein ›Funktionaler‹ die Stelle, an der die Wirkungsübergabe oder die Verkettung von zwei Aktionen geregelt wird, in mehrere Hände legt. Von den beobachteten Jungen zeigte keiner dieses Verhalten.

5. Psychobiologischer Erklärungsansatz

Die mögliche Fruchtbarkeit unseres Ansatzes wollen wir noch mit einem Querbezug zu Arbeiten einer psychobiologischen Richtung zur Erklärung geschlechtsspezifischer Unterschiede verdeutlichen. Wir beziehen uns auf Arbeiten von Bischof (1979) und Bischof-Köhler (1990). Bischof-Köhler hebt sich in ihrer Arbeit ebenfalls von einem ausschließlich sozialwissenschaftlichen Erklärungsansatz, der die Ursache in der traditionellen Geschlechtsrollensozialisation sucht, ab und erklärt das sogenannte ›Wesen‹ der Frau, das u.a. charakterisiert ist durch Eigenschaften wie »durchsetzungsschwächer, ängstlicher, nicht genügend sachorientiert« (S. 18), aus einer biologisch orientierten Gegenposition heraus. Sie »vertritt die These, daß Schwierigkeiten von Frauen bei der beruflichen Karriere nur in zweiter Linie gesellschaftlich bedingt sind. Primär ergeben sie sich aus der anlagebedingt besseren Disponiertheit des Mannes zum Konkurrenzverhalten, die sich aus der unterschiedlichen parentalen Investition der Geschlechter herleiten läßt« (S. 17). Die ›parentale Investition‹ ist hierbei das Schlüsselwort (Trivers 1978, Bischof 1979, 1985).

Die sich daraus ergebende und in fast allen Kulturen zu beobachtende Funktionsteilung zwischen Männern und Frauen (Müller 1984) läßt sich von einem kognitionswissenschaftlichen Standpunkt aus unter folgender Fragestellung analysieren: Welche kognitiven Werkzeuge werden zur Bewältigung der gängigen Aufgaben eingesetzt, so daß sich wieder ein Verstärkungseffekt ergibt? Der Anforderungscharakter der beschriebenen Frauenarbeit im Vergleich zur Männerarbeit zielt gerade eher auf ein prädikatives beziehungsweise funktionales Zurechtfinden ab. Darin kann man eine Art Umkehrung des von uns postulierten Resonanzeffektes bei Repräsentationsformen sehen.

Die in der Regel früher von Frauen zu bewältigenden Aufgaben in der Organisation und Aufrechterhaltung der Infrastruktur erforderten wohl eher ein Denken im Erreichen von Ergebnissen in lokaler Umgebung als in der Verkettung von Handlungsplänen zu Strategien. Die Frauen waren wohl eher zuständig für die Organisation von statischen Beziehungsgeflechten in sozialen Gruppen. Den Männern oblag es eher, zur Erreichung eines Zieles in Wirkungsketten zu denken. Mathematisch gesprochen handelt es sich bei den Frauen um das gleichzeitige Handhaben mehrerer Prädikate zum Aufrechterhalten einer komplexen Struktur, bei den Männern um das Verketten vieler Funktionen.

Es ist eine interessante Forschungsfrage, diese Wechselwirkung zwischen psychobiologisch erklärter Disposition, dem verstärkenden kulturellen Überbau auf der einen Seite und unterschiedlicher Präferenz für kognitive Strukturen und Strategien auf der anderen Seite näher zu analysieren und dabei insbesondere der Frage nach Ursache und Wirkung nachzugehen.

VI. Schlußbemerkungen

Es ist ein ungelöstes Problem, inwieweit die unterschiedlichen kognitiven Strukturen Ergebnisse eines Erziehungs- und Sozialisationsprozesses sind, oder ob es sich um tieferliegende Unterschiede handelt. Wegen der prinzipiellen mathematischen Äquivalenz von prädikativen und funktionalen Begriffsbildungen (Schwank 1990a) läßt sich vorab keine Entscheidung treffen, ob unter einem schulpraktischen Aspekt der Vorzug von Fördermaßnahmen eher einer kompensatorischen Erziehung, d. h. einem funktionalen Denktraining von Mädchen, gegeben werden sollte oder ob die Mädchen befähigt werden sollten, Übersetzungen von funktionalen Anforderungsprofilen in prädikative Theorien vorzunehmen, mit einer bewußt verstärkten prädikativen Denkstruktur diese zu bearbeiten und notfalls die Ergebnisse in eine funktionale Welt zurückzuübersetzen. Eine Entscheidung darüber wird man auch unter dem praktischen Aspekt treffen müssen, inwieweit passende didaktische Materialien und Unterrichtskonzepte entwickelt und verfügbar sind. Bei diesen Überlegungen muß darauf hingewiesen werden, daß sich – vorbehaltlich einer genaueren Analyse – ein deutlicher Unterschied zwischen Mathematik und Physik zeigt. Während die mathematischen Theorien immer wieder zeigen, daß die prädikativen Darstellungen sehr fruchtbar sind, und weite Teile der Schulmathematik, wie sie sich dem Kind darbietet, prädikativ formuliert sind, scheint das Bild in der Physik gänzlich anders zu sein. Zwar enthält die Physik in der Theoriebildung und insbesondere beim Verständnis des Modellbegriffs für physikalische Gesetzmäßigkeiten starke prädikative Anteile, andererseits scheint aber das typische Vorgehen der Experimentalphysik bei der Erklärung von Versuchen und der sich daran anschließenden Begriffsbildung ohne deutliche Benutzung funktionaler Denkvorstellungen nicht möglich zu sein. Dagegen sieht z. B. Biologie im Schulunterricht hochgradig prädikativ aus. Diese wenigen Bemerkungen sollen zeigen, daß sich die im Sprachgebrauch mathematisch-naturwissenschaftlich angedeutete Gemeinsamkeit dieser Fächer auf der Ebene der Analyse der zu ihrer Beherrschung nützlichen und notwendigen Denkprozesse nicht so problemlos halten läßt. Folgt man unserer Hypothese der unterschiedlichen Verteilung funktionaler und prädikativer Denkstrukturen bei Jungen und Mädchen, so gäbe es auch eine Erklärung – neben unabhängig davon wirkenden sozialwissenschaftlichen Erklärungen – für das Phänomen, daß in den letzten Jahren in den gymnasialen Oberstufen zwar die Anzahl der Mädchen in mathematischen Leistungskursen stark zugenommen hat, in Biologie die Anzahl sowieso groß, die Vertretung in Leistungskursen der Physik aber immer noch äußerst spärlich ist.

Wir sind in diesem Aufsatz von individuellen Unterschieden bei der Konstruktion mentaler Modelle (prädikativ / funktional) ausgegangen und haben diesen Befund mit der Beobachtung in Beziehung gesetzt, daß die beiden Strukturen zwischen Mädchen und Jungen sehr unterschiedlich verteilt sind. Unter diesem Blickwinkel haben wir dann auch Querbezüge zu anderen Arbeiten über geschlechtsspezifische Unterschiede im Verhalten hergestellt. Wir möchten zum Schluß aber nochmals zum Ausgangspunkt der zentralen Rolle mentaler *Modelle* für das Zurechtfinden von Menschen in der Welt zurückkommen, zunächst unabhängig von geschlechtsspezifischen Besonderheiten.

Der zentrale Ansatz mentaler Modelle, den wir als kognitiven bezeichnen, läßt selbstverständlich auch Raum für die Untersuchung von sozialen Verhaltensmustern: Das beobachtete Verhalten stellen wir uns vor als durch grundlegende Modellvorstellungen gesteuert. Die Untersuchung der Unterschiede am Beispiel des algorithmischen Denkens eröffnet folgende Perspektive über den Bereich des mathematischen Denkens hinaus: Vom mathematischen Standpunkt aus läßt sich der Begriff des Algorithmus auffassen als eine Präzisierung des Handlungsbegriffs. Im Sinne unserer Theorie des Unterschiedes zwischen prädikativen und funktionalen mentalen Modellen sind im Handlungsbegriff zwei Aspekte zu unterscheiden: Handeln als Möglichkeit zur Etablierung von Ergebnissen und Handeln als Prozeß mit dem Ziel der Einflußnahme. Wir sehen von hier aus einen interessanten Einstieg in Fragen der kognitiven Anthropologie. In einer zweiten Runde versprechen wir uns dann wichtige Erklärungen zu beobachteten Unterschieden bei der Auswahl zentraler mentaler Modelle und Handlungsparadigmen. Interessant könnten für solche Untersuchungen nicht nur geschlechtsspezifische, sondern auch kulturelle Unterschiede sein.

Grundlage der hier beschriebenen Arbeit bildet die vom Landkreis Emsland für zwei Jahre geförderte Pilotstudie »Untersuchungen der mathematischen Denkprozesse von Mädchen als Beitrag zur Förderung von Mädchen im Bereich Neuer Technologien«.

Literatur

Benbow, C.P. (1988): Sex differences in mathematical reasoning ability in intellectually talented preadolescents: Their nature, effects, and possible causes. Behavioral and Brain Sciences, 11, 169–232.

Bischof, N. (1979): Der biologische Sinn der Zweigeschlechtlichkeit. In: E. Sullerot (Hrsg.), Die Wirklichkeit der Frau. München: Steinhausen.

Bischof, N. (1985): Das Rätsel Ödipus – Die biologischen Wurzeln des Urkonfliktes von Intimität und Autonomie. München: Piper.

Bischof-Köhler, D. (1990): Frau und Karriere in psychobiologischer Sicht. Zeitschrift für Arbeits- und Organisationspsychologie, 34, 17–28.

Block, J. H. (1976): Issues, problems and pitfalls in assessing sex differences: A critical review of the psychology of sex differences. Merrill-Palmer Quaterly, 22, 283–308.

Brandherm-Böhmker, R., Stiegler, B. (1989): In: Der Bundesminister für Bildung und Wissenschaft (Hrsg.), Mädchen in technischen Berufen – Eine Arbeitshilfe für Ausbilder und Ausbilderinnen. Bonn.

Cohors-Fresenborg, E. (1976): Dynamische Labyrinthe. Didaktik der Mathematik, 4, 1–21.

Cohors-Fresenborg, E. (1985): Verschiedene Repräsentationsformen algorithmischer Begriffe. Journal für Mathematikdidaktik, 6, 187–209.

Cohors-Fresenborg, E. (1987): Zur Integration algorithmischer und axiomatischer Denkweisen in den Mathematikunterricht der Klasse 7 des Gymnasiums. In: Beiträge zum Mathematikunterricht 1987. Bad Salzdetfurth: Franzbecker.

Cohors-Fresenborg, E., Griep, M., Schwank, I. (1979): Registermaschinen und Funktionen. Osnabrücker Schriften zur Mathematik, Reihe U, Heft 22. Osnabrück: Universität Osnabrück.

Cohors-Fresenborg, E., Kaune, C. (1984): Sequential versus Conceptual – Two Modes in Algorithmic Thinking. In: B. Southwell et al. (Eds.), Proceedings of the Eight International Conference for the Psychology of Mathematics Education. Sydney: University.

Cohors-Fresenborg, E., Kaune, C., Griep, M. (1990): Einführung in die Computerwelt mit Registermaschinen – Textbuch für Schüler. Osnabrück: Forschungsinstitut für Mathematikdidaktik. 3. überarb. Auflage.

De Kleer, J., Brown, J. S. (1983): Assumptions and Ambiguities in Mechanistic Mental Models. In: D. Gentner, A. L. Stevens (Eds.), Mental Models. Hillsdale: Erlbaum.

Draper, P. (1976): Social and Economic Constraints on Child Life among the Kung. In: R. Lee, I. De Vore (Eds.), Kalahari hunter-gatheres. Cambridge: Harvard University Press.

Faulstich-Wieland, H. (1987): Pionierinnen oder Außenseiterinnen ? – Mädchen und Informatik; Bericht über die Auswertung des Kolloquiums der Teilnehmerinnen am 4. Bundeswettbewerb Informatik am 17./18. Oktober 1986 in Bonn.

Feingold, A. (1988): Cognitive gender differences are disappearing. American Psychologist, 23, 2, 95–103

Forbus, K. D., Gentner, D. (1986): Learning Physical Domains: Toward a Theoretical Framework. In: R. S. Michalski et al. (Eds.), Machine Learning. Los Altos: Morgan Kaufmann.

Heckhausen, H. (1963): Hoffnung und Furcht in der Leistungsmotivation. Meisenheim: Hain.

Heppner, G., Osterhoff, J., Schiersmann, C., Schmidt, C. (1989): Mädchen und Neue Technologien – Zugangsweisen und Zugangsmöglichkeiten im Kontext schulischer Bildung. Frauenforschung, 3, 67–88.

Hron, A. (1988): Analyse qualitativen Denkens beim Verstehen und Lösen eines physikalischen Problems. Forschungsbericht Nr. 50. Tübingen: Deutsches Institut für Fernstudien der Universität Tübingen.

Janvier, C. (Ed.) (1987): Problems of Representation in the Teaching and Learning of Mathematics. Hillsdale, N. J.: Erlbaum.

Kaput, J. (1983): Representation Systems and Mathematics. In: J. C. Bergeron, N. Herscovics (eds.), Proceedings of the Fifth Annual Meeting of PME-NA, Vol. 2. Montreal: Concordia Uni. Dept. of Mathematics.

Kaune, C. (1985): Schüler denken am Computer – eine Untersuchung über den Einfluß von Repräsentationsformen und kognitiven Strategien beim Konstruieren und Analysieren von Algorithmen. Osnabrück: Forschungsinstitut für Mathematikdidaktik.

Langen, M. (1989a): Transkripte der Untersuchungsstunden, erster Teil. In: I. Schwank (Hrsg.), Zur algorithmischen Begriffsbildung von Mädchen. Abschlußbericht Band III. Osnabrück: Forschungsinstitut für Mathematikdidaktik.

Langen, M. (1989b): Transkripte der Untersuchungsstunden, zweiter Teil. In: I. Schwank (Hrsg.), Zur algorithmischen Begriffsbildung von Mädchen. Abschlußbericht Band IV. Osnabrück: Forschungsinstitut für Mathematikdidaktik.

Langen, M., Schwank, I. (1989): Graphische Darstellung der mechanisch repräsentierten Algorithmen und Auswertung der Daten. In: I. Schwank (Hrsg.), Zur algorithmischen Begriffsbildung von Mädchen. Abschlußbericht Band V. Osnabrück: Forschungsinstitut für Mathematikdidaktik.

MARPAUNG, Y. (1986): Profile indonesischer Schüler beim Umgang mit Algorithmen und ihre Analyse. Osnabrück: Forschungsinstitut für Mathematikdidaktik.

MACCOBY, E. E., JACKLIN, C. N. (1974): The Psychology of Sex Differences. Stanford: Stanford University Press.

MÜLLER, K. E. (1984): Die bessere und die schlechtere Hälfte. Frankfurt/Main / New York: Campus.

RAVEN, J. C. (1971): Advanced Progressive Matrices, Sets I und II. London: Lewis.

RÖDDING, D. (1968): Klassen rekursiver Funktionen. Lecture Notes in Mathematics,70, 159–222.

SCHWANK, I. (1979): Limits and Possibillities of the Method of Thinking Aloud. In: D. TALL (ed.), Proceedings of the Third International Conference for the Psychology of Mathematics Education, (p. 186–190). Coventry: Warwick University.

SCHWANK, I. (1985): Zum Problem der Repräsentation algorithmischer Begriffe. In: I. SCHWANK (Hrsg.), Axiomatische und algorithmische Denkweisen im Mathematikunterricht der Sekundarstufe I des Gymnasiums. Osnabrück: Forschungsinstitut für Mathematikdidaktik.

SCHWANK, I. (1986): Cognitive Structures of Algorithmic Thinking. In: Proceedings of the Tenth International Conference for the Psychology of Mathematics Education (p. 195–200). London: University of London, Institute of Education.

SCHWANK, I. (1989): Dokumentation der Aufgabenstellung und der Versuchsanordnung. In: I. SCHWANK (Hrsg.), Zur algorithmischen Begriffsbildung von Mädchen. Abschlußbericht Band II. Osnabrück: Forschungsinstitut für Mathematikdidaktik.

SCHWANK, I. (1990a): Zur Analyse kognitiver Strukturen algorithmischen Denkens. In: K. HAUSSMANN, M. REISS (Hrsg.), Mathematische Lehr-Lern-Denkprozesse. Göttingen: Hogrefe.

SCHWANK, I. (1990b): Theoretische Grundlagen der Untersuchung und Interpretation ihrer Ergebnisse. In: I. SCHWANK, Zur algorithmischen Begriffsbildung von Mädchen, Abschlußbericht Band I. Osnabrück: Forschungsinstitut für Mathematikdidaktik.

TRIVERS, R. L. (1978): Parental investment and sexual selection. In: T. H. CLUTTON-BROCK, P. H. HARVEY (Eds.), Readings in Sociobiology. Reading: Freeman.

WITELSON, S. F. (1979): Geschlechtsspezifische Unterschiede in der Neurologie der kognitiven Funktionen und ihre psychologischen, sozialen, edukativen und klinischen Implikationen. In: E. SULLEROT (Hrsg.), Die Wirklichkeit der Frau. München: Steinhausen.

Koedukation in mathematisch-naturwissenschaftlichen Fächern – zweifelhafter Gewinn für die Mädchen oder Entwicklungschance für alle?

Marianne Horstkemper

Ein Jahrhundert lang tobte der Meinungskampf um die Rolle der Frau und das Wohl und Wehe der gemeinsamen Erziehung so heftig wie kein zweiter, und als die Koedukation endlich eingeführt wurde, beschäftigte sich die Administration lediglich mit dem Problem, ob es genügend Toiletten für das andere Geschlecht gäbe und wie der zu befürchtende Körperkontakt bei gemeinsamen Klassenreisen minimiert werden könnte.

Reiner Scholz, ›Die Zeit‹, 6. April 1990

Wir haben es in diesem Beitrag mit zwei sehr komplexen Themenbereichen zu tun, der jeder für sich mit Leichtigkeit eine eigene Erörterung über viele Seiten füllen könnte. Zum einen geht es um die in letzter Zeit stark in die Diskussion geratene Koedukation: Ob sie als zu bewahrende Errungenschaft oder eher als Pyrrhus-Sieg im Bestreben um gleiche Bildungschancen für beide Geschlechter zu bewerten ist, wird zunehmend kontrovers diskutiert. Zum anderen haben wir uns mit Problemen des mathematisch-naturwissenschaftlichen Unterrichts zu befassen und den geschlechtsspezifischen Unterschieden, die sich bekanntermaßen dort aufzeigen lassen: In welchem Ausmaß solche Erkenntnisse gesichert sind, wodurch nachweisbare Unterschiede verursacht werden und ob beziehungsweise wie man dem entgegen steuern könnte und sollte, wird gleichfalls heftig debattiert.

Beide Themenkreise hängen eng zusammen, durchdringen und überlagern sich gegenseitig: Es geht um Sozialisation in der Schule und die dabei zu beobachtenden geschlechtsspezifischen Differenzen. Welche Bedeutung in diesem Prozeß der Faktor Koedukation hat, ist nicht leicht zu beantworten – schließlich handelt es sich dabei nur um einen Bestandteil eines sehr komplexen Wirkgefüges, den man nicht – wie im Laborexperiment – isolieren kann. Er tritt in der Schulwirklichkeit immer im Zusammenhang mit anderen, vermutlich nicht weniger wichtigen Faktoren auf. Die Eigenarten und Besonderheiten der jeweiligen Fächer und Lerngegenstände gehören zu diesen nicht minder wichtigen Faktoren. In diesem Beitrag beleuchten wir insofern ein eingegrenztes Feld, das aber gerade unter dem Aspekt des gemeinsamen Lernens von Jungen und Mädchen besonders interessant ist. Meine These dazu lautet:

> »Gerade im Bereich Mathematik, Naturwissenschaften und Technik, der in unserer Gesellschaft als männliche Domäne gilt, lassen sich Geschlechterdifferenzen besonders scharf nachzeichnen. Gleichzeitig wird hier die Problematik koedukativen Unterrichts und die Notwendigkeit zur Veränderung besonders deutlich.«

Diese These soll im folgenden belegt werden. Dazu ist es notwendig, Ergebnisse empirischer Forschungen zu geschlechtsspezifischer Sozialisation im Bildungswesen im allgemeinen heranzuziehen und anschließend den Spezialfall mathematisch-naturwissenschaftlicher beziehungsweise technischer Bildung darin einzuordnen. Dabei geht es zunächst einmal darum, Unterschiede zu beschreiben. Es ist aber auch nach ihrer Erklärung zu fragen, denn davon hängt die Einschätzung ab, ob ihre Aufhebung oder Verringerung überhaupt machbar ist.

Aufschluß über solche Veränderungsmöglichkeiten geben insbesondere Versuche, die in den vergangenen Jahren vermehrt unternommen wurden, auf andere Weise mit Mädchen Inhalte zu erarbeiten, zu denen sie sonst nur schwer Zugang erhalten. Erkenntnisse aus einem solchen Modellversuch ›Mädchenbildung und neue Technologien‹ sollen im zweiten Teil dieses Beitrags kurz angesprochen werden. Eine ausführlichere Darstellung dazu findet sich in diesem Band in dem Beitrag von Anneliese Dick.

Ob und aus welchen Gründen gleicher Zugang zur Bildung auf allen Ebenen unseres Bildungssystems für Jungen und Mädchen auch notwendig oder wünschenswert ist – um diese Frage wird seit mehr als hundert Jahren gestritten. Im Anschluß an die Präsentation der uns interessierenden Daten und Forschungsergebnisse soll sie am Schluß dieses Beitrags wieder aufgenommen werden.

Im ersten Teil, der deutlich den Schwerpunkt dieses Beitrags darstellt, soll nun also zunächst einmal die Bilanz der bisher vorliegenden Erfahrungen mit der Koedukation gezogen werden.

I. Kritische Bilanz: Was hat die Koedukation gebracht?

Was in der Anfangsthese zunächst einmal wertneutral als ›Geschlechterdifferenzen‹ bezeichnet wurde, läßt sich genauer fassen. Präzisiert heißt die hier zu belegende These:

»Unter der Decke formaler Gleichheit finden in unseren gegenwärtigen Schulen Sozialisationsprozesse statt, die Mädchen klar benachteiligen.«

Diese Benachteiligung soll auf drei Ebenen dargestellt werden, die ich zunächst im Überblick aufzähle und dann im einzelnen ausführe:

- Mädchen werden weniger beachtet,
- Stärken und Schwächen werden je nach Geschlechtszugehörigkeit unterschiedlich bewertet,
- Männliches Wissen grenzt Mädchen aus.

1. Mädchen werden weniger beachtet als Jungen

Frasch / Wagner (1982) haben plastisch beschrieben, daß Jungen deutlich mehr Zuwendung von Lehrern und Lehrerinnen erfahren, während Mädchen sich viel mehr darum bemühen müssen. Jungen werden wesentlich häufiger im Unterricht aufgerufen, zwar auch öfter getadelt und ermahnt – vor allem wegen disziplinarischer Verstöße, aber auch dies vermittelt ihnen das sichere Gefühl, wahrgenommen und beachtet zu werden. Ganz deutlich ist auch der Effekt: Lehrer und Lehrerinnen wissen mehr über männliche Schüler, sie beziehen sich eher namentlich auf sie und nehmen ihre Anregungen und Interessen häufiger auf (vgl. dazu z.B. die Untersuchungen von Spender 1985, Skinningsrud 1984). Lehrer und Lehrerinnen zählten dort auf die Frage nach den Kindern in ihrer Klasse deutlich mehr Jungen auf, äußerten sich zu ihrer Person, ihren Leistungen, Problemen, ihren individuellen Lebensumständen, während Mädchen häufig eher summarisch [»(...) und dann ein Haufen Mädchen (...)«] erwähnt wurden. All das ist geeignet, die gesellschaftlich hoch bewertete männliche Rolle zu stärken, den Dominanzanspruch als selbstverständlich hinzunehmen und komplementär dazu weibliche Nachrangigkeit als ›Normalzustand‹ festzuschreiben. Schule hilft auf diese Weise mit, Jungen und Mädchen in das ›symbolische System der Zweigeschlechtlichkeit‹ (Hagemann-White 1984) einzuüben und die hierarchische Ordnung der Geschlechterverhältnisse zu akzeptieren.

Die hier allgemein beschriebenen Beobachtungen wurden auch speziell im Mathematikunterricht gemacht (vgl. Stallings 1985): Jungen wurden vom Lehrer öfter angesprochen, sie fragten mehr und wurden ihrerseits häufiger gefragt. Auch wenn Mädchen und Jungen in gleichem Umfang Antwortbereitschaft erkennen ließen, wurden Jungen öfter aufgefordert. Insgesamt erhielten Jungen mehr Anweisungen, Anerkennung, Lob, Ermutigung und korrektive Rückmeldung. Solche Beobachtungen sind keine vereinzelten ›Ausrutscher‹. Bettina Srocke zieht in ihrer Übersicht über die hierzu vorliegenden Forschungsergebnisse den Schluß:

»Derart unterschiedliche Behandlungen zeigen bei beiden Geschlechtern ihre Wirkung. Mädchen gewinnen auf diese Weise zwangsläufig den Eindruck, daß ihre Beiträge im Mathematikunterricht als weniger bedeutungsvoll angesehen werden. Die ungleichmäßige Verteilung der Aufmerksamkeit des Lehrers zugunsten der Jungen läßt zudem bei den Mädchen die Auffassung entstehen, der Lehrer habe an ihrem Lernfortschritt ein geringeres Interesse als an dem der Jungen. Die naheliegende Schlußfolgerung der Mädchen ist es dann, daß ihre Beteiligung im Fach Mathematik weniger erwartet und auch als unwichtiger erachtet wird.« (Srocke 1989, S. 145)

Dies alles sind nun keine bewußt veranstalteten, meist nicht einmal bewußt wahrgenommene Verhaltensweisen. Wie sehr diese alltägliche geschlechtsspezifische ›Normalverteilung‹ der LehrererInnen-Zuwendung unbewußt verfestigt ist, hat sich insbesondere in Versuchen gezeigt, diese Bevorzugung der Jungen abzubauen: Im Anschluß an Unterrichtsbeobachtungen wurden Lehrkräfte speziell darauf trainiert, Jungen und Mädchen in gleichem Ausmaß am Unterrichtsgeschehen zu beteiligen. Wurde eine solche Gleichverteilung erreicht, löste dies nicht nur lauten Protest der Jungen aus, die sich nunmehr als stark benachteiligt empfanden – es führte auch zu schlechtem Gewissen bei den Lehrenden. Paradoxerweise erschien ihnen die ausgeglichene Verteilung bereits ebenfalls als Bevorzugung der Mädchen. Die Schlußfolgerung aus der Aufarbeitung englischer Studien von Stanworth (1983, S. 50) gilt für bundesrepublikanische Schulen in ganz ähnlicher Weise:

»Jungen dominieren in den Gebieten, die als bedeutsam für die Selbstwahrnehmung der Schüler einzustufen sind; beide, weibliche und männliche Schüler, erfahren das Klassenzimmer als einen Ort, in dem Jungen im Zentrum der Aktivitäten und des Interesses stehen, während Mädchen in Randpositionen verwiesen werden.«

Daß diese Prozesse weitgehend unbewußt ablaufen, ja selbst gegen den Willen und die Absicht selbstkritischer und engagierter Lehrer und Lehrerinnen sich immer wieder in den schulischen Alltag ›einschleichen‹, ist in vielen Untersuchungen belegt worden (vgl. z. B. Brehmer 1982, Enders-Dragässer u. a. 1989). Wenn Lehrer und Lehrerinnen sich in Fort- und Weiterbildungsveranstaltungen mit eigenen Einstellungen und Verhaltensmustern reflexiv auseinandersetzen, sind sie zuweilen zutiefst überrascht, in welchem Ausmaß sie selbst ungewollt Botschaften vermitteln, die ihre bewußten Absichten konterkarieren. Dies gilt in besonderer Weise für den Umgang mit Lob und Tadel, der zuweilen im ersten Augenblick paradox anmutende Wirkungen erzeugt.

2. *Stärken und Schwächen werden anders bewertet*

Die weiter vorn beschriebene häufigere Beachtung der Jungen ist durchaus nicht nur positiv, sondern oft mit Tadel und Kritik verbunden. Es lohnt sich jedoch, die unterschwellig damit vermittelten Botschaften einmal näher zu betrachten. Es ist eindrucksvoll aufgezeigt worden (vgl. z. B. Dweck u. a. 1978), daß Jungen zwar häufiger kritisiert werden als Mädchen. Sie erhalten jedoch kaum Rückmeldungen, die Informationen über mangelnde Fähigkeiten transportieren, sondern beanstandet werden eher nicht-intellektuelle Aspekte (zu unordentlich, unaufmerksam, zu wenig motiviert). Bei den Mädchen werden hingegen vor allem Mißerfolgs-Rückmeldungen in einer Weise übermittelt, die sehr leicht mangelnde intellektuelle Fähigkeit als Ursache nahelegen. Während Jungen also eher eine ›Du könntest, wenn Du nur wolltest‹-Botschaft erhalten, bekommen Mädchen oft eine mit dem Tenor: ›Es reicht nicht, aber Du hast Dir Mühe gegeben‹.

Auch Erfolgsbewertungen können solch doppelbödige Mitteilungen enthalten. Bei Erfolgen von Mädchen wird häufig auf Ordnung, Sauberkeit und Fleiß verwiesen, was eher Wohlwollen der Beurteilenden als eigene Kompetenz signalisiert (vgl. Meyer / Plöger 1979). So schlagen die den Mädchen bescheinigten ›Arbeitstugenden‹ der konformen Schülerin um in eine Verkleinerung eigener Fähigkeiten. Bei Jungen wird dagegen häufiger trotz formaler Mängel die gute Idee, die elegante Lösung etc. hervorgehoben – fehlende Anstrengung läßt hier den eigenen Stern noch heller strahlen.

Im Ergebnis führen solche Erfahrungen zu geschlechtsspezifisch unterschiedlichen Verarbeitungsmustern von Erfolg und Mißerfolg: Jungen können gute Leistungen besser als Mädchen in ein positives Selbstbild umsetzen, gegenüber schulischen Mißerfolgen ist ihr Selbstvertrauen weniger anfällig. Pointiert zusammengefaßt: Jungen ›verwerten‹ die Leistungsbewertungen der Institution eher ›selbstwertdienlich‹ – sie schöpfen das Verstärkungspotential voll aus und wehren selbstwertbedrohliche Aspekte erfolgreich ab. Für Mädchen dagegen ist gutes Abschneiden eine notwendige, aber keineswegs hinreichende Bedingung für die Entwicklung von Selbstbewußtsein (vgl. dazu Horstkemper 1987). Trotz guter Noten und Abschlüsse steigt daher im Laufe der Sekundarstufe das Selbstvertrauen der Mädchen deutlich weniger als das der Jungen. Während es sich zu Beginn der Klasse 5 noch auf gleichem Level befindet, zeigt sich spätestens von der 7. Klasse ab ein ›Schereneffekt‹ zuungunsten der Mädchen. In der 9. Klasse haben die Jungen ihre Klassenkameradinnen hinsichtlich eines positiven Selbstbildes weit überflügelt.

Spannend wird nun für unsere Fragestellung der Aspekt des Verhältnisses von Leistungsselbst- und -fremdbild, wobei man dies jeweils auch auf real feststellbare Leistungsunterschiede beziehen muß, sofern diese nachweisbar sind.

Zum Problem geschlechtsspezifscher Leistungsunterschiede im mathematischen Bereich liegt uns eine Fülle anglo-amerikanischer Untersuchungen vor. Die Rezeption dieser Forschung war – wie bei vielen anderen sozialwissenschaftlichen und psychologischen Forschungen auch – sozusagen die Initialzündung, sich auch bei uns solchen Fragen zuzuwenden. Einige der zentralen Ergebnisse aus dem vielzitierten Übersichtsreferat von Fennema (1978) stelle ich hier kurz vor:

- In der Primarstufe sind keine geschlechtsspezifischen Unterschiede in den Mathematikleistungen feststellbar
- Ab der 7. Klasse – mit Beginn der Pubertät – zeigen sich Tendenzen zu besserer Leistung der Jungen, besonders bei Problemlöseaufgaben, die höhere kognitive Fähigkeiten verlangen.
- Es gibt Anzeichen dafür, daß die geschlechtsspezifischen Unterschiede in den Mathematikleistungen älterer Schüler im Vergleich zu früher geringer sind.
- Vermutlich ist die früher häufig festgestellte Überlegenheit der Jungen darauf zurückzuführen, daß sie mehr Kurse belegt hatten.
- Neuere amerikanische Studien kommen allerdings auch zu dem Ergebnis, daß inzwischen die Teilnahme der Mädchen auch an fortgeschrittenen Mathematikkursen (z. B. Analysis) deutlich zunimmt und daß geschlechtsspezifische Leistungsunterschiede zunehmend geringer werden (vgl. Kaiser-Messmer 1989).
- Deutliche Unterschiede zugunsten des männlichen Geschlechts werden durchgängig allerdings aus der Hochbegabtenforschung berichtet (ebd.).

Wie sieht das nun im internationalen Vergleich aus? Bettina Srocke (1989) hat dazu eine Übersicht erstellt. Die Autorin hat zunächst nach Unterschieden bei analytischen und quantitativen Fähigkeiten Ausschau gehalten. Sie zieht den Schluß, daß man nicht davon ausgehen kann, daß Mädchen eher reproduzierendes Verhalten an den Tag legen, während Jungen bei komplexeren geistigen Tätigkeiten oder der Produktion vollkommen neuer Lösungen überlegen seien. Sie referiert Studien, die Hinweise auf unterschiedliche Lernstile von Jungen und Mädchen geben: Jungen gingen Aufgabenstellungen danach eher analytisch an, während Mädchen globale Lösungsversuche bevorzugen.

Solche Studien erklärten das mit frühkindlicher Sozialisation, denn Jungen aus vaterlosen Familien tendierten ebenfalls eher zu globalem Lernstil.

Im Bereich quantitativer Fähigkeiten (Rechnen, Größen schätzen, Wahrscheinlichkeiten angeben etc.) tritt etwa vom 13. Lebensjahr an eine Überlegenheit der Jungen auf. Und auch beim räumlichen Vorstellungsvermögen sind vielfach Vorsprünge der Jungen festgestellt worden. Allerdings ist der Zusammenhang zwischen mathematischer Leistungsfähigkeit und räumlichem Vorstellungsvermögen keineswegs geklärt. Nicht alle Gebiete der Mathematik erfordern den gleichen Umfang an räumlichem Vorstellungsvermögen, zudem sind die Unterschiede innerhalb der Mädchen- bzw. Jungengruppen teilweise größer als zwischen den Geschlechtern. Und bei den Mädchen ist der Zusammenhang zwischen räumlichem Vorstellungsvermögen und Mathematikleistung deutlich weniger ausgeprägt als bei den Jungen.

Insgesamt resümiert sie, daß bei einem Ländervergleich über 12 Staaten hinweg in der Mehrzahl der Länder bei Mathematiktests ein Vorsprung der Jungen gegenüber den Mädchen von der Pubertät ab meßbar sei, der sich bis zum Zeitpunkt des Erlangens der Hochschulreife noch verstärke. Lediglich in einem Fall (und zwar in Israel) zeigten die Mädchen höhere Mathematikleistungen als die Jungen. Am größten waren die Unterschiede zwischen den Geschlechtern in den Niederlanden und in Belgien. Dies sind die Länder, in denen der Anteil von Frauen an der berufstätigen Bevölkerung am niedrigsten lag. Am wenigsten differierten die Leistungen dagegen in denjenigen Ländern, wo viele Mütter arbeiteten. Die Autorin nimmt dies als Hinweis darauf, daß »gesellschaftliche Rollenvorstellungen für die Mathematikleistung eine mehr als nur untergeordnete Rolle spielen« (Srocke 1989, S. 125).

Zwar erscheint es mir in höchstem Maße problematisch, von der Frauenerwerbsquote umstandslos auf gesellschaftliche Rollenvorstellungen zu schließen, die bis in den Mathematikunterricht Wirkung zeigen. Unzweifelhaft fließen aber Rollenvorstellungen sowohl in die Leistungsselbstbilder der Kinder, als auch – den berühmten Pygmalioneffekt hervorrufend – in die Einstellungen und Erwartungen der Lehrenden ein. Srocke (1989, S. 146) fragt vorsichtig:

> »Zeigen Mädchen vielleicht deshalb ein geringeres Interesse sowie schlechtere Leistungen in Mathematik, weil Lehrer es so von ihnen erwarten?«

Auch hier geht es nicht so sehr um explizite Diskriminierungen. Schließlich sind die Zeiten von Möbius lange vorbei. Dennoch ist durchaus nicht auszuschließen, daß seine prägnante Formulierung von 1907 auch heute noch in den Alltagstheorien von Lehrern und Lehrerinnen untergründig fortlebt:

»In gewissem Sinne kann man sagen, das Mathematische ist der Gegensatz des Weiblichen. Möchte dieses in grenzenlosen Gefühlen verschwimmen, so gipfelt männliche Klarheit in der Exactheit, d. h. dem Zahlenmäßigen. (...) Hat ein Weib mathematisches Talent, so ist es ebenso als ob sie einen Bart hätte. (...) Man kann also sagen, daß ein mathematisches Weib wider die Natur sei, in gewissem Sinne ein Zwitter. (...) Gelehrte und künstlerische Frauen sind Ergebnis der Entartung. Nur durch Abweichung von der Art, durch krankhafte Veränderungen kann das Weib andere Talente als die zur Geliebten und Mutter befähigenden erwerben.« (P.J. Moebius: Über die Anlage zur Mathematik, Leipzig 1907, hier zitiert nach Eckelt 1981, S. 5)

Bei Mädchen und Jungen wirken jedenfalls solche Vorurteile kräftig mit. Schon Grundschüler bestehen darauf, daß nur Jungen ›wirklich‹ rechnen können. Und Benz u. a. (1981) berichten, daß amerikanische Lehrende den in Mathematik leistungsfähigen Jugendlichen – völlig unabhängig von ihrem tatsächlichen Geschlecht – keine typisch weiblichen Eigenschaften zuordneten. Umgekehrt wurden leistungsschwache Mädchen mit deutlicher Mehrheit mit ›weiblichen‹ Attributen ausgestattet. Mädchen geraten also leicht in ein Dilemma: Ihr Interesse für Mathematik und die damit verbundene Demonstration ihrer Leistungsfähigkeit stimmt mit den Erwartungen und Vorstellungen, die Lehrende (und auch andere Personen) an sie richten, nicht harmonisch überein. Uta Enders-Dragässer und Claudia Fuchs führen aus:

»›Abweichende Informationen‹, die nicht mit den Rollenstereotypen über das Geschlecht vereinbar sind, geben z. B. Mädchen, die etwa im Mathematikunterricht gut sind und das auch wissen und sagen. Die entsprechende Arbeit zur Vereinbarung dieser Informationen mit dem Stereotyp leisten die Jungen dann, indem sie etwa Bevorzugung durch die Lehrperson unterstellen, Leistungen abwerten oder ignorieren, Ausnahmefälle konstruieren, negative Charaktermerkmale für die Leistung verantwortlich machen oder auf andere Weise die Leistung falsch zuschreiben, sie z. B. als Ergebnis einer besonderen Streberhaftigkeit darstellen.« (Enders-Dragässer / Fuchs 1988, S. 67)

Solche Abwehr- und Ausgrenzungsstrategien dienen der Aufrechterhaltung des männlichen ›Überlegenheitsimperativs‹ (vgl. Wagner 1984), wobei dies für die Jungen letztlich problematisch ist: Realitätsverlust und defizitäres soziales Lernen sind mögliche Folgen. Aus Beobachtungen und Hospitationen in unterschiedlichen Fächern folgern die Autorinnen:

»Solange geschlechtsstereotype Sichtweisen und Verhaltensweisen als ›natürliche‹, wesens- und altersgemäße Ausdrucksformen gesehen werden, die keiner weiteren Aufmerksamkeit und Reflexion bedürfen, findet an unseren Schulen ein

›blindes‹ Interagieren statt, das die Jungen z. B. auf sozialem Gebiet unterfordert, während Mädchen Lasten aufgebürdet werden, die häufig aus dem Verhalten der Jungen erst entstehen.« (ebd., S. 68)

Diese Konflikte lösen Mädchen dann häufig, indem sie ›aus dem Felde gehen‹. Martina S. Horner (1968) hat mit ihrer frühen Untersuchung zum Phänomen der weiblichen ›Erfolgsangst‹ darauf verwiesen, welches Ausmaß an Befürchtungen und Selbstbeschränkungen damit verbunden sein können. In welch spezifischer Weise solche Vermeidung von Erfolg für Mädchen im Fach Mathematik erstrebenswert erscheinen kann, hat Leder (1980) beschrieben.

Gerade in den sogenannten ›Männerdomänen‹ ist es für Frauen besonders schwer, ein realistisches Selbstbewußtsein zu erwerben. Sowohl Furcht vor Mißerfolg (der von der Fremdeinschätzung als wahrscheinlich nahegelegt wird) als aber auch Furcht vor (zu großem) Erfolg setzen Schranken – eine relativ aussichtslose Perspektive. Es ist nicht verwunderlich, daß viele Mädchen etwa von der Pubertät ab diese aufzulösen versuchen, indem sie auf Kenntnisse und Kompetenzen in der Mathematik ›verzichten‹, um dadurch an ›Weiblichkeit‹ zu gewinnen.

Allerdings wäre nun zu prüfen, ob dieser Gewinn sich – wenigstens für das eigene Selbstbewußtsein – auch lohnt. Werden weibliche Eigenschaften entsprechend hoch geschätzt? Bislang haben wir lediglich die Bewertung kognitiver Fähigkeiten betrachtet. Wie sieht es dagegen aus, wenn soziales Verhalten wie Kooperationsbereitschaft, Einfühlungsvermögen oder auch Konflikt- und Durchsetzungsfähigkeit in den Blick genommen wird?

Zinnecker (1972, S. 113 ff.) hat die Ambivalenz der Wertschätzung der weiblichen Sozialcharakters durch die Schule herausgearbeitet, indem er auf die Doppelbödigkeit der Belohnung sozialer Tugenden wie Fleiß, Höflichkeit, Ordnungsliebe und Gehorsam hinwies. Das Fehlen solcher Eigenschaften gerät Mädchen mit großer Sicherheit zum Nachteil, aus ihrem Vorhandensein ist jedoch für sie kaum Kapital zu schlagen. Keinesfalls reichen sie aus, um Leistungsversagen zu kompensieren. Sind Mädchen nicht nur leistungsschwach, sondern auch noch undiszipliniert und frech, bedeutet das in aller Regel nicht nur Konflikte mit Lehrern und Eltern, sondern auch noch Isolation innerhalb der Klassengemeinschaft.

Jungen ist es dagegen eher gestattet, ja es verschafft ihnen sogar informell ein gewisses Ansehen; vorlaut oder undiszipliniert zu sein, sich auf Konflikte mit Autoritäten einzulassen, ist durchaus nicht unangemessen für einen ›richtigen Jungen‹. Vereinfacht kann man sagen, daß die Jungen gleichzeitig unter der Anforderung stehen, ›fähig‹ und ›frech‹ zu sein, während man von den Mädchen vor allem erwartet, sie mögen ›nett‹ sein. Diesen Erwartungen kommen sie offensichtlich auch nach. Wir finden konsistente Ergebnisse, die aufzeigen, daß durch die Anwesenheit von Mädchen das Klassen- und Unterrichtsklima positiv beeinflußt wird. Dreesmann (1982, S. 139) stellt als Fazit bundesdeutscher Untersuchungen fest:

> »Je mehr Mädchen in einem Unterricht sind, desto besser ist das persönliche Verhältnis unter den Schülern insgesamt, desto geringer sind die Streitereien und desto größer ist das allgemeine Unterrichtsengagement und die Zufriedenheit mit dem Unterricht.«

Allerdings: Auch hier erweisen sich die Jungen wieder als die besseren ›Verwerter‹: Sie können aus den positiven Sozialbeziehungen in der Klasse mehr Nutzen für die Sichtweise der eigenen Person ziehen. Wir finden ein ähnliches Paradox wie bei dem Mißverhältnis zwischen weiblichem Schulerfolg und dem Niveau des Selbstvertrauens. Mädchen tragen sehr viel zu einem positiven Lernklima bei – es kommt aber nicht in erster Linie ihnen selbst, sondern den männlichen Klassenkameraden zugute.

Das wird übrigens auch sowohl von BefürworterInnen als auch KritikerInnen der Koedukation schon seit ihrer Einführung so gesehen. Überwiegend war man sich einig, daß Jungen in koedukativen Schulen nicht nur keine Nachteile erleiden, sondern im Gegenteil besonders profitieren würden – nicht zuletzt aufgrund des positiveren sozialen Klimas. Bereits 1910 verweist Hedwig Dohm auf Untersuchungen aus Amerika und Finnland hin, die dies belegen:

> »Freilich unter dem Einfluß des Gemeinschaftsunterrichts ist eine Dezimierung der Rüpel zu befürchten, möglicherweise zum Leidwesen der Väter, die häufig die Rüpeleien ihrer Sprossen als Vorboten starker Männlichkeit begrüßen.« (Dohm 1910, hier zitiert nach Pfister 1988, S. 199)

In späteren Untersuchungen wurden diese – vor allem für die Jungen günstigen – Ergebnisse immer wieder bestätigt (vgl. z. B. Demant 1955, Dale 1974, zusammenfassender Überblick bei Kauermann-Walter u. a. 1988). Es ist deshalb nicht verwunderlich, wenn Wilhelm (1977, S. 55f.) zu dem Schluß kommt, man könne »im Falle Koedukation sagen, daß das Thema heute ›durch‹ ist. Es gibt unter Pädagogen kaum mehr ernste Gegner.«

Diese Einigkeit wurde jedoch nicht zuletzt durch die Erkenntnis erschüttert, daß sich trotz gemeinsamen Unterrichts die inhaltlichen Interessen von Schülerinnen und Schülern – wie auch in der Folge von Studenten und Studentinnen – sehr unterschiedlich entwickeln. Dieser Aspekt soll im folgenden Abschnitt beleuchtet werden.

3. Männlich geprägtes Wissen grenzt Mädchen aus

Bisher haben wir vor allem Aspekte von Kommunikation und Interaktion betrachtet. Nicht weniger wichtig sind jedoch die Forschungsergebnisse, die im Rahmen einer kritischen Analyse des Curriculums zutage gefördert wurden. Welche Vorstellungen über Geschlechterrollen offen und/oder verdeckt etwa im Geschichts- und Politikunterricht transportiert werden, in welcher Weise der Beitrag von Frauen zur Entwicklung der Naturwissenschaften übergangen wird, dazu liegen sowohl kritische Bestandsaufnahmen als auch Vorschläge zur Veränderung vor (vgl. z.B. Wagner u.a. 1978, Kuhn 1980, Berg-Peer 1982, v. Borries 1988). Schulbuchanalysen sind inzwischen für nahezu sämtliche Fächer und Schulstufen durchgeführt worden (vgl. z.B. Ohlms 1984, v. Lengerke u.a. 1984). Die Beispiele für das Fach Mathematik sollen hier nicht im einzelnen aufgeführt werden, es mag vielmehr ein Hinweis auf die lange Tradition genügen: Glötzner (1987) hat sich seit Anfang der 70er Jahre mit den geschlechtsspezifischen Rollenbildern in Mathematikbüchern befaßt und auch den Sexismus in neueren Lehrwerken aktuell belegt. Da darf Thomas die Multiplikation erklären, während Heidi Quadrate häkelt. Es wird ausgerechnet, wie hoch die Telefonrechnung von Frau Schwatzig ausfällt, wenn sie mangels vernünftigerer Beschäftigung stundenlang mit Amerika telefoniert oder den wievielten Teil des Gehaltes des Ehemanns eine Hausfrau für die Dinge des täglichen Bedarfs ausgibt. Es sind durchaus nicht alle Schulbücher aus dem Verkehr gezogen worden, in denen Frauen als fast allein für Haushalt und Kinder zuständig geschildert werden, während die Männer die Bereiche Berufswelt, Abenteuer, Wissenschaft und Kunst repräsentieren. Und der Unterricht, in dem weibliche Leistungen bei der Gestaltung von Welt und Geschichte hervorgehoben werden, in dem die Behinderungen und auch die unglaubliche Zähigkeit der Frauen im Bemühen um ihre Teilhabe Thema sind – er zählt beileibe nicht zum bundesdeutschen Schulalltag.

Es scheint deshalb nicht verwunderlich, daß im Wahlpflichtbereich die Leistungskurswahl stark geschlechtsspezifisch erfolgt: Mathematik und der gesamte naturwissenschaftliche Bereich wird von Mädchen eher gemieden (vgl. z.B. Hoffmann/Lehrke 1986, Heinrichs/Schulz 1988). Damit wird dann auch die Studienfachwahl in die gleiche Richtung beeinflußt. Gerade in den zukunftsträchtigen Fächern wie Informatik oder Ingenieurwissenschaften sind Frauen kaum vertreten. Es waren nicht zuletzt die Forschungsergebnisse aus Nordrhein-Westfalen, wonach wesentlich mehr Absolventinnen von Mädchenschulen ein solch ›untypisches‹ Studium aufnehmen, die Zündstoff für die Debatte um Vor- und Nachteile der Koedukation lieferten (vgl. Kauermann-Walter u. a. 1988).

Andererseits wirkt natürlich auch die Ausrichtung auf einen Berufswunsch bereits auf die Bewertung der Wichtigkeit und Nützlichkeit von Schulfächern und Lernangeboten. Wer keinesfalls im späteren Beruf etwas mit Mathematik, Naturwissenschaften oder Technik zu tun haben will, der wählt diese Fächer häufig möglichst frühzeitig ab. Eine solch frühzeitige Weichenstellung geschieht häufig in Unkenntnis späterer Anforderungen. Viele Mädchen, die zum Beispiel ein Studium der Psychologie oder der Betriebswirtschaft planen, wissen nicht, daß sie fundierte mathematische Grundkenntnisse dringend brauchen.

Dagegen werden Kompetenzen im Umgang mit Computer und Datenverarbeitung inzwischen auch von Mädchen in großem Umfang angestrebt. Die Nützlichkeit solcher Kenntnisse wird auch von denjenigen gesehen, die sich auf durchaus geschlechtstypische Berufe – beispielsweise im Büro- oder sonstigen Dienstleistungsbereich – hin orientieren. Damit möchten sie sich gern auseinandersetzen und Erfahrungen sammeln, obwohl auch dies ein Bereich ist, der eher als männliche Domäne gilt.

Gerade hier ist aber auch die Ausgrenzung der Mädchen besonders deutlich sichtbar geworden: Nicht das fehlende eigene Interesse behinderte die Mädchen, sondern konkret ablaufende Prozesse im Unterricht. Zugespitzte Konkurrenzsituationen zwischen Jungen und Mädchen, unterschiedliche Lernstile und Herangehensweisen an das Thema führten häufig dazu, daß Mädchen sich resigniert zurückzogen. Dagegen entwickelten sie großes Engagement, wenn sie ›unter sich‹ blieben, etwa in spezifischen Mädchen-Kursen die Gelegenheit bekamen, sich mit Funktionsweise, Anwendung und Auswirkung der neuen Technik vertraut zu machen.

Solche zunächst punktuell und sporadisch gemachten Erfahrungen führten zu Forschungs- und Entwicklungsprojekten, die sich systematisch mit der Frage befaßten, ob eine – zeitweilige – Trennung der Geschlechter geeignet sein könnte, die sich abzeichnende Benachteiligung von Mädchen auf diesem Gebiet aufzufangen. Eines dieser Projekte soll im folgenden Abschnitt näher betrachtet werden.

II. Erfahrungen mit geschlechtshomogenen Gruppen im Unterricht zu Neuen Technologien

Das Vorhaben »Mädchenbildung und neue Technologien« ist Teil des 1984 in Hessen entwickelten Aktionsprogramms für Frauen. In diesem Rahmen wurde 1985 das Hessische Institut für Bildungsplanung und Schulentwicklung (HIBS) in Wiesbaden vom Hessischen Kultusministerium beauftragt, in Zusammenarbeit mit dem Feministischen Interdisziplinären Forschungsinstitut (FIF) in Frankfurt die »Verwirklichung der Gleichstellung von Schülerinnen und Lehrerinnen an hessischen Schulen« voranzutreiben. Im Arbeitsfeld Naturwissenschaften / Technik / Neue Technologien sollten dazu Unterrichtssequenzen erarbeitet und erprobt werden, die sowohl eine kritische Aneignung der neuen Technologien wie auch die Berücksichtigung geschlechtsspezifischer Aspekte gewährleisten.

An zwei Frankfurter additiven Gesamtschulen arbeiteten insgesamt sieben Lehrerinnen und ein Lehrer vom Schuljahr 1985/86 bis zum Schuljahr 1987/88 mit wissenschaftlichen Mitarbeiterinnen des HIBS zusammen. Schriftliche Befragungen, Gruppendiskussionen und Unterrichtshospitationen und -beobachtungen lieferten während dieses Zeitraums umfängliche Daten, die in die Unterrichtsplanung und -reflexion eingingen (vgl. Faulstich-Wieland / Dick 1989). Die einbezogenen Schüler und Schülerinnen befanden sich zu Beginn in der Jahrgangsstufe 7, zum Ende der Untersuchung mithin in der Jahrgangsstufe 9. Es wurde Pflichtunterricht (im 8. Jahrgang) in geschlechtshomogenen Gruppen (vier Mädchen- und drei Jungengruppen) beobachtet und darüber hinaus eine freiwillige Arbeitsgemeinschaft (im 9. Jahrgang) zum Thema ›Mädchen und Computer‹.

An der Eingangserhebung in Form von Gruppendiskussionen nahmen insgesamt 59 Jungen und 79 Mädchen aus insgesamt sieben Klassen der Jahrgangsstufe 7 teil. Erfaßt wurde dabei, welche Erfahrungen die Jugendlichen bereits mit Computern mitbringen, welches Interesse sie daran formulieren und was sie gern in einem entsprechenden Unterricht lernen möchten. Nach dem ersten Unterrichtshalbjahr wurden die Erfahrungen – ebenfalls in Gruppendiskussionen, an denen insgesamt 66 Schülerinnen und 49 Schüler beteiligt waren – gemeinsam mit den Jugendlichen diskutiert. Die Beobachtungen aus den Unterrichtshospitationen wurden dabei als Feed-back ebenfalls eingebracht.

Innerhalb unserer Fragestellung sollen uns zwei Aspekte der in diesem Projekt gewonnenen Erfahrungen interessieren: Zum ersten werden die von den Jungen und Mädchen präsentierten Selbst- und Fremdbilder hinsichtlich des Interesses und der Fähigkeit am Umgang mit Technik näher betrachtet. Das umfaßt sowohl das Bild vom eigenen und vom anderen Geschlecht, als auch das beim anderen Geschlecht vermutete Fremdbild. Zum zweiten sollen die Bewertungsmuster der Schüler und Schülerinnen koedukativer und geschlechtshomogener Lernkontexte nachgezeichnet werden.

1. Geschlechtsspezifische Selbst- und Fremdbilder

Erhoben wurden die Einstellungen der Jugendlichen bei der ersten Gruppendiskussion mithilfe von ihnen selbst angefertigter Zeichnungen zum Thema ›Mädchen und Computer‹. Auffälligstes Ergebnis dabei war zunächst einmal eine bei beiden Geschlechtern zu beobachtende durchgängige hohe Kompetenzzuschreibung bei den Jungen. Fast immer wurde unterstellt, daß die Jungen mehr über Computer wissen als die Mädchen, daß sie mehr Erfahrung damit haben, häufig selbst einen besitzen oder gemeinsam mit Freunden sich damit beschäftigen.

Die Jungen selbst stellen dies ohne jeden Anflug von Selbstzweifel so dar, von den Mädchen wird diese Einschätzung geteilt. Sie hinterfragen keineswegs, ob die behauptete Kompetenz auf weitreichenden Kenntnisvorsprüngen beruht, oder ob es sich dabei eher um eine leicht einholbare Vertrautheit mit einigen Vokabeln und Begriffen handelt, die man schon durch häufigeres Spielen am Computer gewinnen kann. Im Gegenteil bescheinigen sie den Jungen in der Regel neidlos ihre Überlegenheit auf diesem Gebiet und hoffen auf ihre Unterstützung. Die hohe Meinung, die Jungen von sich selbst haben, wird also komplementär von den Mädchen geteilt und gestützt.

Umgekehrt wird die deutlich niedrigere Selbsteinschätzung der Mädchen durch die Jungen nicht nur geteilt, sondern in zweifacher Hinsicht verstärkt: Im positiven Fall bieten sie Unterstützung und Hilfe an, dokumentieren damit allerdings gleichzeitig auch die Erwartung, daß Mädchen in der Regel ihrer Erwartung nach hier nicht leistungsfähig sind. Im – weitaus häufigeren – negativen Fall werten sie jedes Interesse der Mädchen durch massive Diskriminierungen von vornherein ab: »Jungen produzierten geradezu serienweise sowohl Bilder, auf denen Mädchen hilflos vor fehlermeldenden Computern stehen, als auch Bilder, die zeigten, daß Mädchen sich besser ihren Puppen zuwenden und die Computer den Jungen überlassen sollten.« (Faulstich-Wieland / Dick 1989, S. 21)

Mehr als die Hälfte der Schüler des Realschulzweigs produzierte solch negativ diskriminierende Zeichnungen. Bei den Gymnasialzweigschülern war es gut ein Viertel, noch etwas weniger, nämlich knapp ein Viertel, der Hauptschüler sprach ihren Mitschülerinnen in ähnlicher Weise Kompetenz und Lernfähigkeit beim Umgang mit Computern ab. Insgesamt kann man aber festhalten, daß ein Drittel der Jungen handfeste Vorurteile gegenüber den Mädchen hegt und diese keineswegs als gleichwertig betrachten mag. Das wird auch über den eingegrenzten Technikbereich hinaus verallgemeinert.

Die Mädchen registrieren diese negativen Zuschreibungen sehr sensibel und weisen ihrerseits die offenen Diskriminierungen mehr oder weniger empört zurück. Zumindest ihr Interesse und ihre Lernfähigkeit mögen sie sich nicht absprechen lassen (vgl. dazu vor allem den Zwischenbericht des Projektes: »Wir Mädchen können das, auch wenn die Jungen lachen ...«; Faulstich-Wieland / Dick 1988). Sie bleiben aber dennoch von der prinzipiellen Überlegenheit der Jungen überzeugt. Dies ändert sich auch nicht durch die Erfahrungen im geschlechtsgetrennten Unterricht. Zwar haben sie eine Menge Erfolgserlebnisse gehabt, es bleibt aber der nicht ausräumbare Verdacht bestehen, daß diese Erfolge im Vergleich zu den Jungen eher bescheiden seien.

Solche Befürchtungen hören Lehrer und Lehrerinnen im Schulalltag immer wieder. In einem Hamburger Gymnasium, das ebenfalls geschlechtsgetrennte Kurse in Informatik anbietet, betonen die Organisatorinnen die Wichtigkeit gleicher Inhalte in Mädchen- und Jungenkursen,

> »schon um einer Diskriminierung der Mädchengruppe (›Sekretärinnenkurs‹) entgegenzuwirken. Deshalb wird in der Diskussion mit den Schülerinnen immer wieder betont, daß in beiden Kursen der gleiche Stoff gelernt und auch die gleiche Klausur geschrieben wird.« (Flick / Justus 1990, S. 15).

Auf dem Hintergrund der oben beschriebenen langfristig eingeschliffenen Mechanismen geschlechtsspezifisch unterschiedlicher Muster von Leistungsrückmeldungen und Verstärkungen kann es nicht verblüffen, daß die Wahrnehmung eigener Kompetenz bei weitem nicht ausreicht, ein positives Selbstbild gegen den verinnerlichten ›Überlegenheitsimperativ‹ der Jungen auf ihrem vorgeblich ›ureigensten‹ Gebiet aufzubauen. Zu fragen bleibt, ob das Erlebnis eines ›Schonraums‹, wie ihn zeitlich befristete geschlechtshomogene Lerngruppen bieten, sich langfristig für sie als hilfreich und nützlich erweist – und wie Mädchen und Jungen ein solches organisatorisches Arrangement bewerten.

2. *Koedukation oder geschlechtsgetrennte Gruppen – Bewertung durch betroffene Schüler und Schülerinnen*

In der Bewertung der eigenen Erfahrungen mit beiden Unterrichtssituationen tauchen die komplementären Sichtweisen des Selbstbildes beider Geschlechter in veränderter Gestalt wieder auf. Zwar registrieren die Mädchen übereinstimmend die besseren Lernbedingungen, gleichwohl stehen sie dem Ergebnis ambivalent gegenüber. Zu groß ist die Befürchtung, daß Unterricht ›nur‹ für Mädchen notwendigerweise weniger anspruchsvoll ausfällt und die Leistungen schon deshalb mit denen der Jungen nicht Schritt halten können.

Insbesondere die Hauptschülerinnen äußerten sich überwiegend positiv zum getrennten Unterricht, weil sie dabei »selbst bestimmen konnten, was sie lernen wollten« und »nicht von den Jungen zur Seite gedrängelt« wurden (Faulstich-Wieland / Dick 1989, S. 34). Auch die Realschülerinnen plädierten in der Mehrheit für getrennten Unterricht, weil man ungestörter lernen könne:

> »Also ich finde, daß die Jungen dazu irgendwie eine ganz andere Einstellung haben. Ich weiß nicht, ich habe das Gefühl, daß die immer besser sein wollen als der andere« (ebd., S. 35).

Damit sprach die Schülerin einen Aspekt an, der auch den Beobachterinnen während der Hospitationen sehr stark aufgefallen war: Während die Jungen in ihren Gruppen sehr konkurrenzhaft miteinander umgingen, verhielten die Mädchen sich weit kooperativer. Diese Lernatmosphäre wird von den Mädchen als angenehm und erleichternd empfunden.

Dennoch wird diese positive Bewertung gebrochen durch die Befürchtung, durch Aufteilung in getrennte Gruppen zusätzliche Angriffspunkte für Abwertung durch die Jungen zu bieten und dabei auch noch die Möglichkeit zu verlieren, eigene Stärken zu zeigen:

> »Einerseits fand ich das gut mit den Mädchen zusammen, aber andererseits war es auch nicht gut, daß wir getrennt waren. Die Jungen sollten auch sehen, daß wir was machen können.« (ebd., S. 35)

Auch die Einschätzung, im gemeinsamen Unterricht doch mehr vom Wissensvorsprung der Jungen profitieren zu können, wird in der Bewertung der verschiedenen unterrichtlichen Erfahrungen wieder thematisiert und als Minuspunkt verbucht. Bei den Jungen erscheint dies in der bekannten Komplementarität. Je stärker ihre Vorurteile gegenüber Mädchen ausgeprägt sind, desto unverhohlener freuen sie sich über deren Abwesenheit:

> »Also, es war besser, daß die Weiber nicht dabei waren, die hätten doch nur gestört bei unserer fachmännischen Arbeit.« (ebd., S. 38)

Aus ihrer Pose der Überlegenheit bedauern sie aber auch gleichzeitig, daß die Mädchen nun die Chance verlieren, vom Wissen der Jungen zu profitieren. Und daß ihnen selbst die Möglichkeit des direkten Leistungsvergleichs genommen ist, finden sie auch nicht gut:

> »Weil, wenn jetzt lauter Mädchen wären, die jetzt besser wären als wir, das wüßten wir gar nicht ...« (ebd., S. 38)

Das deutet immerhin an, daß man sich des eigenen Vorsprungs auch nicht unumstößlich gewiß ist. Es gibt darüber hinaus Jungen, die auf die Möglichkeit verweisen, daß man im gemeinsamen Unterricht viel besser Vorurteile abbauen könne. Wie aufgeschlossen die Jungen gegenüber solchen Lernprozessen sind, bedürfte allerdings genauerer Überprüfung. Bei der überwiegenden Mehrheit der Diskussionsteilnehmer lösten Hinweise auf Stärken der Mädchen teilweise recht heftige Reaktionen aus. So wurden Berichte über das kooperativere und diszipliniertere Verhalten der Mädchen massiv abgewertet:

> »Weil die Weiber alleine nichts können, darum müssen sie sich gegenseitig helfen« (ebd., S. 38).

Die Jungen seien halt temperamentvoller und wollten ihr Wissen immer als erste anbringen. Die Mädchen hätten dagegen eben

> »keine Ahnung vom Computer, deswegen können sie nichts reinrufen, weil sie nichts wissen und deswegen ist es bei denen auch nicht so laut wie bei uns« (ebd., S. 39).

Hinsichtlich des Lernklimas in Abwesenheit der Mädchen beklagen Jungen allenfalls mehr Langeweile:

> »Mir ist es eigentlich egal, aber ich hätte schon gerne Mädchen im Kurs, zum Ärgern« (ebd., S. 31).

Darin sind sie sich im übrigen wieder mit den Mädchen einig. Auch die betonen, es sei ›langweilig immer nur mit Mädchen‹ und ziehen – selbst in Anbetracht aller aufgezählten negativen Aspekte – den Schluß: »Manchmal fehlen einem die Jungen richtig« (ebd., S. 30).

Die Befürwortung getrennten Unterrichts durch die Betroffenen fällt also insgesamt eher verhalten aus, die Effekte einer solchen Trennung sind nach den bisher gesammelten Erkenntnissen nicht unproblematisch. Das bessere Lernklima in den Mädchengruppen ermöglicht zwar den Mädchen ungestörtere Lernprozesse. Andererseits können sie den tatsächlichen Kompetenzzuwachs nur in Grenzen in ihr Selbstbild integrieren. Gleichzeitig scheinen Vorurteile und Geschlechterkonkurrenz – insbesondere bei den Jungen – teilweise noch verstärkt zu werden, wenn nicht bei der Planung solcher organisatorischen Lösungsversuche über die Möglichkeit zur Gegensteuerung nachgedacht wird.

Welche Konsequenzen sowohl aus unserer im ersten Teil gezogenen Bilanz als auch aus den im zweiten Teil angerissenen Erfahrungen für die künftige Arbeit im Bildungsbereich zu ziehen sind, soll nun abschließend andiskutiert werden.

III. Entwicklungsperspektiven der Koedukation

Die hier zusammengetragenen Ergebnisse schulischer Sozialisationsforschung sollen nun keinesfalls dazu dienen, die Koedukation als gescheitertes Unternehmen zu deklarieren und über Bord zu werfen. Sie geben auch keine Veranlassung, vorschnell die Forderungen nach Versuchen mit zeitweiliger Geschlechterdifferenzierung als aussichtslos oder gar schädlich abzuqualifizieren.

Die differenzierte Beschreibung des noch nicht Erreichten heißt ja nicht, den bereits erzielten Fortschritt vollends zu verkennen: So ist nicht zu übersehen, daß sich das Bewußtsein vieler Lehrer und Lehrerinnen in den vergangenen Jahren verändert hat, die Sensibilität gegenüber offenen und unterschwelligen Diskriminierungen ist gewachsen. Die Verwendung angeblich ›neutraler‹ Anredeformen, bei denen Mädchen und Frauen immer ›mitgemeint‹ sind, wird nicht mehr als selbstverständlich toleriert. Geschlechtstypisches Wahlverhalten wird von vielen Lehrkräften als Problem empfunden, mit dem sie gern anders umgehen möchten. Und auch die Bereitschaft, sich mit dem eigenen Verhalten kritisch auseinanderzusetzen, ist in vielen Kollegien durchaus vorhanden. Diese Motivation aufzugreifen und im Rahmen von Lehrerfort- und -weiterbildung produktiv für die Veränderung des Schulalltags zu machen, dürfte eine der vordringlichen gemeinsamen Aufgaben von WissenschaftlerInnen und PraktikerInnen sein.

Dabei kann es allerdings nicht das Ziel sein, so etwas wie eine kompensatorische Erziehung speziell für Mädchen zu etablieren. Denn es sollen nicht die geltenden männlichen Normen und Verhaltensmuster zum Maßstab erklärt und den Mädchen als Anpassungsdruck aufgebürdet werden. Vielmehr ermöglicht erst die Veränderung dieser Maßstäbe es beiden Geschlechtern, sich aus den jeweiligen Rollenzwängen und -beschränkungen zu befreien.

Gerade im Bereich der Naturwissenschaften könnte dabei die stärkere Orientierung an den Interessen und Bedürfnissen der Mädchen einen Zugewinn für beide Geschlechter bedeuten. Diese Erkenntnis ist nicht neu, sie wurde von Wagenschein (1970, S. 367) bereits vor zwanzig Jahren formuliert:

> »Ich habe im Koedukationsunterricht immer die Erfahrung gemacht: Wenn man sich nach den Mädchen richtet, ist es auch für Jungen richtig, umgekehrt aber nicht.«

Die konsequente Umsetzung dieser Einsicht in unterrichtliches Handeln ist bisher nicht erfolgt, steht aber weiterhin auf dem Programm derjenigen, die in Schule und Gesellschaft die Handlungsspielräume und Entwicklungsmöglichkeiten für Mädchen wie für Jungen, für Frauen und Männer zu erweitern versuchen.

Literatur:

Berg-Peer, J.: Wer hat Angst vor Mathematik? Die gesellschaftlich produzierte Distanz der Frauen zu Naturwissenschaft und Technik. In: Enders-Drägsser, U. (Hrsg.): Gutachten »Frauen und Schule«., Gießen 1982.

Brehmer, I. (Hrsg.): Sexismus in der Schule., Weinheim 1982

Borries, B. v.: Frauengeschichte – Mode, Sekte, Wende? In: Feminin – maskulin. Friedrich Jahresheft VII (1989).

Brigitte / Deutsches Jugendinstitut: Mädchen '82, Bericht und Tabellenband. Hamburg 1982.

Dale, R. R.: Mixed or Single-Sex Schools? Vol. III. London 1974.

Demant, H.: Koedukation oder getrennte Erziehung? Frankfurt 1955.

Dreesmann, H.: Unterrichtsklima. Wie Schüler den Unterricht wahrnehmen. Ein Beitrag zur »Ökologie des Lernens«. Weinheim 1982.

Dweck, C. S. et al.: Sex differences in learned helplessness II. The contingencies of evaluative feedback in the classroom and III. An Experimental Analysis. Developmental Psychology, 1978, 14.

Eckelt, I.: Mathematik – nix für Frauen?!! Sozialisationswirkungen im Mathematikunterricht und -studium. Frankfurt 1981.

Enders-Dragässer, U. / Fuchs, C.: Jungensozialisation in der Schule. Eine Expertise. Im Auftrag von und herausgegeben von: Gemeindedienste und Männerarbeit der Evangelischen Kirche in Hessen und Nausau. Darmstadt 1988.

Enders-Dragässer, U. / Fuchs, C.: Interaktionen der Geschlechter. Sexismusstrukturen in der Schule. Weinheim 1989.

FAULSTICH-WIELAND, H. u. a.: Erfolgreich in der Schule, diskriminiert im Beruf: Geschlechtsspezifische Ungleichheiten bei der Berufseinmündung. In: Rolff, H.-G. u. a. (Hrsg.): Jahrbuch der Schulentwicklung Band 3. Weinheim / Basel 1984.

FAULSTICH-WIELAND, H. / DICK, A.: »Wir Mädchen können das, auch wenn die Jungen lachen ...« Dokumentation und Auswertung der Vorerhebung des Vorhabens »Mädchenbildung und neue Technologien«, HIBS. Wiesbaden 1988.

FAULSTICH-WIELAND,H. / DICK, A.: Mädchenbildung und neue Technologien. Abschlußbericht der wissenschaftlichen Begleitung zum hessischen Vorhaben. Wiesbaden 1989 (Sonderreiche Heft 29 des Hessischen Instituts für Bildungsplanung und Schulentwicklung).

FENNEMA, E.: Sex-related differences in mathematics achievement: where and why. In: Jacobs, J. (ed.): Perspectives on women and mathematics. Columbus: Ohio State University / ERIC, 1978, S. 1–20.

FLICK, E. / JUSTUS, M.: Jungen und Mädchen am Computer. In: Hamburg macht Schule, Heft 3 / 90, S. 15.

FRASCH, H. / WAGNER, A.: »Auf Jungen achtet man einfach mehr ...« In: BREHMER, I. (Hrsg.): Sexismus in der Schule. Weinheim 1982.

GLÖTZNER, J. : Sexismus in neuen Mathematikbüchern. In: Pädagogik heute 3/1987, S. 19–20.

HAGEMANN-WHITE, C.: Sozialisation: Weiblich – männlich? Opladen 1984.

HEINRICHS, U. / SCHULZ, TH.: Mädchen und Naturwissenschaften in der Schule. Zusammenfassender Bericht. Erhältlich beim Amt für Schule, Hamburg 1988.

HOFFMANN, L. / LEHRKE, L.: Eine Untersuchung über Schülerinteressen an Physik und Technik. In: Zeitschrift für Pädagogik 32 (1986) H. 2.

HORNER, M. S.: Sex differences in achievement motivation and performance in competitive and non-competitive situations. Unpublished doctoral dissertation, University of Michigan, 1968.

HORSTKEMPER, M.: Schule, Geschlecht und Selbstvertrauen. Eine Längsschnittstudie über Mädchensozialisation in der Schule. Weinheim / München 1987.

KAISER-MESSMER, G.: Frau und Mathematik – ein verdrängtes Thema der Mathemtikdidaktik. In: Zeitschrift für die Didaktik der Mathematik 89 / 2, S. 56–66.

KAUERMANN-WALTER, J. u. a.: Formale Gleichheit und diskrete Diskriminierung: Forschungsergebnisse zur Koedukation. In: ROLFF, H.-G. U. A. (Hrsg.): Jahrbuch der Schulentwicklung Band 5. Weinheim / München 1988.

KUHN, A.: Frauengeschichte und die geschlechtsspezifische Identitätsbildung von Mädchen. Ansätze zu einem frauengeschichtlichen Curriculum. In: KUHN, A. / TORNIEPORTH, G.: Frauenbildung und Geschlechtsrolle. Gelnhausen 1980.

LEDER, G. C.: Bright Girls, Mathematics and Fear of Success. In: Educational Studies in Mathematics, 11/1980, S. 411–422.

LENGERKE, CH. V. u. a.: Kriterienkatalog für die Vermeidung von Sexismus in Schulbüchern. In: ARBEITSGRUPPE ELTERNARBEIT (Hrsg.), Reihe Materialien für die Elternarbeit, Band 12: Die Schule lebt – Frauen bewegen die Schule. Dokumentation der 1. Fachtagung in Giessen 1982 und der 2. Fachtagung in Bielefeld 1983. Frauen und Schule, München 1984 (DJI).

MEYER, W.-U. / PLÖGER, F.-O.: Scheinbar paradoxe Wirkungen von Lob und Tadel auf die wahrgenommene eigene Begabung. In: FILIPP, S.-H. (Hrsg.): Selbstkonzept-Forschung. Stuttgart 1979.

OHLMS, U.: Und drinnen waltet die züchtige Hausfrau ... Das Mädchen- und Frauenbild in Grundschulbüchern. in: ARBEITSGRUPPE ELTERNARBEIT (Hrsg.), Reihe Materialien für die Elternarbeit, Band 12: Die Schule lebt – Frauen bewegen die Schule. Dokumentation der 1. Fachtagung in Giessen 1982 und der 2. Fachtagung in Bielefeld 1983. Frauen und Schule, München 1984 (DJI).

PFISTER, G. (Hrsg.): Zurück zur Mädchenschule? Pfaffenweiler 1989.

SKINNINGSRUD, T.: Mädchen im Klassenzimmer: warum sie nicht sprechen. In: Frauen und Schule, 3. Jg. August 1984.

SPENDER, D.: Frauen kommen nicht vor. Sexismus im Bildungswesen. Frankfurt / M. 1985.

SROCKE, B.: Mädchen und Mathematik. Wiesbaden 1989.

STALLINGS, J.: School, Classrooms and Home Influences on Women's Decisions to Enroll in Advanced Mathematic Courses. In: CHIPMAN, S. F. et al (ed.): Women and Mathematic: Balancing the Equation. Hillsdale, NJ 1985.

STANWORTH, M.: Gender and Schooling. Tiptree 1983.

WAGENSCHEIN, M.: Zur Didaktik des naturwissenschaftlichen Unterrichts. In: Ursprüngliches Verstehen und exaktes Denken I. Stuttgart 1970 (2. Auflage).

WAGNER, A. u. a.: Bewußtseinskonflikte im Schulalltag. Denkknoten bei Lehrern und Schülern erkennen und lösen. Weinheim / Basel 1984.

WAGNER, A. u. a.: Mann – Frau. Rollenklischees im Unterricht. München 1978.

WILHELM, T.: Pädagogik der Gegenwart (5., völlig umgearb. Auflage). Stuttgart 1977.

ZINNECKER, J.: Emanzipation der Frau und Schulausbildung. Weinheim 1972.

European Women in Mathematics

Ihre »Gründerinnen« 1991 in Marseille

Deutsche Mathematiker Vereinigung

Ihre Gründer 1890 in Bremen

Die Problematik der Koedukation im mathematisch-naturwissenschaftlichen Unterricht

Anneliese Dick

Das läßt für uns den Schluß zu, daß junge Frauen ihre Interessen sehr viel breiter zu entwickeln versuchen und sich nicht so früh vereinseitigen.

Sigrid Metz-Göckel
zum Kurswahlverhalten in der Oberstufe

Die koedukative Erziehung steht in jüngster Zeit in der Bundesrepublik Deutschland verstärkt auf dem Prüfstand. Der Grund hierfür ist unschwer auszumachen:

Gingen Pädagoginnen, Erzieherinnen und Lehrerinnen noch vor fünf Jahren wie selbstverständlich davon aus, der koedukative Unterricht sei Inbegriff eines emanzipativen Ansatzes, der Schülerinnen und Schüler im Schul- und Bildungswesen der Bundesrepublik Deutschland (endlich) gleichberechtigt, der Mädchen und Jungen gleichartige (nicht nur gleichwertige) Bildungsangebote eröffnet und der Schülerinnen prinzipiell den Zugang zu allen Ausbildungsstätten und beruflichen Bereichen ermöglicht, so besteht in der aktuellen pädagogischen Debatte die Tendenz, das uneingeschränkte Lob der Koedukation so nicht mehr bestehen zu lassen. Ein Teil der Feministinnen fordert sogar den ›Ausstieg aus der Koedukation‹ und plädiert für die Einrichtung einer ›autonomen Mädchenbildung‹. Die Gegner dieses Ansatzes begnügen sich wiederum mit dem Verweis auf eine gesellschaftlich durchgesetzte koedukative Erziehung, und allein die Tatsache der Koedukation soll ihnen als Rechtfertigung dafür genügen, sich mit der Diskriminierung der Schülerinnen in der Schule nicht auseinandersetzen zu müssen. Man sieht, von beiden Seiten werden zwei Ebenen gesellschaftlichen Gestaltungswillens ineinander geschoben, die so nicht gleichzusetzen sind: Gegnerinnen wie Befürworter der Koedukation identifizieren die ›rechtliche‹ Verfaßtheit des Bildungswesens mit dem positiven oder negativen ›gesellschaftlichen‹ Tatbestand verwirklichter Gleichberechtigung der Frauen oder ihrer Diskriminierung. Das prinzipielle Recht, daß Mädchen und Jungen die gleichen Bildungsangebote in den allgemeinbildenden Schulen in Anspruch nehmen können, stellt aber nur die Sicherung der institutionellen Voraussetzungen ihres

Lernens dar. Es kommt immer noch auf die Unterrichtsinhalte sowie auf die soziale Ausgestaltung der formal abgesicherten gleichen Bildungschancen im Unterricht an. Dies entscheidet darüber, inwieweit der koedukative Erziehungsprozeß ihrer Interessen verhindert.

Der größte Teil sowohl der bürgerlichen als auch der feministischen Frauenbewegung hat diese Ebene der Auseinandersetzung hinter sich gelassen. Es geht nicht mehr darum, Koedukation ohne ›Wenn‹ und ›Aber‹ zu befürworten beziehungsweise sie in Bausch und Bogen zu verdammen. Ihre Schwächen sollen aufgezeigt werden, ohne ihre positiven Seiten zu vergessen. Die britische und amerikanische Schulforschung ist uns dabei – und diesem Kreis sicher hinlänglich bekannt – um gut ein Jahrzehnt voraus. Inzwischen werden auch in der Bundesrepublik die Resultate dieser Schulforscherinnen zur Benachteiligung der Schülerinnen zur Kenntnis genommen und auf das hiesige Schulwesen übertragen. Pionierarbeit auf diesem Gebiet haben unter anderen Dagmar Schultz (1978/79), Ilse Brehmer (1982), Uta Enders-Dragässer (1982) und Hannelore Faulstich-Wieland (1981) geleistet, und Bildungspolitiker / innen arbeiten in der Tat seit einigen Jahren daran, dem Anspruch der Gleichberechtigung der Schülerinnen auch in der Schule Rechnung zu tragen. Administrative Konzepte und Forderungen können in der Koeduktionsdebatte – wiewohl man es von dieser Seite nicht erwartet – ein Stück weit Aufklärung verschaffen. Dies sei an folgenden Dokumenten belegt:

- So enthält zum Beispiel das von der UN-Weltfrauenkonferenz von Nairobi 1985 verabschiedete Abschlußdokument (»Zukunftsstrategien von Nairobi zur Förderung der Frau«) bildungspolitische Forderungen, den Sexismus im Schulwesen abzubauen.[1]
- Auch die EG setzt 1985 im Rahmen ihres neuen Aktionsprogramms »Zur Förderung von Jungen und Mädchen im Erziehungswesen« eindeutig Schwerpunkte, sich für die Belange der Mädchen einzusetzen.[2]
- Im gleichen Jahr erschien der 6. Jugendbericht des Bundesministeriums für Jugend, Familie und Gesundheit in der Bundesrepublik zum Thema »Ver-

---

1 Weltfrauenkonferenz vom 15.–27. Juli 1985 in Nairobi, Kenia. Abschlußdokument, übersetzt vom Deutschen Übersetzungsdienst bei den Vereinten Nationen, herausgegeben vom Bundesminister für Jugend, Familie und Gesundheit, Juni 1986, insbesondere die Ziffern 167, 169 und 173.

2 European Community, Action Programme, Aktionshandbuch: Chancengleichheit im Bildungswesen, Brüssel 1985.

besserung der Chancengleichheit von Mädchen«. Für das Bildungswesen wird die Frage, ob und inwieweit formal gewährte gleiche Chancen in der Schule von Mädchen auch realisiert werden können, abschlägig beschieden.[3]

- Ein letztes Datum soll noch für die Länderebene genannt werden, da in der Bundesrepublik Deutschland eben die Länder mit ihrer gesetzgeberischen Hoheit den Bildungsbereich ausgestalten. Ebenfalls seit 1985 wurde mit der Umsetzung des »Hessischen Aktionsprogramms für Frauen«[4] im Bildungsbereich begonnen, wobei das Hessische Institut für Bildungsplanung und Schulentwicklung (HIBS) mit der Durchführung des Vorhabens »Verwirklichung der Gleichstellung von Schülerinnen und Lehrerinnen an hessischen Schulen« beauftragt wurde.[5]

Jede dieser administrativen Forderungen und Vorschläge stellt, gewollt oder ungewollt, den koedukativen Erziehungsprozeß ein Stück weit in Frage. Die darin enthaltenen bildungspolitischen und schulpraktischen Maßnahmen legen zum einen lange verdeckte Wirkungsweisen des koeduktiven Bildungssystems offen und zeigen zum anderen die Dringlichkeit des Anliegens, die Benachteiligung von Schülerinnen im gemeinsamen Erziehungsprozeß von Jungen und Mädchen abzubauen.

Die inhaltliche Auseinandersetzung mit dem koedukativen Erziehungsprozeß soll im folgenden anhand der naturwissenschaftlich-mathematischen und technischen Bildung erfolgen. Anhand des Unterrichts in diesen Fächern werden die Leistungen der koedukativen Erziehung an allgemeinbildenden Schulen sehr deutlich, und zwar in doppelter Hinsicht: Emanzipative Tendenzen sind gepaart mit einer deutlichen Benachteiligung von Schülerinnen. Formal gleiche Bildungschancen und -angebote für Jungen und Mädchen sind, und das ist im naturwissenschaftlich-mathematischen Bereich augenfällig, eben keine alleinige Garantie, die gesellschaftliche Durchsetzung der Gleichberechtigung von Mädchen und Jungen, Frauen und Männer zu erreichen. Drei Teile dienen im folgenden zum Beleg dieser These:

[3] Wildt, Carola / Naundorf, Gabriele 1985, S. 88–174.

[4] Ergebnisse der Verhandlungen zwischen SPD und GRÜNEN. Sondernummer (Stand 15. April 1984), Wiesbaden 1984, S. 64.

[5] Dick, Anneliese / Faulstich-Wieland, Hannelore / Prengel, Annedore / Stark, Günther 1986.

- Im ersten Teil geht es um die Frage, gibt es im koedukativen Erziehungsprozeß positive Momente, an denen die Frauen aus eigenem Interesse heraus festhalten sollten? Im Mittelpunkt stehen hierbei Momente der historischen Durchsetzung.
- Teil zwei stellt die negativen Leistungen der Koedukation hinsichtlich der Herstellung und Stabilisierung von geschlechtsspezifischen Rollenverhalten dar. Die These, daß eine gemeinsame Erziehung noch lange keine gleiche Erziehung war beziehungsweise ist, belege ich für den naturwissenschaftlichen Bereich mit Daten neuerer Untersuchungen und Ergebnisse des hessischen Vorhabens »Mädchenbildung und neue Technologien«.
- Im Schlußteil werden bildungspolitische Konsequenzen gezogen. Forderungen, inwieweit und vor allem wie der koedukative Erziehungsprozeß im Interesse der Mädchen zu ändern ist, sind dabei – nicht nur für die naturwissenschaftliche-mathematischen und technischen Fächer – eingeschlossen.

I. Die historische Leistung der Koedukation

Koedukation – das war für die bürgerliche und feministische Frauenbewegung lange Zeit der Inbegriff emanzipatorischen Denkens und fortschrittlicher Praxis in Schule und (Universitäts-)Ausbildung. Ihre gesellschaftliche Durchsetzung Anfang bis Mitte der 70er Jahre kann in der Bundesrepublik als ein Meilenstein auf dem Weg zur gleichen Bildung für alle gelten und hat Mädchen und Frauen prinzipiell den Weg in alle Bildungsbereiche und damit auch in alle Berufszweige geöffnet. Zugleich beinhaltet sie zumindest das formale Eingeständnis, daß Jungen und Mädchen über die gleichen kognitiven Fähigkeiten verfügen. Der Ausschluß der Frauen von Bildung und Wissenschaft ist damit abgeschafft, und eine genuine Mädchenerziehung, die sich auf die natürlichen Anlagen der Frau zur sozialen und familiaren Dienstbarkeit berufen hat, gehört der Vergangenheit an – rechtlich zumindest.

Zwei Schlaglichter aus der jüngeren Bildungsgeschichte belegen für den naturwissenschaftlichen Bereich sehr anschaulich, wie sehr der Kompetenzerwerb von Frauen auf diesen Gebieten allein durch bildungspolitische und rechtliche Vorgaben behindert werden kann.

Die sehr dürftigen Versuche der Weimarer Republik, die koedukative Erziehung einzuführen und damit den Mädchen und Frauen die Möglichkeit einer naturwissenschaftlichen Ausbildung zu eröffnen, wurden in der Zeit des

Nationalsozialismus fast vollständig zurückgedrängt, »da der Vorbereitung der Mädchen auf die Mutterschaft in der nationalsozialistischen Ideologie und Erziehungskonzeption eine besondere Rolle eingeräumt wurde«.[6] Sachsen (1933) und Preußen (1934) erließen entsprechende Gesetze, die den Mädchen, nach gemeinsamer Volksschulerziehung mit Jungen, nur noch den Besuch höherer Mädchenschulen erlaubten. Zum ersten Mal wurden geschlechtsspezifische Curricula erlassen, die sehr funktional auf die Geschlechter zugeschnitten waren:

> »In den Knabenschulen wurde Latein gelehrt, in den Mädchenschulen dagegen Handarbeit und etwas mehr Musik. Die Mädchen mußten sich mit der Untersekundareife für den sprachlichen oder hauswirtschaftlichen Zweig entscheiden und hatten somit keine Möglichkeit, sich weiter mit Mathematik oder den Naturwissenschaften zu beschäftigen.«[7]

Selbst die Lehrpläne für den naturwissenschaftlich-mathematischen Unterricht in der Mittelstufe weisen sehr deutlich geschlechtsspezifisch unterschiedliche Ziele aus.[8] Die »Wende in der Mädchenerziehung« – so der gleichnamige Titel eines Aufsatzes von 1937 – war eingeleitet und buchstabierte sich gemäß dem alten ideologischen Grundsatz, daß Frauen ein logischer Sachverstand qua wesensmäßiger Bestimmung fehle:

> »Die wesensmäßige weibliche Erziehung und Bildung muß berücksichtigen, daß Wesen und Stärke des weiblichen Geschlechts nicht im Intellektuellen, sondern im Leiblich-Seelischen liegen, und daß auch seine Geistigkeit stark vom Seelischen her bestimmt ist.«[9]

In der Nachkriegszeit verlief die Entwicklung in den besetzten Zonen unterschiedlich. In der Sowjetischen Besatzungszone, der späteren Deutschen Demokratischen Republik, wurde die Koedukation bereits 1945 proklamiert und 1947 gesetzlich festgeschrieben. In den Westzonen spielte die Frage der Koedukation kaum eine Rolle. Im Zuge der Restauration des Bildungswesens wurde der Unterricht wie bisher wieder aufgenommen – in den Volksschulen koedukativ, in den höheren Schulen in der Regel geschlechtsgetrennt. (Hessen bildet hier eine Ausnahme, da in der Hessischen Verfassung vom

---

[6] Brehmer, Ilse 1987, S. 84.

[7] Ebd.

[8] Conradt, Silvia / Heckmann-Janz, Kirsten 1985, S. 141 f.

[9] Kade, Franz: Wende in der Mädchenerziehung, Dortmund 1937, S. 8 f., zitiert nach Conradt, Silvia / Heckmann-Janz, Kirsten, aaO., S. 139.

1.12.1946 per Volksabstimmung sowohl Unterrichtsgeld- und Lernmittelfreiheit eingeführt als auch die Gemeinschaftsschule zur Realschule erklärt wurde.)

Obwohl nach Gründung der Bundesrepublik Deutschland (1949) die koedukative Erziehung zunehmend Eingang in die Schulverfassungen der Länder fand, sind geschlechtsspezifische Festschreibung in den Lehrplänen für den naturwissenschaftlichen Bereich in den 50er Jahren in einzelnen Ländern an der Tagesordnung: In den Richtlinien für die Volksschulen in Rheinland-Pfalz von 1957 heißt es beispielsweise:

> »Besonders im 9. Schuljahr bestimmt das technische Interesse der Jungen, ihre Freude am Versuchen, Messen, Konstruieren und Werken die Auswahl der Bildungsstoffe.«[10]

Zuvor war die Stundenzahl für Jungen und Mädchen identisch, aber bei der Stundentafel, das heißt bei der Verteilung der Stunden auf die einzelnen Fächer, wurde deutlich geschlechtsspezifische Unterschiede gemacht:

> »Aus einer Untersuchung von Hagenmaier (1969) geht hervor, daß bis Ende der sechziger Jahre vornehmlich die naturwissenschaftlichen Fächer zugunsten des Hauswirtschaftsunterrichts für Mädchen gekürzt wurden, in seltenen Fällen auch Deutsch, Geschichte und Leibeserziehung.«[11]

Diese Hinweise mögen genügen, um an den emanzipativen Absichten einer koedukativen Erziehung festzuhalten, die ihre Bildungsangebote nicht mehr am Geschlecht differenziert. Zumindest ist die Diskriminierung der Frauen für den naturwissenschaftlichen Bereich nicht mehr offen über Schulformen und Lehrpläne durchzusetzen. Jede Fachhochschule oder Universität steht den Frauen in diesen Feldern offen – prinzipiell zumindest –, und Intelligenztheorien, die Frauen qua Geschlecht logisch-naturwissenschaftlichen Sachverstand absprechen, sind auch nicht mehr an der Tagesordnung. Nur: Die Hoffnungen, daß durch den gemeinsamen Unterricht die Fachinteressen und Leistungsmuster der Geschlechter einander angeglichen würden, daß im Hinblick auf Beruf und öffentliches Leben Frauen in größerem Umfang auch in Männerdomänen eindringen würden, diese Hoffnungen sind nicht bestätigt worden. Nach wie vor zeigen sich in fast allen Bildungsbereichen die glei-

---

10 AaO., S. 196.

11 Tornieporth, Gerda: Studien zur Frauenbildung, Weinheim 1979, S. 26, zitiert nach Faulstich-Wieland, Hannelore u. a., 1987, S. 151.

chen geschlechtsspezifischen Muster bei der Wahl der Fächer und damit auch der späteren Ausbildung sowie des Berufs.

> »Die schulinternen Mechanismen der geschlechtsspezifischen Kompetenzzuschreibung, denen die geringere Beteiligung von Mädchen und Frauen an Mathematik, Naturwissenschaft und Technik unter anderem zuzuschreiben ist, sind (offensichtlich) subtiler geworden.«[12]

II. Gemeinsame Erziehung als gleiche Bildung

Daß subtile Formen der Benachteiligung von Schülerinnen im gemeinsamen Unterricht mit Schülern präsent und wirksam sein müssen, ist nicht nur dem geschlechtsspezifischen Wahlverhalten im Regelunterricht der naturwissenschaftlich mathematischen Fächer bzw. der Studienwahl zu entnehmen. – Entsprechendes Zahlenmaterial liegt vor,[13] und für die Teilnehmerinnen an dieser Tagung ist es als Beleg für die Unterrepräsentanz von Schülerinnen und Studentinnen in diesen Bereichen sicher nicht neu und auch wenig verwunderlich. -

1. Geschlechtsspezifisches Wahlverhalten im koedukativen Lernprozeß

Viel spannender ist die Betrachtung eines anderen Phänomens: Es scheint so, daß sich geschlechtsspezifische Vorlieben bei der Fächerwahl, der Leistungskurve oder der Auswahl von Studiengebieten unter dem Einfluß koedukativer Erziehung sehr viel stärker ausprägen würden, als bei einer getrennten Erziehung von Jungen und Mädchen. Diese Tendenz ist an einigen Beispielen aus dem englischsprachigen Raum, aber auch an Untersuchungen in der Bundesrepublik zu belegen:

– Leistungsunterschiede beispielsweise scheinen unter dem Einfluß der Koedukation relativ schnell entstehen zu können.

  > »An einer englischen koedukativen Gesamtschule in Ashton-under-Lyme wurde beobachtet, daß die durchschnittlichen Testleistungen von Jungen und Mädchen in Mathematik und Naturwissenschaften zu Beginn des ersten Jahres ungefähr gleich waren. Nach Ablauf eines Schuljahres bereits erwiesen sich die Testergeb-

---

12 AaO., S. 152.

13 Vgl. von Martial, Ingbert 1988, S. 56ff.

nisse der Jungen in diesen Fächern als signifikant höher. Diese Beobachtung gab den Anstoß zu einem Experiment. Im Fach Mathematik wurden drei Klassen gebildet, die der Schülerleistung nach vergleichbar waren: eine Mädchenklasse, eine Jungenklasse und eine gemischte Klasse. Außerdem wurden zwei Mädchenklassen gebildet, deren Leistungsentwicklung in Naturwissenschaften mit der Leistungsentwicklung in gemischten Klassen verglichen werden sollte.

Der Mathematiktest zu Beginn des ersten Jahres im Oktober 1978 ergab, daß die durchschnittliche Leistung der Schüler in den drei Klassen im wesentlichen gleich war. Ein Test im November 1979 zeigte, daß die Mädchen in der gemischten Klasse einen spürbaren Leistungsrückstand gegenüber den Mädchen in der Mädchenklasse zeigten. Der Leistungsabfall vergrößerte sich nochmals deutlich bis zu einem erneuten Test im Februar 1980.

Die Mädchen erzielten in der Mädchenklasse in Mathematik deutlich höhere Leistungen als in der gemischten Klasse. In Naturwissenschaft ergab sich ein ähnliches Bild. Die Jungen zeigten in der koeduktiven Klasse teilweise leicht bessere Ergebnisse als in der Jungenklasse (Smith, 1980; vergleiche auch von Martial, 1987).«[14]

- Daß sich die Bestätigung oder Verweigerung der Anerkennung von Leistung auf die Ausbildung von Interessenschwerpunkten auswirkt, ist in der pädagogischen Forschung kein Geheimnis. So nahmen am 4. Bundeswettbewerb Informatik 1986 insgesamt 1109 Jugendliche teil, darunter aber nur 23 junge Frauen, das heißt nur knapp 2 %. Schlüsselt man diese 2 % nun näher auf, so kamen sie zu einem überproportionalen Teil aus Mädchengymnasien.[15] Ähnliches läßt sich auch für eine Befragung von Studentinnen der Universität Dortmund sagen, die 1985 für die Studiengänge Diplom-Chemie und Diplom-Informatik durchgeführt wurde. Auch hier wurde festgestellt, daß die Absolventinnen von Mädchenschulen deutlich überrepräsentiert waren.[16]
- Bedenkenswert in diesem Zusammenhang sind auch wissenschaftliche Untersuchungen, vor allem Langzeitstudien, aus den USA, die belegen, daß beruflich und gesellschaftlich erfolgreiche Frauen in signifikantem Umfang Mädchenschulen beziehungsweise Frauen-Colleges besucht haben.[17] Hier finden sich auch in viel größerem Umfang als auf gemischten Colleges Frauen, die sich für eine Ausbildung im naturwissenschaftlich-

14 AaO., S. 58 f.

15 Faulstich-Wieland, Hannelore 1987, S. 98.

16 von Martial, Ingbert, aaO., S. 57.

17 Vgl. Seeland, Suzanne 1986, S. 97–105.

technischen Bereich entschieden haben und einen Beruf wie den einer Mathematikerin, Physikerin oder Informatikerin anstreben.

Ein Schluß liegt also durchaus nahe: Es werden dann eigene Wege von Frauen beschritten und ein geschlechtsspezifisches Wahlverhalten abgelegt, sobald sie inhaltliche Interessen ohne männliche Konkurrenz entwickeln und durchsetzen können.

Die Frage, die sich hieraus ergibt, ist offensichtlich: Welche Momente könnten im koedukativen Schulwesen dafür verantwortlich sein, daß sich Mädchen nicht frei entfalten können? Welche Formen der Benachteiligung treten im naturwissenschaftlichen Unterricht auf, die eine deutliche Unterrepräsentanz von Schülerinnen hervorbringen? Unterrichtsinhalte und Interaktionsprozesse sollen zur Klärung dieser Fragen deshalb näher beleuchtet werden.

2. *Unterrichtsinhalte und ihr Maßstab*

Schulbücher, Text- und Bildmaterialien sollen hierbei nicht im Mittelpunkt stehen, denn die für den naturwissenschaftlichen Unterricht gängigen Materialien werden auch sicher von Mädchenschulen verwandt. Zwar sollte man (frau auch) in der gesamten Debatte nicht außer acht lassen, daß sich Handlungsanweisungen, gesellschaftlich normiertes Verhalten und Identifikationsangebote, die die Jugendlichen aus den Schulbüchern beziehen, häufig an stereotypen Rollenklischees orientieren; auch ist es nicht unwichtig zu wissen, daß die Mädchen in vielen Schulbüchern mit einer Lebenswirklichkeit von Frauen konfrontiert werden, die Schillers ›Glocke‹ zur Ehre gereichen würde. – Für die Auseinandersetzung hier und heute möchte ich aber einen anderen Schwerpunkt auf dem Feld der Unterrichtsinhalte setzen und einige Ergebnisse aus dem hessischen Vorhaben »Mädchenbildung und neue Technologien« vorstellen, das ich zusammen mit Hannelore Faulstich-Wieland am HIBS durchführe. In einer Vorerhebung von 59 Schülern und 79 Schülerinnen der 7. Jahrgangsstufe an zwei Frankfurter additiven Gesamtschulen wurde deutlich, daß die inhaltlichen Interessen an einem künftigen ›Computerunterricht‹ bei Jungen und Mädchen sehr unterschiedlich gelagert sind. Zwar hatten alle Jugendlichen den gleichen Ausgangspunkt. Sowohl die Mädchen als auch die Jungen waren sehr motiviert und daran interessiert, den ›Umgang‹ mit Computern in der Schule zu erlernen. Bei genauerem Nachfragen wurde aber schnell deutlich, daß die Schülerinnen eine völlig andere Vorstellung von ›mit etwas umgehen …‹ haben als die Schüler.

Die *Jungen* nehmen offensichtlich das Wort ›Umgang‹ mit Computern sehr wörtlich und pochen darauf, die Handhabung des technischen Gerätes zu erlernen. Darüber hinaus wehren sie sich, sich im Unterricht mit der gesellschaftlichen Bedeutung der neuen Technologien beziehungsweise mit ihrer geschichtlichen Entwicklung zu befassen und auseinanderzusetzen:

> »Wir haben nichts davon, wenn wir wissen, wer das Ding gebaut hat, aber wir haben was davon, wenn wir wissen, wie sie funktionieren. Im Beruf können wir nicht sagen: ›Guten Tag, Chef, ich weiß, wie der erste Computer gekommen ist‹, da fragt der: ›Kannst du mit Computern umgehen?‹ – ›Nein!‹«

Diesem rein technischen Interesse der Jungen, die Bedienung des Computers bis hin zu seiner Programmierung kennenzulernen, kommt der bisherige Informatikunterricht im Wahlpflichtbereich, aber auch in den Leistungskursen der Oberstufe sehr entgegen, da er auf ›handling‹, die Befassung mit Programmiersprachen und reines Programmieren ausgerichtet ist.

Die Bedürfnisse der *Mädchen* fallen hierbei heraus: Für sie hat das Interesse, mit dem Computer ›umgehen‹ zu lernen, eine übertragene Bedeutung. Sie pochen weniger darauf, die Technik in ihren Einzelheiten zu kennen, als sie ›einordnen‹ zu können:

> »Also ich glaub', man muß normalerweise was erfahren. Man kann nicht irgendwann auf so einem Ding rumtippen und weiß gar nicht, wie es entstanden ist, woher es kommt und wieso das Ding überhaupt da ist.«

Mädchen beziehen das soziale Umfeld mit ein. Bei ihnen findet keine Trennung statt, in der zunächst die pure Handhabung der Geräte ›gelernt‹ wird und dann Fragen nach den sozialen Fragen des Einsatzes oder der geschichtlichen Entwicklung der Computertechnik gestellt werden, sondern sie betrachten beides als Einheit. Wenn Schülerinnen also das Interesse geäußert haben, den ›Umgang‹ mit Computer zu lernen, so kann man vermuten, daß sie ihr gesellschaftliches Umfeld miteinbezogen haben.

Dieses Ergebnis unserer Untersuchung stützt eine Aussage in der Diskussion zum Thema ›Frauen und Technik‹, und zwar die Aussage, Frauen besäßen einen anderen Zugang zu den Inhalten der neuen Technologien, indem sie die sozialen Aspekte aufnehmen und an der historischen Entwicklung interessiert sind. Deutlich an unserer Untersuchung wird aber auch, daß eine andere These nicht verifiziert werden kann. Die sehr oft zitierte Vermutung, Mädchen und Frauen orientierten sich in ihren inhaltlichen Interessen an Fragen des aktuellen, unmittelbaren Nutzens, kann in dieser geschlechtsspezifischen Zuordnung nicht aufrechterhalten werden. Soziale Orientierung und kritisches Hinterfragen der historischen Entwicklung sind eben mehr als reiner Zweckbezug. Ein Blick in die Informatik-Lehrpläne oder auch nur die Materialien für eine ›Informationstechnische Grundbildung‹ für die Länder Bayern oder Baden-Württemberg zeigt, die Fragen, Ansätze und auch Stärken von Mädchen kommen hierin nicht zum Zuge. Man kann also vermuten, daß das augenscheinliche spätere Desinteresse von Mädchen an den neuen Technologien oder informationstechnischen Inhalten unter anderem über die Nichtberücksichtigung ihrer inhaltlichen Interessen in der Schule zu einem großen Teil erst ›herausgestellt‹ wird.

3. Interaktionsprozesse im Unterricht – Geburtshelfer tradierter Geschlechtererziehung

Ich betone deshalb ›unter anderem‹, weil im Unterricht nicht nur die Vermittlung von Inhalten eine Rolle spielt. Eingebettet sind die Gegenstände des Lernens in soziale Prozesse. Als Sozialisationsinstanz wirkt die Schule auch durch den Umgang, die Zuwendung oder Ablehnung, die Beziehungen der Schülerinnen und Schüler untereinander. Sie wirkt ebenfalls durch ihre Lehrerinnen und Lehrer, die – bewußt oder unbewußt – Einstellungen, Erwartungen und Verhaltensweisen von Jungen und Mädchen unterstützen, entwickeln, verändern oder zerstören. Hier wird – genauso wie im Elternhaus –, geschlechtsspezifisches Verhalten verstärkt oder dem traditionellen Rollenverständnis der Geschlechter entgegengearbeitet. Die Betrachtung dieser Prozesse kann deshalb ebenfalls aufschlußreich sein für die Beantwortung der Frage, wie und in welchem Maße Schülerinnen auf dieser Ebene im koedukativen Unterrichtsprozeß benachteiligt werden.

a) Schüler/innen und Geschlecht

Welchen (Vor-)Urteilen Mädchen von Seiten der Jungen ausgesetzt sind, wenn sie zum Beispiel ihr Interesse an einem ›Computerunterricht‹ bekunden, wurde in den Erhebungen unseres Vorhabens »Mädchenbildung und neue Technologien« deutlich. Das Urteil, Frauen und Computer gehören nicht zusammen, wird in allen Varianten von den Schülern aufgenommen. In 60 %–70 % aller Zeichnungen, die wir zum Thema ›Mädchen und Computer‹ anfertigen ließen, wurde sehr unverhohlen ausgedrückt, Mädchen seien zu ›blöd‹, zu ›dumm‹ im Umgang mit Computern. »Sie kapieren nichts«, »der Computer dreht durch, wenn ein Mädchen seine Tastatur berührt«, »sie sollen zu ihren Puppen zurückkehren« oder »den Computer mit einer Axt zerschlagen«, um sich nicht ihre ›Unfähigkeit‹ vor Augen führen lassen zu müssen – so die Bandbreite der ›Beschimpfung‹ ihrer Mitschülerinnen durch Jungen aus den 7. Jahrgangsstufen.

Dabei ist auffällig, daß der Inhalt der Zeichnungen den verbalen Äußerungen der Jungen widerspricht. In den Gruppendiskussionen gestehen die Jungen aus allen Schulformen den Mädchen Kompetenz im Umgang mit Computern zu. Offensichtlich wirken verbale Äußerungen ›peinlicher‹, und die Jungen erahnen zumindest die Vorurteile, die mit diesen Urteilen transportiert werden.

Die Schülerinnen wissen von dieser Einschätzung und versuchen, sich dagegen zu wehren. In circa 80 % der Zeichnungen wird diese Auseinandersetzung aufgenommen und ihre Beweisnot ins Bild gesetzt, Mädchen seien ›nicht unbegabt am Computer‹, und es würde ihnen ›genauso viel Spaß machen‹ wie den Jungen auch. Die gesellschaftliche Stigmatisierung, die schon darin liegt, ein Mädchen zu sein und sich mit Computern auseinandersetzen zu wollen, wurde auch von den Mädchen in den Zeichnungen im Verhältnis zur Arbeitswelt klar gesehen. Jede von ihnen äußerte zwar einen Berufswunsch, auch wurde die Kenntnis des Umgangs mit Computern als Voraussetzung dafür angegeben, aber es wurden auch Befürchtungen laut, Mädchen erhielten in der Konkurrenz zu Jungen um einen Computerarbeitsplatz eine Absage: »Wir nehmen den Jungen, der kann das besser.« Diese gefürchtete Zukunft wurde in den Diskussionen nicht nur mit Hinweisen auf eine hohe Arbeitslosigkeit bei Frauen untermauert – »Die werden immer zuerst entlassen« –, sondern ihr wurde auch aufgrund von geschlechtsspezifischen Vorerwartungen der Mädchen ein hoher Realitätsgehalt bescheinigt: »Jungen haben auch mehr Erfahrungen am Computer, weil sie zu Hause üben können.«[18]

Daß sich ein solches Bewußtsein im Unterrichtsverhalten ausgebildet hat, zeigen die unterschiedlichen Verhaltensweisen der Jungen und Mädchen unserer Untersuchung.

Ein großer Teil der Jungen versucht, allein ein Gerät zu ›besetzen‹, oder – gelingt ihnen dies nicht, weil sie wegen der geringen Anzahl von Geräten zu zweit oder dritt arbeiten müssen – nehmen sie das Gerät jeweils allein in Beschlag. Dies zeigt sich deutlich an der Sitzhaltung: der Junge, der jeweils am Computer arbeitet, sitzt vor dem Gerät, die anderen werden zur Seite ge-

[18] DICK, ANNELIESE / FAULSTICH-WIELAND, HANNELORE 1987, S. 105 ff.

drängt. Die anderen Jungen, die so nicht in den Arbeitsprozeß einbezogen sind, lassen sich dies auch gerne gefallen. Sie stehen auf, laufen durch den Klassenraum oder stören bisweilen auch die anderen, Zusammenarbeit ist daher äußerst selten unter den Jungen.

Die meisten Mädchen sitzen zu zweit vor dem Gerät. Sie wechseln sich ab und thematisieren auch die Formen der Zusammenarbeit, das heißt in der Regel kommunizieren sie über das, was sie tun beziehungsweise besprechen gemeinsam ihre Weiterarbeit.

Nun könnte man diese Beobachtungen für Äußerlichkeiten ohne große Relevanz halten, doch scheinen sie ein Mosaiksteinchen für ein grundlegendes Sozialverhalten zu sein, das sich geschlechtsspezifisch ausgeformt hat. In den Jungengruppen ist gegenseitige Hilfestellung kaum zu finden, wohl aber sind es Verhaltensweisen, die man durchaus als ›Angeberei‹ bezeichnen kann, die von ›demonstrativem‹ Können bis zur Abqualifizierung der anderen Jungen reicht. Für die Jungen ist der Umgang mit Computern offensichtlich ein Prestigemoment, bei dem Konkurrenzverhalten dominiert. Bei den Mädchen stehen diesem Verhalten Kooperation, bisweilen Unsicherheit, aber auch das Bemühen um einen integrativen Unterricht gegenüber.[19]

Vergegenwärtigt man sich noch einmal diese Ergebnisse und das zuvor festgehaltene Resultat unserer Untersuchung zum Unterrichtsinhalt in Kürze,

- Wunsch nach sozialer und historischer Einordnung des Gegenstands (ganzheitliches Denken, das sich an konkret existierenden Problemen orientiert) versus zerstückelten, abstrakten Unterricht,
- Selbstbehauptung versus diskriminierende Rollenzuweisungen,
- sozial-kommunikative und kooperative Umgangsweisen im Unterricht versus Konkurrenzverhalten,

so gewinnt die Benachteiligung der Schülerinnen in einem ›Computer‹- oder Informatikunterricht weiter an Konturen.[20]

---

[19] ENDERS-DRAGÄSSER, UTA / FUCHS, CLAUDIA 1988, S. 83ff.

[20] Vgl. die Untersuchung von SKINNINGSRUD 1984. Sie weist auf einen ›weiblichen‹ Interaktionsstil hin, wie sie ihn in ihrer Untersuchung in fünf Klassen des 7. und 9. Jahrgangs in einer norwegischen Gesamtschule im Jahr 1983 beobachtet.

b) Lehrer/innen und Geschlecht

Bezieht man die Ergebnisse von wissenschaftlichen Untersuchungen zum Interaktionsverhalten von Lehrerinnen und Lehrern in einem koedukativen Unterricht mit ein, so reflektieren viele Lehrpersonen (fast automatisch) auf das Geschlecht der Jugendlichen, ohne sich im Unterrichtsprozeß selbst darüber Rechenschaft ablegen zu können. Wenn Lehrer oder Lehrerinnen beispielsweise in den naturwissenschaftlichen Fächern mit dem vorgefaßten Urteil in den Unterricht gehen, Mädchen verstünden oder leisteten in diesem Bereich weniger, weil ihnen der logische Sachverstand fehle, dann werden sie unbewußt die Jungen mehr ansprechen, deren richtige Antworten deutlicher loben und ihre falschen Äußerungen gering achten. Ganz anders bei den Mädchen. Sie erhalten in diesem Unterricht eher Zustimmung für ›ordentliche Heftführung‹, nettes, aber unauffälliges Verhalten, ›laute‹ und selbstbewußte Mädchen werden sanktioniert. Mädchen lernen in einem solchen Unterricht nicht nur (keine) Physik, Mathematik oder Informatik. Sie lernen auch, daß ihre Interessen weniger zum Zug kommen, also unwichtiger sind; sie lernen die Überrepräsentation von Jungeninteressen in einem solchen Unterricht zu tolerieren, und, unbewußt, dies für den Normalfall zu halten, zu dem es keine Alternative gibt. Daß dies Realität in unseren Schulen besitzt, hat unter dem Stichwort ›Jungen erhalten im Unterricht mehr Zuwendung als Mädchen‹ Eingang in die pädagogische Literatur gefunden. Einschlägig sind hierbei – nicht nur für den naturwissenschaftlichen Unterricht – die Untersuchungen Dale Spenders (1984, 1985) und die neuesten Ergebnisse der Interaktionsstudie in Hessen.[21] Werden diese für den naturwissenschaftlichen Unterricht herangezogen und durch Beobachtungen aus unserem Vorhaben ergänzt, so ergibt sich folgendes Bild:

- Mädchen scheinen von Lehrpersonen vor allem dann Anerkennung zu erhalten, wenn sie ruhig sind und sich einordnen. Sie bekommen keinesfalls die gleichen Möglichkeiten wie die Jungen zugestanden, sich darzustellen und durchzusetzen, um so ihr Selbstvertrauen zu stärken. Besteht ein Mädchen aber zum Beispiel in einem naturwissenschaftlichen Fach auf seinem Wissen oder seinen Ideen, wird dies als ›unweiblich‹ empfunden und dementsprechend reagiert.

---

21 Vgl. die Gesamtauswertung der Vorerhebung des Vorhabens »Mädchenbildung und neue Technologien«. FAULSTICH-WIELAND, HANNELORE / DICK, ANNELIESE 1988.

- ›Passive‹ Schülerinnen werden so hergestellt. Wie sie mit dieser anerzogenen Selbstdisziplin und ›ruhigen‹ Mitarbeit beispielsweise den Mathematikunterricht tragen und erleichtern, weil sie das für den Unterricht so nötige Gegengewicht zur Disziplinlosigkeit und zum Konkurrenzverhalten der Jungen darstellen, wird zwar wahrgenommen, aber nicht als Interessenbeschneidung der Mädchen festgehalten. Vielmehr wird dies als selbstverständliches ›weibliches‹ Verhalten eingeklagt. Eine Lehrerin zum Beispiel, die den Unterricht unseres Vorhabens durchführt, ist aus diesem Grund auch letztlich gegen eine Trennung in geschlechtshomogene Gruppen, da sie auf die genannte Interaktionsarbeit der Schülerinnen nicht verzichten will. Eingeschlossen ist damit, daß den Mädchen – im Gegensatz zu den Jungen – Neugierverhalten und Möglichkeiten ihrer Selbstdarstellung abgeschnitten werden.
- Arbeiten Mädchen in den Naturwissenschaften trotz dieser ›Fallen‹ dennoch mit und erbringen fachlich gute Leistungen, werden diese auf ihren ›Fleiß‹ zurückgeführt. Der Zirkel ist perfekt: Den Schülerinnen wird, trotz Anerkennung dieser Leistungen, die Begabung und Kompetenz abgesprochen. Weil sie in diesen Fächern ›eigentlich‹ nicht so leistungsstark sein können wie Jungen, müssen sie extrem ›fleißig‹ sein, so die Logik.

Zusammenfassend kann man also feststellen: Bei den von Konkurrenz bestimmten Interaktionsprozessen im naturwissenschaftlich-mathematischen und technischen Unterricht geraten die Mädchen aufgrund der Erwartungen und Verhaltensweisen der Lehrpersonen

> »häufig in paradoxe Situationen und damit in Rollenkonflikte, weil sie immer wieder vor der Wahl zwischen zwei Übeln stehen (Skinningsrud 1984): wenn sie mithalten und sich konkurrent verhalten, erscheinen sie ›männlich‹, ›fallen aus der Rolle‹ und werden dafür sanktioniert. Wenn sie sich nicht konkurrent verhalten, beschränken sie sich selbst in intellektueller Hinsicht«[22]

und werden deshalb von ihren Lehrerinnen und Lehrern mit ihren fachlichen Interessen und Ideen auch nicht ernst genommen.

Es wundert nicht, daß die meisten Mädchen angesichts dieses Dilemmas mit zunehmendem Alter[23] resignieren, sich zurücknehmen, sich inaktiv und passiv in diesem Unterricht verhalten, bisweilen ganz verstummen oder einfach ›abschalten‹. Das Resultat, ihre Nicht-Präsenz in den Leistungskursen

---

22 Enders-Dragässer, Uta 1988, S. 51.

23 Dick, Anneliese 1988.

Mathematik, Physik oder Informatik ist in der Oberstufe zu ›besichtigen‹. Ihr Desinteresse in diesen Bereichen – durch die Schule hergestellt – haben sie internalisiert. Ihre ›Lektion‹ haben sie gelernt, und sie ist in das Selbstkonzept der Schülerinnen eingegangen. Das vorgefaßte Urteil ›Frauen und Naturwissenschaften passen nicht zusammen‹ scheint wieder einmal bestätigt.

III. Konsequenzen für die Schule

Was tun? Der Anspruch, daß in einem gemeinsamen Erziehungsprozeß Schülerinnen und Schüler wirklich gleich behandelt und erzogen werden, hat nach dieser ernüchternden Bestandsaufnahme sicher noch einige Hürden hinter sich zu lassen.

Hinsichtlich der Unterrichtsinhalte gilt es für die Interessen der Mädchen Partei zu ergreifen. Für den angesprochenen ›Computerunterricht‹ wäre die Erarbeitung von Unterrichtsgegenständen, die vorrangig Mädchen interessieren, außerdem auch eine Bereicherung für die Schüler. Die Kenntnisnahme der geschichtlichen Entwicklung der neuen Technologien bis hin zu ihren sozialen Auswirkungen für die Erwerbstätigkeit und den Freizeitausgleich wären solche Punkte, die auch für die Jungen von Wichtigkeit wären.

Die Vorstellung, dem kooperativen Interaktionsverhalten der Mädchen im Unterricht durch die Trennung in Jungen- und Mädchengruppen oder gar die erneute Einrichtung von Jungen- beziehungsweise Mädchenschulen zur Durchsetzung zu verhelfen, führt meines Erachtens in eine Sackgasse.

Nach unseren Erfahrungen war es nicht unproblematisch, den Unterricht ›Zur Einführung in den kritischen Umgang mit Computern‹ in geschlechtshomogenen Gruppen durchzuführen. Die Absicht, vor allem den Mädchen die Gelegenheit zu geben, unabhängig vom Konkurrenzverhalten der Jungen, erste unterrichtspraktische Erfahrungen mit dem Computer zu gewinnen und sie auf dem Hintergrund der gesellschaftlichen Entwicklung der letzten Jahre zu reflektieren, war letztlich auch eine Bestätigung traditioneller geschlechtsspezifischen Vorurteile.

Die ›Entlastung‹ der Schülerinnen, getrennt von den Schülern, das heißt ungestört an den Geräten arbeiten zu können, ließ den Verdacht aufkommen, die Schülerinnen brauchten ›Nachhilfe‹. Diese Vorgehensweise bestätigte bei einem Teil der Jungen und Mädchen ein längst feststehendes Urteil ihres ›Weltbildes‹, Mädchen seien auf diesen Gebieten lange nicht so ›begabt‹ wie Jungen und hätten deshalb auch eine ›Sonderbehandlung‹ nötig.

Genauso waren die Lehrerinnen, die diesen Unterricht durchgeführt haben, nicht vor den Diskriminierungen der Jugendlichen sicher. Jungen wie Mädchen haben selbstverständlich angenommen, Lehrerinnen, die in den Mädchengruppen unterrichteten, seien fachlich inkompetenter als die Kolleginnen, die den Unterricht in den Jungengruppen durchführen sollten, obwohl diese Kolleginnen sowohl in Jungen- als auch in Mädchengruppen unterrichtet haben.

Was bleibt weiter, um im Unterricht Partei für das Interaktionsverhalten der Mädchen zu ergreifen? Es ist der gar nicht neue und sehr beschwerliche Weg über die Lehrerinnen und Lehrer selbst. Ihre Einstellungsveränderung und die Einleitung von Bewußtseinsprozessen könnte jetzt schon über eine veränderte ›Zuwendungsskala‹ im Unterricht die Mädchen fördern. Fortbildungsveranstaltungen zur Sensibilisierung für diese ›heimlichen‹ Erziehungsprozesse wären sicher genauso hilfreich wie Seminare für Schulaufsichtsbeamte über traditionelles Rollenverhalten oder unterschiedliche Sozialisationsprozesse bei Jungen und Mädchen, um auch hier ein verändertes Bewußtsein herbeizuführen.

Zusammenfassend könnte hierüber ein Unterrichtsklima entstehen, in dem das Selbstbewußtsein der Mädchen gestärkt würde.

> »Den Alltag von Mädchen, ihre Interessen und Bedürfnisse zum Ausgangspunkt zu machen, es Mädchen bewußt zu ermöglichen, sowohl psychische wie auch physische Stärke zu entwickeln, Raum einzunehmen und diesen auch zu behaupten«,[24]

wäre ein Ansatz, aus dem heraus auch die Jungen ein anderes Verhältnis zu ihren Mitschülerinnen entwickeln könnten. Es wäre eine Chance, ihre Klassenkameradinnen anders denn als Komplement oder Anhängsel ihrer eigenen Lebensplanung zu begreifen. Dies schließt eine dem Gegenstand angemessene zeitweise geschlechtsspezifische Differenzierung keineswegs aus. In der Sexualerziehung oder im Sportunterricht wird dies (teilweise) längst praktiziert, und auch für Phasen des Unterrichts zum Beispiel einer ›informations- und kommunikationstechnischen Grundbildung‹ könnte die Trennung in Jungen- und Mädchengruppen durchaus sinnvoll sein. Nur: Dann ist es nicht mehr die Frage nach der Abschaffung der Koedukation, sondern eine ›methodische‹ Entscheidung von Lehrerinnen zur besseren Auswahl und Ver-

---

[24] Thies, Wiltrud 1987, S. 25.

mittlung von Unterrichtsinhalten mit der Absicht, Mädchen auf ihrem Bildungsweg zu einer selbständigen Lebensplanung hin zu unterstützen.

V. Schlußbemerkung

Eine Schlußbemerkung sei mir über die Schule hinaus noch gestattet. Das ganze Spektrum wissenschaftlicher Schulforschung in seinen Ergebnissen und Forderungen, die angestrebten bildungspolitischen Maßnahmen, zum Teil administrativ ›erlassen‹ und ›verordnet‹, verweisen alle – in ihrem Bemühen um die Gleichberechtigung von Mädchen und Jungen in der Schule – auf einen Punkt gesellschaftlicher Praxis, über den sich niemand hinwegtäuschen sollte: die unüberholte geschlechtsspezifische Arbeitsteilung! Ich zitiere:

> »Weil es immer noch selbstverständlich ist, daß Frauen für die Familie, den Haushalt und die Kindererziehung verantwortlich erklärt werden, wird diese Arbeitsteilung in der Entgegensetzung von unentgeltlichen Reproduktionsleistungen (der Frau) und entlohnter Berufstätigkeit (des Mannes) zum institutionalisierten Abhängigkeitsverhältnis. Dieses gesellschaftlich hergestellte Verhältnis zwischen Frau und Mann scheint noch in jeder bildungspolitischen Maßnahme auf, die sich darum bemüht, der Gleichberechtigung von Mädchen und von Lehrerinnen in der Schule zur Durchsetzung zu verhelfen: Sei es das Bemühen um den Abbau geschlechtsspezifisch normierter Rollenzuweisungen in Schulbüchern oder anderen Unterrichtsmaterialien, seien es die Anstrengungen, Mädchen für eine Qualifizierung und Ausbildung in naturwissenschaftlich-mathematischen oder technischen Berufen zu interessieren, oder seien es auch nur Fördermaßnahmen für Lehrerinnen, um sie in ihrer beruflichen Weiterqualifizierung zu unterstützen oder sie für Leitungsfunktionen zu gewinnen. – Schülerinnen und Lehrerinnen sind gezwungen, ihre (künftige) Berufstätigkeit immer auf dem Hintergrund der Familienplanung zu reflektieren. Solange es aber keine zureichenden gesellschaftlichen Angebote und Lösungsmöglichkeiten für Frauen gibt, Berufstätigkeit und Familie ohne allzugroße Widersprüche miteinander zu verbinden, solange sind die dargestellten Maßnahmen notwendig –, vielleicht als zu überholender Schritt auf dem Wege zu Weisen veränderter gesellschaftlicher Lebensgestaltung, für die in Perspektiven konkreter Utopie durchaus schon vorgedacht wurde.«[25]

---

[25] Dick, Anneliese / Dingeldey, Erika 1988, S. 86f.

Literatur

BREHMER, ILSE (Hrsg.) 1982: Sexismus in der Schule. Der heimliche Lehrplan der Frauendiskriminierung, Weinheim 1982.

BREHMER, ILSE 1987: Koedukation in der Schule: Benachteiligte Mädchen, in: FAULSTICH-WIELAND, HANNELORE (Hrsg.): Abschied von der Koedukation, Frankfurt / Main 1987, S. 80–111.

CONRADT, SILVIA / HECKMANN-JANZ, KIRSTEN 1985: »... du heiratest ja doch!« 80 Jahre Schulgeschichte von Frauen, Frankfurt / Main 1985.

DICK, ANNELIESE/FAULSTICH-WIELAND, HANNELORE/PRENGEL, ANNEDORE/STARK, GÜNTHER 1986: Konzept zum Vorhaben »Verwirklichung der Gleichstellung von Schülerinnen und Lehrerinnen an hessischen Schulen«, HIBS Sonderreihe Heft 21, Wiesbaden 1986.

DICK, ANNELIESE / FAULSTICH-WIELAND, HANNELORE 1987: Mädchenbildung und neue Technologien, in: KINDERMANN, GISELA u. a. (Hrsg.): Frauen verändern Schule, Berlin 1987, S. 98–118.

DICK, ANNELIESE / DINGELDEY, ERIKA 1988: »Der Verwirklichung des Grundgesetzes eine Chance ...«, in: Recht der Jugend und des Bildungswesens Heft 1 / 1988, S. 79–88.

DICK, ANNELIESE 1988: Computer in der Schule: Benachteiligung für Schülerinnen oder Chance zur Kompetenzerweiterung?, in: SACHS, DAGMAR u. a. (Hrsg.): Frauen verändern Lernen, Kiel 1988.

ENDERS-DRAGÄSSER, UTA (Red.) 1982: Forschungsgutachten »Frauen und Schule«: Schülerinnen – Lehrerinnen – Mütter. Im Auftrag des Bundesministeriums für Bildung und Wissenschaft, Bonn 1982.

ENDERS-DRAGÄSSER, UTA 1988: Schulischer Sexismus in der Bundesrepublik, in: Recht der Jugend und des Bildungswesens Heft 1 / 1988, S. 47–55.

ENDERS-DRAGÄSSER, UTA / FUCHS, CLAUDIA 1988: Interaktionen und Beziehungsstrukturen in der Schule, HIBS Wiesbaden 1988, (Manuskript).

FAULSTICH-WIELAND, HANNELORE 1981: Berufsorientierte Beratung von Mädchen, Frankfurt / Main 1981.

FAULSTICH-WIELAND, HANNELORE 1987: Pionierinnen oder Außenseiterinnen? Mädchen und Informatik. Bericht über die Auswertung des Colloquiums der Teilnehmerinnen am 4. Bundeswettbewerb Informatik am 17. / 18..10. 1986 in Bonn, in: Frauenforschung, Doppelheft 1 u. 2 / 1987, S. 97–118.

FAULSTICH-WIELAND, HANNELORE 1988: Koedukation. Geschlechterverhältnisse in der Erziehung. Bericht vom DGfE Kongreß, Frühjahr 1988 in Saarbrücken, in: Frauen und Schule, Heft 21, 7. Jahrgang, Mai 1988, S. 38–40.

FAULSTICH-WIELAND, HANNELORE u. a. 1987: »Mädchen können keine Naturwissenschaftler sein« oder: Die Bedingungen der Technikdistanz von Mädchen und Frauen, in: FAULSTICH-WIELAND, HANNELORE (Hrsg.): Abschied von der Koedukation?, Frankfurt / Main 1987, S. 142–183.

FAULSTICH-WIELAND, HANNELORE / DICK, ANNELIESE 1988: »Wir Mädchen können das, auch wenn die Jungen lachen ...«. Dokumentation und Auswertung der Vorerhebung des Vorhabens »Mädchenbildung und neue Technologien«, HIBS Sonderreihe, Heft 27, Wiesbaden 1988.

VON MARTIAL, INGBERT 1988: Koedukation – Vorteile für Mädchen?, in: Recht der Jugend und des Bildungswesens, Heft 1 / 1988, S. 56–62.

SCHULTZ, DAGMAR 1978 / 79: »Ein Mädchen ist fast so gut wie ein Junge«, Band 1 und 2, Berlin 1978 / 79, 2. Auflage 1980.

SEELAND, SUZANNE 1986: Koedukation nützt nur den Männern – Die Erfahrungen der amerikanischen Frauen-Colleges, in: Frauenforschung, Heft 3 / 1986, S. 97–105.

SKINNINGRUD, TONE 1984: »Mädchen im Klassenzimmer: Warum sie nicht sprechen«, in: Frauen und Schule, Heft 5, 3. Jahrgang, August 1984, S. 21–23.

SPENDER, DALE 1984: »Mit Aggressivität zum Erfolg: Über den doppelten Erfolg, der in Klassenzimmern operiert«, in: TRÖMEL-PLÖTZ, SENTA: Gewalt durch Sprache, Frankfurt / Main 1984, S. 71–89.

SPENDER, DALE 1985: Frauen kommen nicht vor, Frankfurt / Main 1985.

THIES, WILTRUD 1987: Ausstieg aus der Koedukation, in: Demokratische Erziehung 10 / 1987, S. 22–25.

WILDT, CAROLA / NAUNDORF, GABRIELE 1985: Der Streit um die Koedukation, in: KRÜGER, HELGA (Hrsg.): Sachverständigenkommission, 6. Jugendbericht, Band 14: Koedukation – Jungenschule auch für Mädchen? Opladen 1985.

Ada Lovelace (1815–1852)

Geschlechtsunterschiede im Informatikunterricht

Christiane Funken

Ada Lovelace war eine außerordentlich ehrgeizige Frau. Sie wollte unbedingt eine berühmte Wissenschaftlerin werden, und darin unterstützten sie ihre Mutter und ihr Mann, Earl von Lovelace. Zuerst einmal war Ada Lovelace aber enttäuscht und erbittert über die Unmöglichkeit, einen geeigneten Mathematiklehrer zu finden, denn ohne diesen hatte auch die begabteste Studentin keine Aussicht, irgendetwas zu erreichen.

Margaret Alic über Ada Lovelace,
die Mitbegründerin der Informatik

Für viele sicherlich überraschend wird heutzutage wieder über Koedukation im Unterricht gestritten – und dies unabhängig von einer Thematik, die sich Privatschulen in konfessioneller Trägerschaft stellt.

So verteidigen die einen den Unterricht für Jungen und Mädchen als überaus wichtiges Ergebnis der Bildungsreform und feiern die Koedukation als die Verwirklichung einer Chancengleichheit für beide Geschlechter. Die anderen sehen in der Koedukation ein unterschwellig wirksames Instrument zur Steuerung sozialer Auslese, da trotz formal gleicher Berechtigung eine nach Geschlechtzugehörigkeit unterschiedliche Verwertbarkeit der Bildungsinhalte und Bewertungsmaßstäbe erfolgt.

Demzufolge erweist sich Koedukation dann als problematisch, wenn Unterrichtsinhalte auch im Freizeitbereich verankert sind und sich so im Unterricht leistungsprägend auswirken. Typische Fälle sind einerseits z. B. Informatik und Sport, andererseits etwa Musik und Literatur. Die erstgenannten Schulfächer werden eher von Jungen als Hobby betrieben, Musik und Lesen hingegen eher von Mädchen – so sagt man. Entsprechend sind Wahlverhalten und Leistungskurven der Schüler und Schülerinnen nicht ausschließlich Folge ihrer schulisch geförderten Fähigkeiten, sondern auch Ausdruck von außerschulischen Prägungen, die sich bis hin zu stereotypen Verhaltens-Leitlinien verfestigen: Das Fach X ist etwas für Mädchen, das Fach Y ist etwas für Jungen.

Das Ergebnis wäre dann für bestimmte Studien- und Berufsfelder eine Art der Auslese, die gerade die eigentlichen Gewinner der Bildungsexpansion –

d. h. die Schülerinnen – weiterhin zu Opfern stempelt. Um diese Überlegungen zu überprüfen, hat das Lehrgebiet Theoretische Informatik und das Institut für Soziologie der RWTH Aachen Einstellungen und Verhalten zum Informatikunterricht untersucht.

Die folgenden Aussagen stützen sich auf eine Erhebung bei Schülern und Schülerinnen der gymnasialen Oberstufen in der Region Aachen. Es handelt sich also um eine regionalisierte Untersuchung, die nicht den Anspruch bundesweiter Repräsentativität erheben kann, dafür aber differenzierte Analysen zur Technikakzeptanz, zum Computerumgang, zum Wahlverhalten, zum Fächerinteresse usw. ermöglicht, soweit sie mit dem Informatikunterricht in bezug zu bringen sind.

I. Beschreibung der Untersuchung und der Stichprobe

1. Durchführung der Befragung an den Schulen

Durchgeführt wurde die Befragung in der ersten Hälfte des Schuljahres 1989/90. Befragt wurden die Schülerinnen und Schüler der Jahrgangsstufe 11 an 18 Gymnasien der Aachener Region (Stadt Aachen und Kreise Aachen, Düren und Heinsberg).[1] Die Befragung wurde anhand eines weitgehend standardisierten Fragebogens während der Unterrichtszeit durchgeführt. Die Schülerinnen und Schüler benötigten für die schriftliche Beantwortung des Fragebogens im Durchschnitt 60 Minuten.

Insgesamt wurden 1132 Schülerinnen und Schüler befragt, davon waren 621 Mädchen (55 %) und 511 Jungen (45 %). Die Überrepräsentation der Mädchen entspricht in etwa der Verteilung nach Geschlecht in Nordrhein-Westfalen.

Über die Hälfte aller befragten Schülerinnen und Schüler in der Jahrgangsstufe 11.1 haben das Fach Informatik belegt, wobei der Anteil von Jungen und Mädchen ungefähr gleich stark ist. Gemessen am Mädchenanteil der gesamten Stichprobe (55 %) liegt der Anteil der Informatikschüler*innen* mit 49,7 % allerdings unter dem Durchschnitt. Die exakten Zahlen finden sich in Tabelle 1, S. 152.

---

[1] An dieser Stelle sei den Schulrektoren, Lehrern und vor allem auch den Schülerinnen und Schülern für ihre Unterstützung und Mitarbeit gedankt, ohne die diese Studie nie zustande gekommen wäre.

2. *Beschreibung der Untersuchungsstichprobe*

Bei der vorliegenden Analyse werden nur die Schülerinnen und Schüler berücksichtigt, die im Befragungszeitraum das Fach Informatik belegt hatten. Das Erkenntnisinteresse richtet sich hierbei vor allem auf die Informatikschüler*innen*, d. h. es wird ein Vergleich der Informatikschülerinnen an reinen Mädchenschulen mit den Informatikschülerinnen an koedukativen Schulen vorgenommen.[2]

Das Wahlverhalten gegenüber dem Fach Informatik von Mädchen an Mädchenschulen und Mädchen an koedukativen Schulen ist deutlich unterschiedlich (Tabelle 2 S. 152). Über die Hälfte der Mädchen von Mädchenschulen haben Informatik gewählt, genauer: 15 % mehr als Mädchen von koedukativen Schulen. Somit entspricht in puncto Informatik das Wahlverhalten der Mädchen von Mädchenschulen dem der Jungen.

Der Vergleich zwischen Jungen, die zu über 90 % koedukative Schulen besuchen und Mädchen von koedukativen Schulen ergibt ein völlig anderes Bild. Wesentlich mehr Jungen als Mädchen haben Informatikkurse belegt. An koedukativen Schulen haben 2 von 5 Mädchen, aber 3 von 5 Jungen das Fach Informatik belegt.

3. *Computerbesitz*

Von allen Mädchen haben 42 % zuhause einen Computer zur Verfügung, wobei die Initiative für den Computerkauf zu 50 % vom Vater oder Bruder ausging. Differenziert man nach Schultyp, so zeigt sich ein interessantes Bild: Fast die Hälfte aller Mädchen an Mädchenschulen besitzen einen Computer,

---

2 Es ist davon auszugehen, daß sich die soziale Herkunft der Schülerinnen von Mädchenschulen und der Schülerinnen von koedukativen Schulen unterscheidet. So ist anzunehmen, daß es sich bei Mädchengymnasien vornehmlich um Elternhäuser der Oberschicht mit traditionell-konservativem Bildungsbewußtsein handelt. Dieser geringfügige Trend relativiert sich allerdings zunehmend; hinsichtlich der Werte der Mittelschicht dominieren nämlich fast sämtliche koedukativen Schulen gegenüber den Mädchenschulen, wodurch das ungleiche Zahlenverhältnis für die Oberschicht wieder ausgeglichen wird. Darüber hinaus dürfte durch die Ansiedlung vieler Mädchengymnasien in ländlichen Regionen eine weitere Relativierung stattfinden, da hier die Auswahl der verfügbaren Schultypen eher gering ist, so daß häufig nur der genannte Schultyp wählbar ist.
Vgl. u. a.: Hepting, R.: Mädchenbildung versus Koedukation. Stuttgart 1978.

der zu circa 40 % vom Bruder oder Vater angeschafft wurde. Hingegen besitzen nur ca. 39 % der Mädchen von koedukativen Schulen einen Computer, der dann auch noch zu 60 % durch männliche Instanz angeschafft wurde. Dagegen haben nahezu 80 % der Jungen zuhause einen Computer, der auch zur Hälfte von ihnen selber angeschafft oder gewünscht wurde. Zur Verdeutlichung dieser Zahlen dient die Abb. 1 S. 154. Nahezu 40 % mehr Jungen als Mädchen besitzen also einen Computer, bei fast allen aber ging die Kaufinitiative von männlicher Seite aus!

Wie durch weitere Ergebnisse der Studie belegt wird, hat der Computerbesitz, d. h. die Verfügbarkeit über außerschulische (Arbeits-)Ressourcen einen großen Einfluß auf Motivation, Lernverhalten und Selbsteinschätzung der Schülerinnen und Schüler.

Insgesamt verdeutlichen die Ergebnisse dieser Studie , daß große Unterschiede im Umgang mit dem Computer und in der Einschätzung zum Schulfach Informatik zwischen Jungen und Mädchen vorliegen, aber auch, daß die Mädchen untereinander deutlich divergieren, sobald sie nach Schultyp differenziert erfaßt werden. So zeigt sich beispielsweise, daß der Umgang mit dem Computer, etwa die Arbeitsausdauer und -motivation oder aber die Selbsteinschätzung in bezug auf die eigene Leistungsfähigkeit zwischen Mädchen von Mädchenschulen und Jungen relativ ähnlich ist, wohingegen Schülerinnen von koedukativen Schulen und reinen Mädchenschulen relativ stark divergieren.

II. Computererfahrungen vor dem Informatikunterricht

Die Erfahrungen, die die Schülerinnen und Schüler vor dem Informatikunterricht mit dem Computer gemacht haben, sind äußerst unterschiedlich!

Jedes zweite Mädchen von koedukativen Schulen gibt an, sich vorher noch nie mit Computern beschäftigt zu haben. Dagegen hat nur noch jedes dritte Mädchen von Mädchenschulen und sogar nur jeder neunte Junge vor dem Informatikunterricht niemals mit Computern gearbeitet.

Die Intensität der Computerarbeit fällt ebenfalls zu Ungunsten der Mädchen aus, vor allem der Mädchen von koedukativen Schulen. Nur jedes zehnte Mädchen von koedukativen Schulen hat *oft* und *sehr oft* mit Computern gearbeitet, während schon jedes vierte Mädchen – also fast dreimal so viele – von Mädchenschulen diese intensivere Erfahrung hatte und sogar fast jeder zweite Junge. Rund 40 % aller Untersuchungsgruppen hatten mit dem Computer *selten* und *unregelmäßig* gearbeitet.

Insgesamt hatten sich also nur die Hälfte der Mädchen von koedukativen Schulen, immerhin schon zwei Drittel der Mädchen von Mädchenschulen und fast 90 % der Jungen bereits vor dem jetzigen Informatikunterricht mit dem Computer befaßt.

50 % der Mädchen von Mädchenschulen, die bereits vorher mit Computern gearbeitet hatten, haben diese Erfahrungen in der Schule gemacht. Aber nur ein Viertel der Mädchen von koedukativen Schulen und ein Drittel der Jungen hatten in der Sekundarstufe I Computerarbeitsgemeinschaften oder ähnliches belegt. Außerschulische Computercamps oder Computerkurse spielen kaum eine Rolle. Noch nicht einmal 4 % der Schüler und Schülerinnen machten Erfahrungen mit solchen Einrichtungen.

Die Mädchen von koedukativen Schulen gingen also mit den geringsten Vorkenntnissen in den Informatikunterricht. Wenn Erfahrungen mit Computern schon vor dem Informatikunterricht bestanden haben, dann machte die Mehrheit der Mädchen von Mädchenschulen sie in der Sekundarstufe I, die Mädchen von koedukativen Schulen und die Jungen dagegen hauptsächlich im privaten Bereich. Zur besseren Übersicht dient Abb. 2 auf S. 154.

1. Computerbeschäftigung in der Freizeit

Der wöchentliche Zeitaufwand für den Computer und alles, was damit zusammenhängt, zeigt ebenfalls nach Geschlecht und Schultyp große Differenzen: So beschäftigen sich Mädchen von koedukativen Schulen durchschnittlich maximal zwei Stunden pro Woche mit dem Computer, Mädchen von Mädchenschulen dreieinhalb und Jungen sechs Stunden. 20 % der Jungen verbringt sogar bis zu fünfzehn Stunden und mehr am Computer, dies tut hingegen kaum ein Mädchen.

Nur knapp ein Drittel der Mädchen von koedukativen Schulen, 43 % der Mädchen von Mädchenschulen, aber über zwei Drittel der Jungen nutzen auch außerhalb der Schulzeit einen Computer! Dieses Ergebnis ist nicht überraschend, wenn man bedenkt, daß gerade in den Familien der Jungen ein Computer vorhanden ist, der oft auf deren Betreiben hin gekauft wurde. Auch bei den Mädchen entspricht der Anteil derjenigen, die außerhalb des regulären Informatikunterrichtes Computer benutzen in etwa dem Anteil derenigen, die zu Hause Zugriff zu einem Computer haben.

Eine Steigerung der Computernutzung mit Beginn des Informatikunterrichtes gibt es vor allem bei den Mädchen und hier vor allem bei den Mädchen von koedukativen Schulen. Die Mädchen von Mädchenschulen geben zu 38 % an, sich jetzt häufiger mit dem Computer zu beschäftigen als vor Beginn des Informatikunterrichts. Bei den Mädchen von koedukativen Schulen sind dies 44 %, bei den Jungen aber nur 17 %. Daß gerade die Mädchen von koedukativen Schulen den Computer jetzt öfter benutzen ist insoweit nicht erstaunlich, als gerade sie es sind, die ohne oder nur mit geringen Computererfahrungen in den Informatikunterricht gegangen sind. Aufgrund des relativ hohen Anteils von informatikerfahrenen Jungen ist solch eine Steigerung durch Informatikangebote in der Schule nicht zu erwarten.

Rund ein Viertel der Mädchen von Mädchenschulen und auch ein Viertel der Jungen, aber nur 11 % der Mädchen von koedukativen Schulen beschäftigen sich derart intensiv mit dem Computer, daß sie dabei häufig Zeit und Umgebung vergessen. Über 40 % der Mädchen von koedukativen Schulen bekannten, daß ihnen so etwas nie passiert.

Entsprechend sind dann auch die Ergebnisse bei der Frage, ob der Abbruch der Computerarbeit schwer fällt, wenn ein Programm noch nicht läuft. Vor allem Mädchen von koedukativen Schulen bestreiten dies. Rund einem Drittel von ihnen – und diese Anzahl ist dreimal so hoch wie bei Mädchen aus Mädchenschulen (9 %) und doppelt so hoch wie bei Jungen (16 %) – fällt es nie schwer, mit der Computerarbeit aufzuhören, d. h. die Bereitschaft, etwas Unerledigtes unerledigt zu lassen, ist in dieser Schülergruppe besonders hoch. Am ehrgeizigsten sind die Mädchen von Mädchenschulen. 54 % von ihnen fällt es häufig oder immer schwer, die Arbeit am Computer abzubrechen, wenn die Aufgabe nicht gelöst ist. Jungen sind mit 47 % fast genauso häufig wie Mädchen von Mädchenschulen bestrebt, das Programm zum Laufen zu bringen und zu einem Ergebnis zu kommen, egal wieviel Zeit dafür aufzuwenden ist. Mädchen von koedukativen Schulen haben dagegen nur zu einem Drittel diesen Ehrgeiz.

Mädchen von Mädchenschulen sind diejenigen, die sich intensiver mit dem Computer beschäftigen und die mehr Probleme mit dem Abbruch der Computerarbeit haben als die anderen Gruppen. Die Mädchen von koedukativen Schulen stehen der Arbeit am Computer distanzierter gegenüber als die anderen.

2. *Der Computer im Vergleich zu anderen Hobbies*

Als Hobby hat der Computer bei den Untersuchungsgruppen ebenfalls eine völlig unterschiedliche Bedeutung. Zusammenfassend läßt sich feststellen, daß Jungen (über 25 %) eher bereit sind als Mädchen (9 % Mädchen von Mädchenschulen / 4 % Mädchen von koedukativen Schulen) sich einen Großteil ihrer Freizeit mit dem Computer zu beschäftigen und dafür andere Hobbies zurückzustecken.

Die ausgedehntere Beschäftigung mit dem Computer bringt es auch mit sich, daß Jungen häufiger als Mädchen Software bzw. Computerspiele austauschen. Mädchen von koedukativen Schulen sind diejenigen, die am wenigsten Zeit am Computer verbringen und dies nicht nur in ihrer Freizeit, sondern auch während des Informatikunterrichtes.

Ein Vergleich der Zeit, die wöchentlich am Computer verbracht wird, des Stellenwerts, den der Computer in der Freizeit hat und der Intensität dieser Beschäftigung ergibt: Mädchen von koedukativen Schulen sind diejenigen, die am wenigsten Zeit am Computer verbringen, bei denen der Computer in der Freizeit kaum eine Rolle spielt, und die entsprechend in ihrer Arbeit am Computer nicht so weit aufgehen, daß sie alles um sich herum vergessen. Anders sieht das Bild bei den Mädchen von Mädchenschulen und den Jungen aus. Jungen sind häufiger mit dem Computer beschäftigt, sie verbringen mehr Freizeit am Computer im Vergleich zu ihren anderen Hobbies als die Mädchen von Mädchenschulen. Aber es sind die Mädchen von Mädchenschulen, die der Computerbeschäftigung intensiver nachgehen und denen ein Aufhören bei noch nicht erreichtem Ziel schwerer fällt.

III. Bedingungen des Informatikunterrichts

Die Ausstattung mit Computerarbeitsplätzen ist im Verhältnis zu den Schülerinnenzahlen an den Mädchenschulen mit 27 % besser als an den koedukativen Schulen mit circa 10 %. Folglich arbeiten auch die Mädchen von Mädchenschulen nahezu dreimal soviel wie die anderen (8 % M. v. K. / 12 % J.) alleine an einem Computer. Die meisten Schülerinnen und Schüler arbeiten zu zweit an einem Computer und zwar erfolgt diese Zusammenarbeit nur mit Mitschülern bzw. Mitschülerinnen des jeweils eigenen Geschlechts.

Insgesamt arbeiten circa die Hälfte aller Jungen und der Mädchen von Mädchenschulen ›oft‹ und ›ständig‹ während des Unterrichts am Computer.

Die Jungen arbeiten sogar zu über 12 % ›ausschließlich‹ am Computer – im Gegensatz zu den Mädchen mit 8,9 % von Mädchenschulen und 7,5 % von koedukativen Schulen. Dieses Zahlenverhältnis läßt den Schluß zu, daß Jungen dazu neigen, den Computerplatz für sich zu vereinnahmen und ihre Interessen gegen die Mädchen durchzusetzen. Der Anteil der Mädchen, der ›nie‹ oder ›selten‹ während des Unterrichts am Computer sitzt, ist folglich auch mit 14,3 % (von Mädchenschulen) und 13,6 % (von koedukativen Schulen) höher als der Anteil der Jungen (11,3 %). Grundsätzlich läßt sich festhalten, daß wenigstens die Hälfte ›aller‹ Befragten mehr Zeit am Computer verbringen möchte.

Sind auf den ersten Blick die Ergebnisse für die einzelnen Gruppen fast gleich, ergeben sich bei genauerer Betrachtung doch einige Unterschiede: Mädchen von koedukativen Schulen arbeiten seltener als die anderen Gruppen am Computer, d. h. sie verbringen maximal nur die Hälfte der Unterrichtszeit am PC. Dennoch sind diese Mädchen mit dem Zustand zufrieden. Mädchen von Mädchenschulen und Jungen arbeiten dagegen ›oft‹ und ›ständig‹ am Computer, d. h. mehr als die Hälfte der Unterrichtszeit. Besonders die Jungen wollen trotzdem noch mehr Zeit am Gerät verbringen als sie es jetzt schon tun.

Aus den vorliegenden Ergebnissen ist ersichtlich, daß Möglichkeit und Engagement der Computerarbeit eng beieinanderliegen. Diejenigen, die eher wenig am Gerät arbeiten können, geben sich mit dem Zustand begrenzter Arbeitszeit zufrieden; je höher allerdings das ›Trainings‹-volumen wird, desto höher wird auch die Motivation zur Arbeitsintensivierung. Dieses Phänomen ist aus der Sozialpsychologie hinreichend bekannt: Das Aspirationsniveau steigt mit der Höhe des jeweils erreichten Erfolgs.

1. Vorgehensweise beim Programmieren

Nahezu alle Mädchen von Mädchenschulen (94 %) erstellen gelegentlich selbst Programme. Damit ist der Anteil der Mädchen von Mädchenschulen, die selbst programmieren, deutlich größer als bei Mädchen von koedukativen Schulen, bei denen dieser Anteil 58 % beträgt. Aber auch die Jungen geben ›nur‹ zu 75 % an, daß sie gelegentlich selbst programmieren. Ein Ergebnis, das sich einerseits damit erklären läßt, daß gerade die Mädchen von Mädchenschulen häufiger alleine über einen Computer-arbeitsplatz im Informatikunterricht verfügen als die anderen Gruppen und von daher ›gezwungen‹ sind, selbständig zu arbeiten. Andererseits arbeiten Mädchen zu über 40 % in

Gruppen zusammen, und es ist durchaus vorstellbar, daß die Jungen in dieser Gruppenarbeit die Initiative am Computer ergreifen.

Nach der eigenen Vorgehensweise beim Programmieren befragt, geben nur 3 % der Mädchen von Mädchenschulen an, daß sie das Programm gleich in den Computer eingeben. Deutlich höher ist der Anteil bei den Mädchen von koedukativen Schulen und den Jungen. Hier sind es ein Fünftel der Mädchen von koedukativen Schulen und ein Viertel der Jungen, die das Programm direkt in den Computer eingeben. Zwei Drittel der Mädchen von Mädchenschulen und die Hälfte der Mädchen von koedukativen Schulen, aber nur 28 % der Jungen entwerfen ein Programm erst theoretisch, bevor sie es in den Computer eingeben. Allerdings geben 46 % der Jungen normalerweise ein Programm gleich in den Computer ein, bei auftretenden Schwierigkeiten aber entwerfen sie erst einmal auf dem Papier Lösungsmuster. Damit scheint es deutlich geschlechtsspezifische Unterschiede zu geben, wie an die Lösung von Programmproblemen herangegangen wird. Aber nur ein Drittel aller Schülergruppen vermutet derartige geschlechtsspezifische Unterschiede beim Erstellen von Programmen.

Hinsichtlich der Frage, inwieweit sich im allgemeinen die Vorgehensweisen von Mädchen und Jungen beim Programmieren unterscheidet, ergeben sich dennoch überraschende Resultate. Entgegen der eigenen Vorgehensweise sind die meisten Schülerinnen und Schüler der Meinung, ›Mädchen‹ gäben ihre Programme gleich in den Computer ein, während ›Jungen‹ ihre Programme erst theoretisch entwürfen. 95 % der Mädchen von Mädchenschulen, 81 % der Mädchen von koedukativen Schulen und 72 % der Jungen sind dieser Meinung. Gleichermaßen denken fast alle Schülerinnen und Schüler, daß Jungen ihre Programme erst auf dem Papier entwerfen bevor sie diese in den Computer eingeben.

Diese Einschätzung, die offensichtlich nichts mit der Realität zu tun hat, verblüfft zunächst. Eine wahrscheinliche Erklärung liegt in klassischen Rollenstereotypen: Die Mädchen ›sind‹ spontan, emotional, kreativ und nicht unbedingt streng logisch ausgerichtet, entsprechend geben sie auch die Programme sofort nach eher experimentell suchender Methode ein. Die männlichen Attribute dagegen werden eher mit klarem Kalkül, Berechnung, logisch strukturiertem Vorgehen etc. verbunden, so daß den Jungen entsprechend eine theoretisch geplante Vorgehensweise zugetraut wird.

Aber es sei noch einmal darauf hingewiesen, daß zwei Drittel aller Schülerinnen und Schüler der Meinung sind, daß es keine geschlechtsspezifischen Unterschiede gibt.

2. Persönliche Leistungseinschätzung in bezug auf das Fach Informatik

Mädchen von Mädchenschulen und Jungen bewerten ihre Leistungen im Informatikunterricht nahezu gleich, während sich bei den Mädchen von koedukativen Schulen eine andere Tendenz in ihrer Einschätzung ausmachen läßt.

Über die Hälfte der Mädchen von Mädchenschulen und knapp die Hälfte der Jungen stufen sich selbst im oberen Leistungsviertel des Kurses ein, während es bei den Mädchen von koedukativen Schulen mit 17 % deutlich weniger sind. Die Mädchen von koedukativen Schulen sehen ihre Leistungen zu knapp zwei Drittel im mittleren Bereich, hingegen ist von den Mädchen von Mädchenschulen und den Jungen nur jeweils ein Drittel der Meinung, daß sich ihre Leistungen eher im mittleren Leistungsbereich befinden. Nur wenige Schülerinnen und Schüler siedeln ihre Leistungen im unteren Leistungsviertel an, aber die Mädchen von koedukativen Schulen nennen diesen Leistungsbereich doch doppelt so oft wie die Mädchen von Mädchenschulen und die Jungen. Mithin läßt sich feststellen, daß Mädchen von Mädchenschulen und Jungen wesentlich mehr Selbstvertrauen in ihre eigenen Leistungen haben als Mädchen von koedukativen Schulen.

Die Beurteilungen der persönlichen Leistungen im Informatikunterricht entsprechen durchaus den Abbruchquoten. Gerade Mädchen von koedukativen Schulen brechen den Informatikkurs häufiger als die anderen Gruppen schon nach der Jahrgangsstufe 11.1 ab (vgl. hierzu Kap. IV). Nur knapp ein Drittel der Mädchen von koedukativen Schulen gibt an, daß sie im Informatikunterricht Inhalte lernen, die für sie von besonderem Nutzen sind. Dagegen sind es bei den Mädchen von Mädchenschulen fast 50 % und bei den Jungen sogar über 50 %, die dem Informatikunterricht einen positiven Nutzen zusprechen.

Von einer Verbesserung ihrer Berufschancen mit Informatik als Abiturfach gehen nur knapp ein Drittel aller Mädchen, aber immerhin fast die Hälfte (47 %) der Jungen aus. Etwa ein Drittel der Mädchen von koedukativen Schulen, aber nur 10 % der Mädchen von Mädchenschulen und 16 % der Jungen gehen davon aus, daß eine langfristige Informatikbelegung ihre Berufschancen überhaupt nicht verbessern würde. Die anderen Schülerinnen und Schüler, die Hälfte der Mädchen von Mädchenschulen und je ein Drittel der Mädchen von koedukativen Schulen und der Jungen, können diese Frage jetzt noch nicht beantworten.

Für viele Schülerinnen und Schüler ist der Informatikunterricht unbedingte Voraussetzung für ein Informatikstudium. Nur etwa ein Viertel der Mädchen glauben, daß sie ein Informatikstudium ohne vorherigen Informatikunterricht bewältigen könnten. Die Jungen beweisen wesentlich mehr Selbstvertrauen. Ungefähr die Hälfte von ihnen trauen sich ein Informatikstudium auch ohne Informatikunterricht zu.

3. Organisatorische Differenzierung des Faches Informatik

Eine Veränderung des Informatikunterricht könnte die Einrichtung unterschiedlicher Informatikkurse sein. Über 80 % der Mädchen von Mädchenschulen und der Jungen und sogar über 90 % der Mädchen von koedukativen Schulen sind für differenzierte Informatikkurse.

Die meisten (80 %) der Schülerinnen und Schüler, die unterschiedliche Informatikkurse befürworten, sprechen sich für eine Differenzierung nach Wissenstand aus. Das heißt, sie wollen getrennte Kurse für Anfängerinnen bzw. Anfänger und für Fortgeschrittene. Etwa ein Drittel der Schülerinnen und Schüler sind für eine Aufteilung nach Kursinhalten, z. B. theoretische Kurse und Programmierkurse. Getrennte Kurse nach Geschlecht befürwortet nur ein sehr kleiner Teil der Schülerinnen und Schüler. Allerdings sind es hierbei vor allem die Mädchen von koedukativen Schulen mit 8 %, während es bei den Mädchen von Mädchenschulen nur 3 % und bei den Jungen 2 % sind. Jungen treten häufiger als Mädchen für eine Trennung der Schülerinnen und Schüler mit schnellerer bzw. langsamerer Auffassungsgabe ein. Von den Jungen befürworten 39 % eine solche Differenzierung nach Leistungsentwicklung, im Gegensatz zu 32 % der Mädchen von koedukativen Schulen und 27 % der Mädchen von Mädchenschulen.

Fast alle Schülerinnen und Schüler befürworten also getrennte Informatikkurse und zwar zumeist differenziert nach Wissensstand.

IV. Wahlverhalten beim Schulfach Informatik

Die Wahl des Schulfaches Informatik wird von allen Gruppen hauptsächlich mit organisatorischen und pflichtabdeckenden Kriterien begründet. Daneben spielt die direkte oder indirekte Beeinflußung durch den Freundeskreis eine zentrale Rolle. Lediglich für Mädchen von koedukativen Schulen ist neben diesen drei Kriterien die Erwartung guter Noten von annähernd gleicher Bedeutung. Das Interesse an Inhalten des Informatikunterrichts ist lediglich für ein Viertel der Mädchen von Mädchenschulen und für ein Viertel der Jungen ein Grund, Informatik zu wählen. Bei den Mädchen von koedukativen Schulen sind es immerhin 40 %.

1. Belegdauer des Faches Informatik

Bei den Mädchen wie bei den Jungen stellen die Schülerinnen und Schüler, die Informatik nach der Jahrgangsstufe 11.1 abwählen wollen, den größten Anteil dar! Insbesondere die Mädchen von koedukativen Schulen wollen – sogar doppelt so häufig wie die anderen – Informatik möglichst schnell wieder abwählen. Dementsprechend wollen nur wenige von ihnen Informatik bis zum Abitur belegen (11 %). Immerhin dreimal soviele Mädchen von Mädchenschulen und Jungen wollen dagegen die Informatik bis 13.2, also bis zum Abitur belegen

Über die Hälfte aller Mädchen gibt an, den Informatikkurs abwählen zu wollen, weil sie sich unter Informatik etwas ›anderes vorgestellt‹ hatten oder weil ihnen die ›Konkurrenz‹ im Kurs zu groß ist. Für die Jungen spielen diese beiden Abwahlkriterien zwar insgesamt eine geringere Rolle, aber auch für sie sind es die wichtigsten Gründe für die Abwahl. Eine Übersicht über die genauen Prozentzahlen stellt Tab. 3, S. 152, dar.

Insofern ist zu fragen, ob der Informatikunterricht eine spezifische Arbeitsweise mit sich bringt, die – unabhängig vom Geschlecht – ein Verhalten fordert, daß übermäßig auf Konkurrenz ausgerichtet ist. Nach Meinung der meisten Schülerinnen waren ihre Mitschülerinnen auf das Fach nur neugierig und erwarten deshalb bei fehlendem Computer einen baldigen Abbruch. Jungen glauben hingegen vor allem, daß Mädchen mit der Technik überfordert seien! So denken circa 60 % der Jungen. In der Annahme, daß Mädchen überfordert seien, spielen eindeutig rollenstereotype Vorstellungen in bezug auf Frauen und Technik mit.

Die Beurteilung des Abwahlverhaltens von Jungen zeigt eine deutlich andere Gewichtung: Mädchen von Mädchenschulen nehmen an, daß Jungen im wesentlichen den zu hohen Zeitaufwand beklagen. Mädchen von koedukativen Schulen und Jungen begründen die Informatikabwahl der Jungen vor allem damit, daß deren Vorstellungen von Informatik, die sie vor dem Unterrichtsbeginn hatten, nicht erfüllt wurden, und mit bloßem Neugierverhalten. Den Jungen wird also – ihrem Image entsprechend – eine sachlich und kalkulierte Entscheidung unterstellt. Bei den Mädchen werden dagegen äußere

Umstände – der mangelnde Computer – und vor allem Überforderung vermutet.

So wundert es nicht, daß Jungen (83 %) bereits vor dem Unterricht konkrete Vorstellungen von den Themen hatten, die im Informatikunterricht behandelt werden sollten. Während es bei den Mädchen von Mädchenschulen immerhin noch 72 % waren, die sich genauere Vorstellungen über den Informatikunterricht gemacht hatten, lag der Anteil bei den Mädchen von koedukativen Schulen nur bei 59 %. Entsprechend ihrer extensiven Vorbildung waren also auch die Erwartungen an den Unterricht jeweils unterschiedlich ausgeprägt. Zur Erinnerung: Über zwei Drittel der Jungen nutzen auch in der Freizeit intensiv den Computer und lassen dafür durchaus andere Interessen fallen.

2. *Interessen und Erwartungen am Unterrichtsfach Mathematik*

Fast alle Schüler (80 % Mädchen / 70 % Jungen) vom Informatikunterricht hatten erwartet, Programmieren und Programmiersprachen zu erlernen und Programme anzuwenden. Mädchen war es wichtiger, über Anwendungsmöglichkeiten von Computern informiert zu werden. Jungen wünschten dagegen häufiger Programmiertricks bzw. Spezialwissen. Auch das eher (allgemein-)technische Thema von Hard- und Softwarezusammenspiel wurde häufiger von Jungen als von Mädchen erwartet. Themen, die (rein) technische oder gesellschaftliche Aspekte ansprechen – Hardwarekunde einerseits und gesellschaftliche Auswirkungen des Computereinsatzes andererseits –, wurden von den Befragten kaum erwartet; wenn doch, dann von den Mädchen von Mädchenschulen geringfügig häufiger als von den anderen Schülergruppen. Einen differenzierten Überblick gibt Abb. 3 auf S. 155.

Vor allem die Mädchen von Mädchenschulen sind mit dem Informatikunterricht zufrieden! Im Durchschnitt geben rund zwei Drittel der Mädchen von Mädchenschulen an, daß sich ihre Erwartungen an den Informatikunterricht erfüllt haben. Bei den Mädchen von koedukativen Schulen und den Jungen ist es dagegen nur knapp die Hälfte, deren Erwartungen in Erfüllung gegangen sind.

Die Zufriedenheit mit dem Informatikunterricht wirkt sich offenbar auch auf die Beurteilung der Attraktivität des Faches im Vergleich mit anderen Fächern aus. Wieder ergeben sich grundlegende Unterschiede zwischen den Mädchen von Mädchenschulen und denen von koedukativen Schulen (siehe dazu Tab. 4, S. 153).

Für die Mehrheit der Mädchen von Mädchenschulen ist nur Biologie interessanter als Informatik. An Englisch und Mathematik haben sie ungefähr genauso viel Interesse wie an Informatik. Alle anderen Fächer interessieren sie weniger. Mädchen von koedukativen Schulen sind nur an Physik uninteressierter als an Informatik, Sozialwissenschaften sind für sie in etwa genauso interessant. Alle anderen aufgeführten Fächer sind für sie entschieden interessanter als Informatik. Jungen haben nur an Mathematik viel mehr Interesse als an Informatik. Die Fächer Englisch, Geschichte und Physik sind für sie in etwa genauso interessant wie Informatik. An den anderen Fächern (Deutsch, Kunst, Sozialwissenschaften und Biologie) haben sie deutlich weniger Interesse als an Informatik.

In bezug auf den Schwierigkeitsgrad des Faches Informatik ergibt sich ein ähnlich interessantes Bild. Für Mädchen von Mädchenschulen ist lediglich das Fach Kunst leichter als Informatik, Deutsch fällt ihnen ungefähr genauso leicht und alle anderen aufgeführten Fächer sind für sie schwieriger als Informatik. Mädchen von koedukativen Schulen haben dagegen nur beim Fach Physik mehr Schwierigkeiten als bei Informatik. Alle anderen Fächer stufen sie für sich selbst als leichter ein.

Jungen stufen – wie auch Mädchen von Mädchenschulen – nur Kunst als leichteres Fach ein, alle anderen Schulfächer fallen ihnen schwerer. Die exakte Interessenverteilung gibt Tab. 4, S. 153, an.

Insgesamt wenden sich die Mädchen von koedukativen Schulen eher den sogenannten weiblichen Fächern zu. Bei den Mädchen von Mädchenschulen herrscht diese Eindeutigkeit nicht, sondern ihr Interesse an den unterschiedlichen Inhalten ist relativ ausgewogen, wobei immer noch zu bedenken bleibt, daß nur von Schülerinnen und Schülern berichtet wird, die das Fach Informatik gewählt haben.

V. Resümee

Die Ergebnisse der vorliegenden Studie machen deutlich, daß Ressourcenprobleme und motivationale Aspekte, die unmittelbar mit dem Fach zusammenhängen, von zentraler Bedeutung für die Unterrichtssituation sind, im Rahmen der Koedukationsdebatte bisher aber keine Beachtung fanden. Eine Beschränkung auf Chancengleichheit im Sinne einer ›Zugangs‹-Chancengleichheit ist folglich wenig sinnvoll und angebracht, solange innerhalb der Bildungsinstitutionen alte (Unterrichts-)Strukturen beibehalten werden und unterschiedlicher Erfolg auf individuelles bzw. geschlechtsspezifisches Versagen zurückgeführt wird.

Vielmehr schlägt sich innerhalb des Unterrichts etwas nieder, was ausserhalb des Faches wirksam ist: Der mangelnde Computer zuhause und die Tatsache, daß typischerweise den Mädchen etwas zugeschrieben wird, was den Jungen zueigen ist und umgekehrt – ich erinnere an das Programmieren – sind einprägsame Belege hierfür. Nur Mädchen an reinen Mädchenschulen zeigen einen ähnlich selbstbewußten und auch erfolgreichen Umgang mit dem Computer wie Jungen. Mit zunehmendem Anteil an männlichen Mitschülern aber sinken Selbstvertrauen, Motivation und Technikakzeptanz. Mädchen wünschen entsprechend besonders stark, daß der Unterricht nach Wissensstand und auch nach Geschlecht getrennt werden sollte. Daraus und aus den anderen Ergebnissen unserer Studie kann man schließen, daß sich Mädchen im Unterricht nicht nur benachteiligt, sondern gar behindert fühlen. Die soziale Unterstützung der Jungen zum Computergebrauch (z. B. durch den Computerkauf zuhause, akzeptiertes und unterstütztes Freizeitverhalten etc.) fördert selbstverständlich deren technisches Selbstbewußtsein und die Computererfahrungen. Entsprechend verhalten sie sich im Unterricht. Darüberhinaus bringt der eher besessene Umgang mit dem PC einen Wissensvorsprung mit sich, den die Mädchen durch ihre breitere Interessensausrichtung nicht leisten können und wollen. Ich erinnere nochmals an das sehr ausgeprägte Freizeitverhalten der Jungen und ihr eher spezialisiertes Fächerinteresse im Gegensatz zu den Mädchen, bei denen das Interesse an den verschiedenen Fächern – und auch Hobbies – relativ ausgewogen ist.

Die Ergebnisse der vorliegenden Studie machen also deutlich, daß die Idee der Koedukation unter den gegebenen Voraussetzungen nicht in jeder Hinsicht eingelöst werden kann. Vielmehr bewirkt die Schaffung gleicher Ausgangspositionen innerhalb der Schule – wie mit der Koedukation angestrebt – letztlich bei formaler Gleichheit inhaltliche Ungleichheit. Einheitliche Zuordnungs- und Bewertungskriterien für Schüler und Schülerinnen sind nur insofern anzustreben, als sie eine Anerkennung gleichwertiger Kompetenzen meinen, nicht aber Chancengleichheit mit gleichen Ausgangs- und Rahmenbedingungen verwechseln. In diesem Sinne ist auch zu überlegen, inwieweit beispielsweise die nachgewiesene Diskriminierung der Mädchen durch die Belegungsvorgaben für Pflicht- und Leistungskurse untermauert wird, die ja häufig dazu führt, daß alle gemeldeten Schüler und Schülerinnen in einem Kurs zusammengefaßt werden müssen.

Die vorliegenden Ergebnisse sollten Anlaß einer Neuorientierung sein, um die formalen Prinzipien der Koedukation, d. h. gleiche Chancen für beide Geschlechter inhaltlich zu qualifizieren. Dies aber wird nur möglich sein, wenn in bezug auf bestimmte Fächer das formale Prinzip, nämlich der gemeinsame Unterricht für Jungen und Mädchen, aufgehoben wird.

Literatur

Brandes, U.: Zu den Auswirkungen neuer Technologien auf die Lebenszusammenhänge von Frauen. In: ifg, Bielefeld 1985, 3/4, S. 28–36.

Brehmer, I.(Hrsg.): Sexismus in der Schule. Der heimliche Lehrplan der Frauendiskriminierung. Weinheim 1982.

Brehmer, I.: Mädchen, Macht und Mathe. Dokumente und Berichte der Parlamentarischen Staatssekretärin für die Gleichstellung von Frau und Mann. Düsseldorf 1989.

Bundesministerium für Bildung und Wissenschaft (BMBW): Typisch – Die neuen Mädchen! Presse Info BMBW, Heinemannstr.2, 5300 Bonn, August 1989.

Cockburn, C.: Weibliche Aneignung von Technik. In: Das Argument, 144, 1984.

Dick, A., Faulstich-Wieland, H., u. a.: Konzept zum Vorhaben »Verwirklichung der Gleichstellung von Schülerinnen und Lehrerinnen an hessischen Schulen. Hessisches Institut für Bildungsplanung und Schulentwicklung (HIBS) (Hrsg.), Sonderreihe, 21, Wiesbaden 1986.

Eckert, R. (Hrsg.): Geschlechtsrollen und Arbeitsteilung . Mann und Frau in soziologischer Sicht. München 1979.

Faulstich-Wieland, H., Dick, A.: Wir Mädchen können das, auch wenn die Jungen lachen. Dokumentation und Auswertung der Vorerhebung des Vorhabens Mädchenbildung und neue Technologien. HIBS (Hrsg.), Sonderreihe,28, Wiesbaden 1988

Heinig, S., Lenz. I. (Hrsg.): Schöne neue Frauenwelt. Münster 1988.

Heppner, G. u. a.: Mädchen und neue Technologien – Zugangsweisen und Zugangsmöglichkeiten im Kontext schulischer Bildung. ifg, Bielefeld 1989, 3, S. 67–88.

Hepting, R.,: Mädchenbildung versus Koedukation. Stuttgart 1978.

Janshen, D.: Frauen und Technik – Facetten einer schwierigen Beziehung. In: Hausen,K., Nowotny, H.: Wie männlich ist die Wissenschaft. Frankfurt 1986, S. 279–293.

Roloff, Chr.: Von der Schmiegsamkeit zur Einmischung. Bamberg, 1989

Sander, W.: Schüler und Computer. Eine Untersuchung zum Informatikunterricht an Münsteraner Schulen. Münster 1986.

Schelhowe, H. (Hrsg.): Frauenwelt – Computerräume. Berlin 1989.

Schiersmann, Ch.: Zugangsweisen von Mädchen und Frauen zu den neuen Technologien. In: ifg, Bielefeld 1987, 1/2, S. 5–25.

SCHLAPEIT-BECK, D. (Hrsg.): Mädchenräume. Initiativen – Projekte – Lebensperspektiven. Hamburg 1987.

SCHMID-JÖRG, KREBSBACH-GNATH, HÜBNER: Bildungschancen für Mädchen und Frauen im internationalen Vergleich. München 1981.

SOMMERKORN, I., JANSEN-SCHULZ, B. etc.: Colloquium zu Fragen der Frauenforschung am IZHD (Hrsg.): Beeinflußt die Schule das Technik(des)interesse von Mädchen und Frauen. Universitätstage, Hamburg, 1988.

Tab. 1: Anteil von Mädchen und Jungen in der Untersuchungsstichprobe

	absolut			relativ (%)		
	weibl.	männl.	Summe	weibl.	männl.	Summe
Informatik-schüler / -innen	306	310	616	49,7	50,3	54,4
Nichtinformatik-schüler / -innen	315	201	516	61,0	39,0	45,6

Tab. 2: Anteil der Informatikschüler / innen und Nichtinformatikschüler / innen an der Gesamtschüler(innen)zahl

	Informatik-schüler / innen		Nichtinformatik-schüler / innen	
	absolut	relativ (%)	absolut	relativ (%)
Mädchen an Mädchenschulen	108	56,5 %	83	43,5 %
Mädchen an koedukativen Schulen	170	42,3 %	232	57,7 %
Jungen	258	56,2 %	201	43,8 %

Tab. 3: Informatikbelegdauer nach Schultyp differenziert (%)

	Mädchen von Mädchenschulen	Mädchen von koedukative Schulen	Jungen
13.2 (Abitur)	33,0	11,0	31,4
13.1	6,3	2,0	10,8
12.2	12,5	6,0	9,8
12.1	2,7	1,5	2,6
11.2	42,9	76,0	38,6

Tab. 4: Interessensgewichtung der Fächer im Vergleich zu Informatik

	Mädchen von Mädchenschulen	Mädchen von koedukative Schulen	Jungen
Deutsch	41,1	69,1	30,6
Informatik	56,3	28,5	66,1
Englisch	46,4	75,6	45,8
Informatik	50,9	22,4	52,6
Kunst	40,2	65,0	27,0
Informatik	55,4	33,1	68,0
Sozialwissenschaft	31,3	47,0	28,5
Informatik	47,3	43,8	63,6
Geschichte	38,4	67,3	49,3
Informatik	55,4	30,2	47,1
Physik	7,9	24,6	46,4
Informatik	70,5	68,5	75,4
Biologie	51,8	76,4	38,2
Informatik	42,9	22,1	54,9
Mathematik	44,6	70,4	64,7
Informatik	49,1	25,8	30,4

Abb. 1: Computerbesitz nach Schultyp differenziert

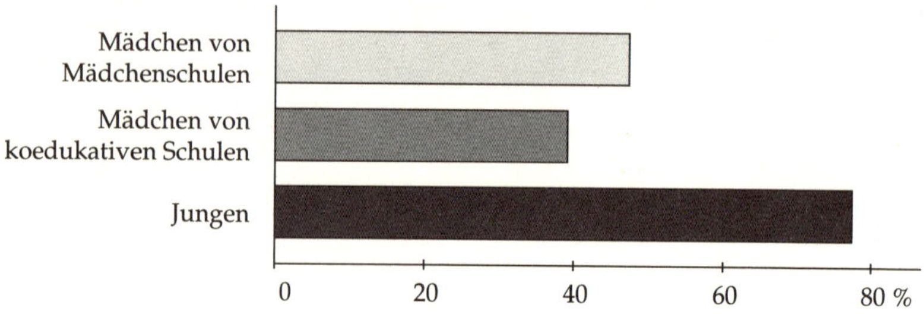

Abb. 2: Instanzen der Vorerfahrungen mit dem Computer (%)

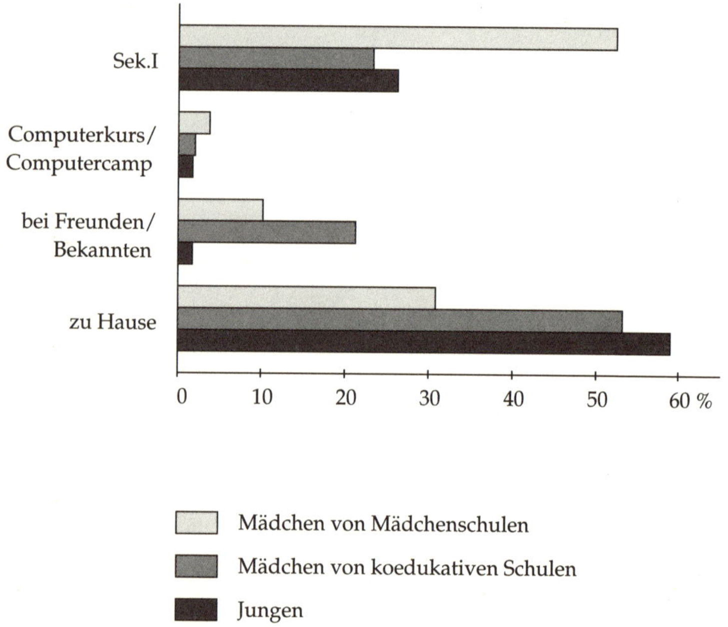

Abb. 3: Bevorzugte Unterrichtsinhalte beim Fach Informatik

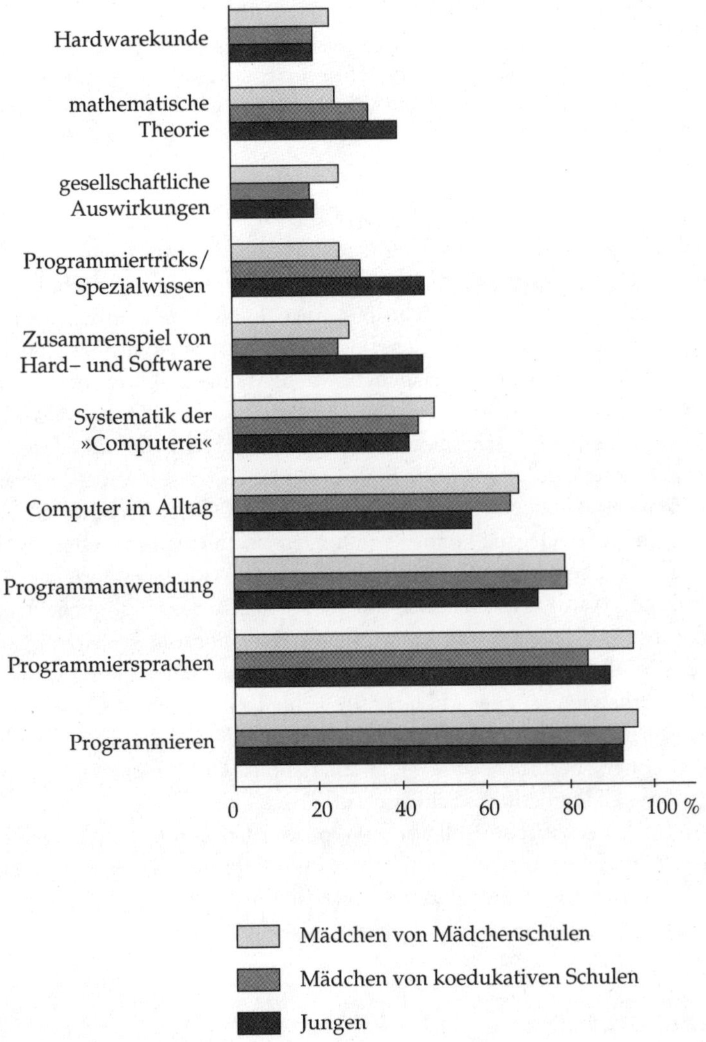

Mathematikunterricht im Interesse der Mädchen? Anregungen für verbesserte Unterrichtsmaterialien

Gertrud Effe-Stumpf

In aller Regel bedarf es keines Kommentares, wenn Mädchen mäßig oder schlecht in Mathematik, wohl aber, wenn sie darin hervorragend sind und sich dabei ganz ›unweiblich‹ verhalten: ehrgeizig, kühl und einseitig. *Sigrid Metz-Göckel*

Ich will als Einleitung nur ganz kurz meine analytischen Voraussetzungen nennen, von denen ich ausgehe. Ausführlicheres zur Analyse der Schulbücher unter unserem Blickwinkel ›Geschlechterfrage‹ kann man zum Beispiel in einer Arbeit von Johannes Glötzner[1] finden. Die (vor allem als Schulbücher) vorhandenen Unterrichtsmaterialien für den Mathematikunterricht unterstützen ein stereotypes Bild von den Eigenschaften von Frauen und Männern, das es den Mädchen schwer macht, an sich selbst als intellektuelle, kluge, an Mathematik interessierte Frau zu denken. Das ist die Ausgangslage.

Internationale Untersuchungen belegen, daß Mädchen im mathematischen Bereich genausoviel leisten können wie Jungen.[2] Untersuchungen zeigen aber auch, daß Mädchen aufgrund ihrer Lebensentwürfe (Mädchen beziehen Mathematik und Naturwissenschaften nur sehr selten in das persönliche Selbst- und Berufskonzept ein)[3] und einer eigenen Leistungsunterschätzung (tatsächliche Mathematikleistung und Selbsteinschätzung fallen häufig weit auseinander) erheblich seltener Mathematik wählen als Jungen und auch häufig faktisch geringere Leistungen zeigen. Dadurch werden Mädchen Möglichkeiten genommen, berufliche und gesellschaftspolitische Positionen zu erreichen, für die Mathematik ein Schlüssel ist.

Geschlechtsspezifische Rollenstereotype werden durch die Materialien,[4] Themen und Arbeitsformen des Mathematikunterrichts, die stärker ›männliche‹ Interessen und Vorstellungen berücksichtigen als ›weibliche‹, ebenso unterstützt wie durch eine geschlechtsspezifisch unterschiedliche Interaktion

[1] Glötzner, 1979, S. 243–249
[2] Keitel, 1990, S. 25f.
[3] Brehmer u. a., 1989, S. 162ff.
[4] Lopatecki et al., 1989 und Eckelt et al., 22./23. 6. 1989.

im Klassenzimmer.[5] Heidi Frasch und Angelika Wagner fassen es in ihrer Interaktionsstudie so zusammen: »Auf Jungen achtet man einfach mehr«. Helga Jungwirth[6] zeigt in ihrer Studie, daß sich zwischen Mädchen und Lehrpersonen andere Interaktionsmuster mit zugehörigen Deutungen herausbilden als zwischen Jungen und Lehrpersonen und macht darauf aufmerksam, daß in diesen Interaktionen und deren Deutungen alle Beteiligten aktiv mitwirken, die Mädchen also nicht nur Opfer einer übermächtigen Situation sind, sondern sie in gewisser Weise mitgestalten. Dies scheint uns für die zu entwikkelnden Ansätze der Materialentwicklung, besonders aber der didaktisch-methodischen LehrerInnenfortbildung ein wichtiger Gesichtspunkt.

Geschlechtsspezifische Unterschiede in der Einstellung zum Fach Mathematik und auch in der Mathematikleistung zeigen sich dabei besonders deutlich erst ab etwa Klasse 7, also mit dem Beginn der Pubertätsphase, in der die Problematik der Geschlechtsidentität verbunden mit der Lebensplanung und beruflichen Orientierung besonders virulent ist.[7]

Alternativen und Handlungsvorschläge

Was folgt nun daraus für den Mathematikunterricht? Ich stelle eine Reihe von Handlungsvorschlägen vor, die sich hauptsächlich auf Unterrichtsmaterialien (Schulbuch und Zusatzmaterial), ein wenig auch auf die Methodik des Unterrichtsgesprächs und auf die Interaktionsformen im Unterricht beziehen.

Die konkreten Vorschläge sind für die Sekundarstufe I (Klasse 5 bis 10) ausgearbeitet und fünf Thesen zugeordnet, die aus der obigen Analyse entwickelt sind. In ihnen sind die Prinzipien zusammengefaßt, nach denen ich zusammen mit verschiedenen Kolleginnen im Rahmen der MUED (Mathematik-Unterrichts-Einheiten-Datei) an solchen Materialien arbeite. Die ausgearbeiteten Unterrichtsvorschläge bilden einen wesentlichen Bestandteil des Artikels und finden sich im Anschluß an den theoretischen Teil in einer ausführlichen Materialsammlung.

---

5 Eckelt et al., 1987.
6 Jungwirth, 1990.
7 Kaiser-Messmer, 1989, S. 57.

»Das gehört eines Tages allein dir!«

1. Rollenspezifische Arbeitsteilung

Eine erste Grundlage für verbesserte Unterrichtsmaterialien bildet die folgende These:

> »Es ist sinnvoll und auch möglich, die geschlechtliche Arbeitsteilung und die gesellschaftlich unterprivilegierte Stellung von Mädchen und Frauen zum Thema im Mathematikunterricht selber zu machen.«

Im 5. Schuljahr werden Größenrechnungen behandelt; dabei können die immer noch vorhandenen Unterschiede zwischen Männer- und Frauenlöhnen an Beispielen berechnet und beurteilt werden. (Siehe dazu Vorlage 1 in der Materialsammlung.)

Bei unterschiedlichen mathematischen Teilgebieten (Prozentrechnung, Terme und Gleichungen, Statistik) kann das Thema ›Berufe‹ (Berufswünsche, Männerberufe, Frauenberufe, geschlechtsspezifische Arbeitslosigkeit, erwerbstätige Mütter, etc.) aufgegriffen werden. Dazu finden sich viele interessante Zahlen in der Tagespresse und in Veröffentlichungen aus der empirischen Sozialforschung (siehe zum Beispiel Dobberthien 1983, S. 421–448).

Eine weitere Unterrichtseinheit beschäftigt sich mit der Hausarbeit. Noch die sogenannte Brigitte-Untersuchung (Der Mann, Metz-Goeckel / Müller 1985) zeigte, daß Hausarbeit ein Bereich ist, den Männern ihren Frauen und Kinder ihren Müttern zuschieben, unabhängig davon, ob die Frau erwerbstätig ist. Daß diese Aufteilung Überlastung für die Mütter und Probleme in der Lebensplanung für die Töchter mit sich bringt, liegt nahe. Stellen Sie doch einmal mit Ihren SchülerInnen zusammen fest, ob Hausarbeit in ihren Familien heute gerechter aufgeteilt ist (siehe Vorlage 2).

Eine weitere Möglichkeit, das Thema ›gerechte Chancen‹ im Mathematikunterricht anzugehen, bietet die Einführung der Prozentrechnung. Wir schlagen vor, an dieser Stelle die im politischen Raum geführte Quotendiskussion (Quote bedeutet wörtlich Anteil) aufzugreifen (Vorlage 3 und 4).

2. Berühmte Mathematiker – und wo bleiben die berühmten Mathematikerinnen?

Eine zweite Grundlage für die Verarbeitung verbesserter Unterrichtsmaterialien bildet die These:

> »Es ist nötig, im Mathematikunterricht positive Identifikationsangebote für Mädchen zu machen.«

In diesem Sinne könnten wir uns wünschen, daß die Mathematikbücher auch die Leistungen und Schwierigkeiten von Frauen in der Mathematik würdigen oder wenigstens erwähnen würden.

Sophie Germain (1776–1831) war eine französische Mathematikerin und lebte im 18. Jahrhundert. Ihre Eltern förderten ihr mathematisches Talent nicht und versuchten sie sogar von ihren Studien abzuhalten. Im Eigenstudium lernte sie dennoch Mathematik und beschäftigte sich mit reiner und angewandter Mathematik. Sie erbrachte wichtige Beiträge zur Akustiklehre, zur Elastizitätstheorie, aber auch zu zahlentheoretischen Problemen, wie etwa dem berühmten ›Letzten Theorem von Fermat‹.

Hypatia (370–415) war eine bedeutende Mathematikerin und Philosophin in Alexandrien um 400 n. Chr. Sie erfand das Astrolabium und die Senkwaage und schrieb ein 13 bändiges Werk zur Algebra.

Warum lesen wir nichts über diese Frauen in den Schulbüchern? Vielleicht können Sie also als LehrerIn in einer 5. Klasse einmal folgende Idee als Hausaufgabe ausarbeiten:

In vielen Schulbüchern für die 5. Klasse taucht beim Abschnitt »Rechnen mit Größen – Zeitpunkte, Zeitspannen, rechnen mit Zeitspannen« eine Aufgabe auf, nach der die Schülerinnen und Schüler die Lebensdauer berühmter Mathematiker[8] ausrechnen sollen. Die Schülerinnen und Schüler lernen hier neben der Berechnung von Differenzen, daß es offenbar nur berühmte männliche Mathematiker gibt. Wir schlagen vor, die Aufgabe zu ergänzen durch eine Liste berühmter Mathematikerinnen[9] (siehe Vorlage 5).

Oder sie geben als MathematiklehrerIn an geeigneter Stelle Lesehinweise, zum Beispiel auf Biographien von Mathematikerinnen (siehe etwa Zitelmann 1988, Feyl 1987, Kowalewski 1968, Fölsing 1990, Kerner 1990) oder machen entsprechendes Bildmaterial in der Schule sichtbar.

Sicher gibt es auch die Möglichkeit, eine Mathematikerin zu einer Diskussion in den Unterricht einzuladen. Aber auch direkt in den Mathematikaufgaben können Identifikationsangebote für Mädchen enthalten sein. Beispiele aus dem Sport sind auch in den herkömmlichen Schulbüchern beliebt (Vorlage 6).

Identifikationsangebot ist selbstverständlich auch die Lehrperson selbst. Jede Mathematiklehrerin und jeder Mathematiklehrer sollte sich also Fragen stellen wie:

- Wie stelle ich den SchülerInnen gegenüber mein Verhältnis zur Mathematik dar?
- Versehe ich die Mathematik mit männlichen Attributen?
- Halte ich selbst Mathematik für eine Wissenschaft, die für Männer und Frauen gleichermaßen interessant ist?

Dazu gehört auch die Frage, ob in der jeweiligen Schule vorwiegend Männer oder vorwiegend Frauen in der Oberstufe Mathematik, Physik oder Informatik unterrichten.

---

[8] In Vorlage 5 zitiert nach: ›Mathematik heute‹ 5, Schroedel / Schoeningh, Hannover 1977, Ausgabe 1982, S. 167.

[9] Siehe beispielsweise: Cornelia Teller, Mathematikerinnen. In: Sabine Berghahn u. a. (Hrsg.), Wider die Natur? Frauen in Naturwissenschaften und Technik. Berlin 1984, S. 246 ff., und Heide Inhetveen, Frau und Mathematik. In: Dieter Volk (Hrsg.), Kritische Stichwörter zum Mathematikunterricht. Fink, München 1979, S. 67 ff.

3. *Rollenklischees*

Eine weitere Grundlage für die Erarbeitung verbesserter Unterrichtsmaterialien ist folgende These:

> »Im Mathematikunterricht sollen die faktischen Unterschiede zwischen Jungen und Mädchen problematisiert und gemeinsame Interessen zwischen ihnen gefördert werden.«

Den Mädchen und Jungen kann mit geeigneten Beispielen auch im Mathematikunterricht deutlich werden, wo ihre eigenen Wünsche, Gefühle und Einstellungen schon von Rollenklischees geprägt sind und wie sie aus den Klischees ausbrechen können. Beispiele hierzu bieten Vorlage 7–9.

4. *Hobbies und Vorlieben*

Eine weitere, die vorige ergänzende These ist:

> »Der Mathematikunterricht soll die faktischen Vorlieben und Interessen der Mädchen wichtig nehmen.«

Der traditionelle Mathematikunterricht tut dies nur für die faktischen Vorlieben der Jungen (J. Glötzner 1979, I. Langer 1987, C. Lopatecki und I. Lücking 1989). Weltraumfahrt, Autorennen, Fußball, kluges Jungenköpfchen mit Brille oder Glühbirne als Zeichen für besonders schwierige Aufgaben – warum nicht auch einmal ein kluges Mädchen?

Warum wird das bei Mädchen im 5.–7. Schuljahr besonders ausgeprägte Interesse an Tieren nicht häufiger aufgegriffen? Ein Pferdekopf für besonders knifflige Aufgaben? Warum nicht Flächenberechnungen am Beispiel des Platzbedarfs für Tiere üben? Beispiele hierzu sind in den Vorlagen 10–11 ausgearbeitet.

5. *Geschlechtsdiskriminierung*

Und noch eine letzte These, die direkt zur Erarbeitung von Unterrichtsmaterialien anleitet:

> »Der Mathematikunterricht kann den heimlichen Lehrplan der Geschlechtsdiskriminierung mit den Schülerinnen und Schülern gemeinsam aufdecken. Die einseitig die Jungen bevorteilenden Interaktionsformen können im Mathematikunterricht thematisiert und verändert werden.«

Dazu eignen sich Selbstbeobachtungen in der Klasse (Strichlisten über Aufmerksamkeitsverteilung, Unterbrechung durch andere, Blickkontakte, Aktivitäten). Besonders geschlechtsstereotype Textaufgaben können mit den Schülerinnen und Schülern gemeinsam verändert (und noch mehr übertrieben) werden. Das ist lustig und lehrreich zugleich. Die Verteilung von Jungen und Mädchen auf Grund und Leistungskurse kann Gegenstand im Statistikunterricht sein (Vorlage 12).

Die unterschiedlichen Einstellungen von Mädchen und Jungen zum Mathematikunterricht können Gegenstand einer Eigenerhebung im Bereich Statistik sein. Auch die zeitweise Bildung von geschlechtshomogenen Gruppen (Aufhebung der Koedukation, um die Mädchen wenigstens zeitweise von ihren sozialen Vorleistungen für das Funktionieren der Lerngruppe zu entlasten) kann in diesem Zusammenhang sinnvoll sein.

Ich hoffe, daß die hier dargestellten Ideen Anregungen für Ihren Unterricht bieten und freue mich auch über Rückmeldungen.

Der vorliegende Artikel wurde von den Herausgeberinnen des Buches grundlegend überarbeitet und umstrukturiert.

Literatur

BREHMER, ILSE; KÜLLCHEN, HILDEGARD; SOMMER, LISA: *Mädchen, Macht (und) Mathe.* Geschlechtsspezifische Leistungskurswahl in der reformierten Oberstufe. Herausgegeben von der Parlamentarischen Staatssekretärin für die Gleichstellung von Frau und Mann beim Ministerpräsidenten des Landes Nordrhein-Westfalen. Düsseldorf 1989.

DOBBERTHIEN, MARLIES: *Frauenarbeit. Zwischen Chance und Diskriminierung.* In Pusch, Louise (Hrsg.): Feminismus. Inspektion einer Herrenkultur. Frankfurt am Main 1983, S. 421 ff.

ECKELT, IRMGARD: *Unterrichtseinheit »Heinze-Frauen«.* In: MUED-Materialien für den Mathematikunterricht in der Sekundarstufe I. Göttingen 1983, S. 3 ff.

ECKELT, IRMGARD; EFFE-STUMPF, GERTRUD: *Anregungen zu einer Überwindung geschlechtsspezifischer Rollenklischees in Mathematikwerken für die Sekundarstufe I.* Soest und Appelhülsen 1989 (ausleibar über MUED, Bahnhofstraße 72, 4405 Appelhülsen, wird demnächst herausgegeben von der parlamentarischen Staatssekräterin für die Gleichstellung von Frau und Mann, Düsseldorf 1991).

ECKELT, IRMGARD; EFFE-STUMPF, GERTRUD, GEUENICH-BRACKLY, URSULA: *Frauen und Mathematik.* In: »mathematik lehren«. Heft 25 (1987), 48 ff.

EFFE-STUMPF, GERTRUD; GLÄSSING, GABRIELE; HABIGSBERG, ANNETTE: *Weibliche Wege zu Naturwissenschaft und Computer?* AMBOS 27, Bielefeld 1988.

EFFE-STUMPF, GERTRUD: *Zur Konzeption frauenorientierter Computerkurse im allgemeinbildenden Bereich.* In: SCHELHOWE, HEIDE (Hrsg.): Frauenwelt – Computerräume. Fachtagung New York 1989.

EFFE-STUMP, GERTRUD: *Beobachtungen über weibliche Wege zum Computer.* In: Behnke, Uta; Stehling, Jutta: Mit unserer eigenen Stimme sprechen. Tagungsband Oberstufen-Kolleg Bielefeld, Landesinstitut für Schule und Weiterbildung, Soest 1991.

FEYL, RENATE: *Der lautlose Aufbruch.* Berlin 1987.

FÖLSING, JUTTA: *Nobel-Frauen. Naturwissenschaftlerinnen im Porträt.* München 1990.

GLÖTZNER, JOHANNES: *Rollenklischees.* In: Volk, D. (Hrsg.): Kritische Stichwörter Mathematikunterricht. München (Fink) 1979, S. 243-249.

HAGEMANN-WHITE, CAROL: *Sozialisation: Weiblich – männlich?* Opladen 1987.

HALAMEISÄR, ALEXANDER: *Sofia Kowalewski. Die erste Professorin Europas.* Moskau 1989.

HANNOVER, BETTINA; ET AL.: *Mehr Mädchen in Naturwissenschaft und Technik.* Berlin 1989.

JUNGWIRTH, HELGA: *Mädchen und Buben im Mathematikunterricht. Eine Studie über geschlechtsspezifische Interaktion.* Wien 1990.

KAISER-MESSMER: *Frau und Mathematik – ein verdrängtes Thema der Mathematikdidaktik.* ZDM 21 (1989), 56-66.

KEITEL, CHRISTINE: *Mädchen und Mathematik.* Appelhülsen 1990.
KERNER, CHARLOTTE (Hrsg.): *Nicht nur Madame Curie ... Frauen, die den Nobelpreis bekamen.* Weinheim und Basel 1990.
KOWALEWSKI, SONJA: *Jugenderinnerungen.* Frankfurt am Main 1968.
LANGER, INGO: *Frauen – Randfiguren des Lebens.* In: Pädagogik heute. März 1987.
LOPATECKI, C.; LÜCKING, I: *Bescheiden, sittsam und rein? Rollenklischees in Mathematikbüchern für die Sekundarstufe I.* Herausgegeben von der Brehmischen Zentralstelle für die Verwirklichung der Gleichberechtigung der Frau. Bremen 1989.
METZ-GÖCKEL, SIGRID; MÜLLER, URSULA: *Der Mann.* Eine repräsentative Untersuchung über die Lebenssituation und das Frauenbild 20- bis 50jähriger Männer im Auftrag der Zeitschrift Brigitte, Hamburg 1985.
SCHILDKAMP-KÜNDIGER, ERIKA: *Frauenrolle und Mathematikleistung.* Düsseldorf (Schwann) 1974.
ZITELMANN, ARNULF: *Hypatia.* Weinheim 1988.

Vorlage 1: Männer- und Frauenlöhne

Ein Beispiel aus der
›Westdeutschen Allgemeinen Zeitung‹ vom 10. 9.1981:

Frauen zogen mit Kampflied vors höchste Arbeitsgericht: 28 Klägerinnen stritten für gleiche übertarifliche Zulagen. Jubel nach Sieg im Prozeß gegen Gelsenkirchener Firma:

(...) Die außertariflichen Zulagen allerdings differierten erheblich. Der Grundlohn war für Männer und Frauen gleich (sechs Mark in der Lohngruppe eins). Während den Männern zwischen DM 1,50 und DM 2,00 vergütet wurden (nur drei Kollegen erhielten zwischen 70 Pfennig und DM 1,00), bekamen die Frauen zwischen 12 Pfennig und DM 1,04. 16 Frauen erhielten keinen einzigen Pfennig Zulage. (...)

Mögliche Aufgabenstellung:

»Naja, einige Pfennige Unterschied« könnte man sagen. Ist die Differenz von Männer- und Frauenlöhnen wirklich so ›unbedeutend‹ klein? Das kann man leicht nachrechnen, auch Du! Am einfachsten ist es, wenn man zuerst einmal eine einzelne Arbeiterin betrachtet.

a) Vergleiche den Lohn einer Arbeiterin, die ›keinen Pfennig Zulage‹ erhält, mit dem Lohn eines Mannes, der ›DM 1,50 außertarifliche Zulage‹ erhält. Wie groß ist der Unterschied
›pro Stunde‹,
›pro Tag‹ (die Schicht dauert von 8–14 Uhr und von 14–22 Uhr),
›pro Woche‹ (gearbeitet wird von Montag bis Freitag).

b) Die Frauen sind vor Gericht gegangen und haben geklagt, und zwar für den Zeitraum von Oktober bis Dezember 1978, für 13 Wochen. Berechne den Lohnunterschied für eine Arbeiterin, die keine Zulage erhält, in diesem Zeitraum.

c) Wie groß ist in diesem Fall der Lohnunterschied für die Klägerinnen insgesamt.

Vorlage 2: Aufteilung der Hausarbeit

Lassen Sie die SchülerInnen Aufstellungen (in Tabellenform) zu den folgenden Themenbereichen erstellen.

- ›*Alles was mit Essen zu tun hat*‹ (in Stunden/Woche): Einkaufen, kochen, Tisch decken und abräumen, abspülen, Geschirrspülmaschine ein- und ausräumen, einkochen, einfrieren, Abfälle wegbringen und anderes.
- ›*Alles was mit Kleidung zu tun hat*‹ (in Stunden/Woche): Waschen, bügeln, ausbessern und nähen, Schuhe putzen, Kleidung kaufen, etc.
- ›*Alles was mit der Wohnung zu tun hat*‹ (in Stunden/Woche): Staubsaugen, Toilette und Bad putzen, Staub wischen, Betten machen, Fenster putzen, Treppe putzen, Möbel kaufen, technische Geräte kaufen, Glühbirnen auswechseln, kleine Reparaturen erledigen, etc.

Die Erhebung kann auch noch um einen Bereich

- ›*Alles was mit Beziehungen zu tun hat*‹ (in Stunden/Woche)

ergänzt werden, in dem der Zeitaufwand für Krankenbesuche, Elternabende, etc. erhoben wird, oder es kann zusätzlich die Zeit, die den einzelnen zur freien Verfügung steht, mit erfragt werden.

Als Aufgabenstellung bieten sich dann folgende Themen und Fragen an:

a) Stelle die Ergebnisse der Erhebung graphisch dar, indem Du ein Säulendiagramm anlegst.

b) Wieviel Arbeitszeit wird in Deiner Familie pro Woche auf die einzelnen Bereiche verwandt? Essen, Keidung, Wohnung, etc. Fertige ein Diagramm an. Wer wendet wieviel Zeit für Hausarbeiten auf? Vergleiche die Zeiten von Vater, Mutter, weiteren Erwachsenen, Brüdern, Schwestern, Dir und anderen.

Einen Überblick über die gesamte Erhebung und die durchschnittlichen Arbeitszeiten können mittels der folgenden Fragen ermittelt werden.

c) Wieviel Arbeitszeit wird ›durchschnittlich‹ in den Familien für die einzelnen Bereiche des Haushalts verwendet.

d) Wieviel Zeit verwenden die einzelnen Familienmitglieder durchschnittlich für die Hausarbeit?

In einem abschließenden Fragenkomplex kann dann die außerhäusliche (Schule oder bezahlte Arbeit) und die Hausarbeit der Familienmitglieder gegenübergestellt werden.

e) Stelle das Ergebnis der Erhebung graphisch (zwei verschiedenfarbige Säulen pro Person) dar.

f) Ist diese Aufteilung der Arbeit gerecht?

Vorlage 3: Quotenreglung im Mathematikunterricht

Im 7. Jahrgang soll ein Mathematikwettbewerb durchgeführt werden. Jede Klasse entsendet 10 Schüler, beziehungsweise Schülerinnen, das steht fest.

Junge: Ich als Junge habe bei uns keine Chance mitzumachen. Wir wollen die 10 Besten schicken.

Mädchen: Na, dann sagen wir, aus jeder Klasse müssen 5 Mädchen und 5 Jungen teilnehmen.

Daraufhin soll gerechterweise eine Quote festgelegt werden: eine Hälfte Jungen, eine Hälfte Mädchen, das heißt 5 Jungen und 5 Mädchen.

Klasse 7.1 besteht aus 10 Jungen und 10 Mädchen.

Klasse 7.2 besteht aus 14 Jungen und 6 Mädchen.

Mädchen: Super, aus meiner Klasse können fast alle Mädchen am Wettbewerb teilnehmen. Wir sind nur 6.

Junge: Das ist ungerecht. Jede Klasse sollte anteilig Jungen und Mädchen schicken, mehr Jungen, wenn sie mehr Jungen hat, mehr Mädchen, wenn die Mädchen überwiegen.

Die Klasse 7.3, die aus 25 Jugendlichen besteht, hat 10 Mädchen.

a) Wie viele Jungen, beziehungsweise Mädchen darf jede Klasse schicken, wenn es gerecht sein soll?

b) In der Klasse 7.4 sind von 20 Jugendlichen 13 Mädchen. Wie viele Jungen, bzw. Mädchen darf diese Klasse schicken?

Vorlage 4: Quotenreglung in der Politik

Ein Beispiel aus den ›Westfälischen Nachrichten‹ vom 15. 2. 1989

Frauen beherrschen den Berliner Senat: acht Senatorinnen in Regierungsmannschaft.

Berlin (AP/dpa): Erstmals in der Geschichte der Bundesrepublik haben Frauen in einer Landesregierung – dem neuen Berliner Senat – die Mehrheit. Nachdem die Alternative Liste (AL) bereits am Sonntag drei Kandidatinnen für ihre Ressorts nominiert hatte, benannte gestern die SPD fünf Senatorinnen.

Mit acht Frauen im insgesamt 14köpfigen Senat (einschließlich Regierender Bürgermeister) ist sogar die Forderung der AL nach einem 50prozentigen Frauenanteil übererfüllt. Nach den Koalitionsvereinbarungen zwischen SPD und AL stehen den Sozialdemokraten neben dem Amt des Regierenden Bürgermeisters zehn Senatorenposten zu, der AL drei. Aus dem von der SPD vor der Wahl zum Abgeordnetenhaus am 29. Januar aufgestellten ›Schattenkabinett‹ wurden die Sozialstadträtin Ingrid Stahmer als Bürgermeisterin und Senatorin für Gesundheit und Soziales, der Bundestagsabgeordnete Peter Mitzscherling (Wirtschaft), der Wahlkampfmanager und Abgeordnete Wolfgang Nagel (Bau- und Wohnungswesen) und der Abgeordnete Norbert Meisner (Finanzen) nominiert.

Außerdem stehen die bisherigen Abgeordnetenhausmitglieder Erich Pätzold (Inneres) und Horst Wagner (Arbeit, Verkehr und Betriebe) auf der Liste. Hinzu kommen die Vizepräsidentin der Freien Universität (FU), Barbara Riedmüller-Seel (Wissenschaft und Forschung), die Hamburger Professorin Heide Pfarr (Bundesangelegenheiten), die FU-Professorin Jutta Limbach (Justiz) und die SPD-Bundestagsabgeordnete Anke Martiny (Kultur).

Mögliche Aufgabenstellung:

Am 14. 3. 1989 wurde das erste Mal in einer Landesregierung der Bundesrepublik Deutschland die 50 %-Hürde des Frauenanteils überschritten.

a) Suche in dem Zeitungsartikel die Angabe, wieviele Senatorinnen und wieviele Senatoren Walter Momper in seiner Regierungsmann(frau)schaft zählen kann?
b) Berechne die prozentuale Angabe! (auf zwei Stellen hinterm Komma).
c) Stelle die Angabe graphisch dar.
d) Wie hoch ist der Frauenanteil in den Parteien in Deiner Stadt, bzw. Gemeinde? Erkundige Dich in der Stadt (Gemeinde-)Verwaltung.
e) Stelle den Frauenanteil in den Parteien durch ein zweifarbiges Säulendiagramm dar.

Vorlage 5: Rechnen mit Größen

Wieviele Jahre haben folgende berühmte Mathematiker gelebt?

a) G. Cantor: 03. 03. 1845–06. 01. 1918
b) C. Euler: 04. 04. 1707–18. 09. 1783
c) C. F. Gauß: 30. 04. 1777–23. 02. 1855
d) D. Hilbert: 25. 01. 1862–14. 02. 1943
e) G. W. Leibniz: 21. 6. 1646–14. 11. 1716
f) J. v. Neumann: 08. 12. 1903 –08. 02. 1957

Und wie alt sind folgende berühmte Mathematikerinnen geworden?

a) Sonya Kovalevski: 15. 01. 1850–10. 02. 1891
b) Emmy Noether: 23. 03. 1882–14. 04. 1935
c) Sophie Germain: 01. 04. 1776–26. 06. 1831
d) Karoline Herschel: 16. 03. 1750–09. 01. 1848
e) Maria Agnesi: 16. 05. 1718–09. 01. 1799
f) Ada Lovelace: 10. 12. 1815–27. 01. 1852

Mathe ist nämlich nicht nur Männersache!

Vorlage 6: Rechnen im Sport

Arno Lutz schreibt in Sports 25 (6, 1989), S. 32:

> Über 75 Jahre brauchten die Männer, um sich im Marathonlauf um 25 Minuten zu verbessern. Die Frauen schafften das in 25 Jahren. Stelle diesen Vergleich graphisch dar.

Bei weiteren Aufgaben aus diesem Themenbereich können im Sport erfolgreiche Frauen gezeigt (Stefanie Graf, Heike Henkel, Gunda Niemann, Katharina Witt, ...) oder bei Mädchen besonders beliebte Sportarten bevorzugt erwähnt werden (nicht Fußball, sondern Reiten, Eiskunstlauf, Gymnastik, etc.).

Vorlage 7: Geldrechnung

Unterschiedliche Weihnachtswünsche

Jochen und Johanna wollen Weihnachtsgeschenke für ihre Eltern kaufen. Sie legen ihr Geld zusammen. Jochen hat DM 14,50; Johanna hat DM 14,95. Nach ihrem ersten Gang durch die Geschäfte haben sie folgende Vorschläge zur Auswahl:

Kerzenständer : 19,95 DM
Schutz für's Autolenkrad : 12,75 DM
Kochbuch : 9,80 DM
eine Blume : 8,95 DM
Schallplatte mit Oldies : 9,95 DM
3.-Welt-Kalender : 19,95 DM
Tortenheber : 14,50 DM
Taschenlampe fürs Auto 7,50 DM

a) Stelle 4 Geschenkkombinationen zusammen, die Johanna und Jochen für ihr gemeinsames Geld kaufen können.
b) Johanna sagt: »Jetzt machen wir doch schon wieder diese typische Einteilung: für Mama Sachen für die Küche, für Papa Sachen für's Auto.« Welche Geschenkmöglichkeiten bleiben den beiden, wenn sie die ›typische‹ Einteilung – wie Johanna sagt – vermeiden wollen?

Vater und Mutter kaufen Weihnachtsgeschenke für ihre zwei Söhne und drei Töchter. Für die kleine Astrid einen kleinen Hasen: DM 25,90; für Gabi ein Skateboard: DM 20,00; für Manfred eine Spielesammlung: DM 25,80; für Jürgen eine Puppe: DM 19,95 und für Sabine einen Autobausatz: DM 19,90.

a) Wieviel DM haben sie insgesamt ausgegeben?
d) Wieviel DM haben sie durchschnittlich für jedes Kind ausgegeben?
e) Welche Geschenke findest Du nicht passend? Warum nicht?

Vorlage 8: Geometrie

Tanz und Ornamente als bei Mädchen beliebte Anwendung,
Fußball als bei Jungen beliebt – muß das so sein?

Du siehst hier verschiedene Muster. Zeichne ein oder mehrere Muster ab. Du kannst sie auch farbig anmalen. Entwirf selbst ein Muster, das möglichst aus Kreisen oder Kreisteilen besteht.

Vorlage 9: Gleichungen

Berechnung einer Maschenprobe mit Verhältnisgleichungen

Maschenprobe:

Das Wichtigste vor Beginn der eigentlichen Strickarbeit ist die Anfertigung einer Maschenprobe. Diese Maschenprobe sollte etwas größer als 10 cm im Quadrat sein und leicht gedämpft oder in der richtigen Spannung – zum Beispiel bei Rippen – aufgesteckt werden. Nun wird präzise abgezählt, wieviele Maschen in der Breite und wieviele Reihen in der Höhe man auf 10 cm hat. Anhand dieser Zahlen wird der Maschenanschlag in der gewünschten Breite ganz genau errechnet.

Rechenbeispiel: 25 Maschen = 10 cm, gewünschte Breite = 50 cm.

Man rechnet: $\frac{25 \times 50}{10} = 125$ Maschen

Also, es müssen 125 Maschen angeschlagen werden. Wenn eine Strickanleitung vorhanden ist, vergleicht man die eigene Maschenprobe mit der angegebenen und gleicht durch dickere oder dünnere Nadeln die Differenz aus.
Es macht sehr viel weniger Mühe, eine kleine Probe zu arbeiten, als ein großes, nicht passendes Teil zu trennen und neu zu stricken (aus: ›Brigitte‹).

Mögliche Aufgabenstellung:

Du möchtest für Dich einen Pullover stricken. Das Vorderteil soll 45 cm breit werden. Deine Maschenprobe ergibt für 10 cm Breite 30 Maschen bei einer Nadelstärke von 3,5. Wieviele Maschen mußt Du anschlagen?

Tip: $\frac{\text{gemessene Breite}}{\text{gemessene Breite}} = \frac{\text{gewünschte Maschenzahl}}{\text{gezählte Maschenzahl}}$

Vorlage 10: Nutztierhaltung

Hühner in Käfigen

In den Staaten der Europäischen Gemeinschaft hat die Legehennenhaltung in Käfigen unterschiedliche Bedeutung. Während diese Haltungsweise in Frankreich und Italien keine große Rolle spielt, werden in Holland, Großbritannien und in der Bundesrepublik Deutschland 95 % der Legehennen (schätzungsweise weit mehr als 200 Millionen Tiere) während der gesamten Legeperiode von 12 bis 15 Monaten in Käfige gepfercht.
Drahtkäfige mit Standardmaß – 40 × 43 cm – sind im Durchschnitt für vier Hühner bestimmt, wobei dem Einzeltier gerade ... Quadratzentimeter Stehfläche bleiben. Als Folge werden Unterdrückung wichtiger angeborener Verhaltensweisen mit entsprechender Beeinträchtigung des Wohlbefindens sowie Gliedmaßen- und Flügelverletzungen, Knochenbrüche und Federverluste bei den Käfighennen beobachtet.

a) Wie groß ist die Fläche, auf der sich ein Huhn ›ausbreiten‹ kann?
b) Sind ..... cm^2 wohl genug für ein Huhn?
Um die Fläche zu berechnen, fertige eine maßstabsgetreue Zeichnung an:
1 mm in der Zeichnung entspricht ... in Wirklichkeit.
1 mm^2 in der Zeichnung entspricht .... in Wirklichkeit.

Vorlage 11: Haustierhaltung

Hunde in Zwingern

Hunde dürfen in offenen und teilweise offenen Zwingern gehalten werden, wenn Ihnen eine Schutzhütte zur Verfügung steht, in die sie sich zurückziehen können. Für einen mittelgroßen ›über 20 kg‹ schweren Hund ist im Zwinger eine Mindestgrundfläche ohne ›Schutzraum von sechs Quadratmetern‹ erforderlich. Das Innere des Zwingers muß sauber, trocken und ungezieferfrei gehalten werden. Verboten ist die Haltung von Hunden in nicht überdachten Zwingern bei anhaltender nasser Witterung.

Vorlage 12: Beispiel aus einer Gesamtschule

a) Wie hoch ist der Anteil an Mädchen und Jungen in den verschiedenen Kursen. Führe eine ähnliche Erhebung an unserer Schule durch.
b) Verfolge die Entwicklung im Leistungskursbereich über die Jahrgänge.

Jahrgang	Klassenverband		Kurse			
			Grundkurs		Leistungskurs	
	Mädchen	Jungen	Mädchen	Jungen	Mädchen	Jungen
Jg. 5	50 %	50 %	–	–	–	–
Jg. 6	41 %	59 %	–	–	–	–
Jg. 7	–	–	37,0 %	63,0 %	50,0 %	50,0 %
Jg. 8	–	–	53,0 %	47,0 %	45,0 %	55,0 %
Jg. 9	–	–	50,0 %	50,0 %	46,0 %	54,0 %
Jg. 10	–	–	44,0 %	56,0 %	32,0 %	68,0 %
Jg. 11	–	–	52,0 %	48,0 %	40,0 %	60,0 %
Jg. 12	–	–	47,5 %	52,5 %	24,0 %	76,0 %
Jg. 13	–	–	45,0 %	55,0 %	33,0 %	67,0 %

Sonja Kowalevskaya: Mathematikerin und Feministin

Almut Zwölfer

We must recognize that the presence of women in the mathematical community is necessary to support the emergence of women of the stature of Hypatia, Maria Agnesi and Sonja Kowalevskaya.

Carol Avelsgaard, amerikanische Mathematikerin

Auguste Strindberg veröffentlichte 1883 einen Artikel, »in dem er beweist, daß eine solche Monstrosität wie ein weiblicher Professor der Mathematik schädlich, unnütz und unangenehm ist.«[1]

Die Bezeichnung ›Monstrosität‹ galt der damals dreiunddreißigjährigen Russin Sonja Kowalevskaya,[2] die als erste Frau eine ordentliche Professur an einer europäischen Universität erhielt. Ihr turbulentes und ungewöhnliches Leben gab Anlaß zu einigen Biographien, Romanen und mittlerweile sogar zu zwei Spielfilmen. Bezeichnenderweise tragen diese Werke Titel wie »Little sparrow«[3] oder »Sonja Kowalewski – Liebe und Leben einer gelehrten Frau«.[4] Gerade letzteres beginnt mit den Worten: »Sonja Kowalewski war eine der genialsten, aber sicherlich auch eine der unglücklichsten Frauen«[5] und damit ist bereits der gesamte Inhalt des Romanes in einem Satz erfaßt. Immer wieder wird die Russin als mathematische Überfrau geschildert, die ihr Privatleben für die Wissenschaft und die Karriere opferte und daran – zumindest persönlich – scheiterte. Dem Bild der einsamen, bemitleidenswerten Frau stehen nicht nur die wissenschaftlichen Leistungen von Kowalevskaya gegenüber. Die literarischen Erfolge, das Engagement für die Heimat und vor allem die Verdienste um die Frauenbewegung machten ihren Namen nicht

---

[1] Zitiert nach CHARLOTTE LEFFLER, Sonja Kovalevsky. Leipzig 1894. S. 71.

[2] Über ihren Vornamen finden sich mehrere Variationen. ›Sonja‹, wie ich sie im folgenden nenne, entwickelte sich zu ihrem allgemein anerkannten Rufnamen. Bei ihrem späteren Familiennamen ›Kowalevskaya‹ ergab sich ein ähnliches Problem. Hier übernehme ich die Schreibweise aus ihrer auf Deutsch verfaßten Doktorarbeit.

[3] DON H. KENNEDY, Little Sparrow. Ohio 1983.

[4] ALJA RACHMANOWA, Sonja Kowalewski. Zürich 1950.

[5] Ebda, Einleitung.

Sonja Kowalevskaya

Kindheit und erste Einflüsse

15. 1. 1850	Geburt von Sofia Vasilevna Korvin-Krukovskaia in Moskau. Kurz darauf Übersiedlung aufs Land. Erziehung und Bildung durch Gouvernanten und Privattutoren.
1868	Hochzeit mit Vladimir Kowalevski.

Das Mathematikstudium

Frühling 1869	Beginn des Studiums in Heidelberg.
1870–1874	Mathematische Ausbildung bei Karl Weierstraß.
Sommer 1874	›Doktor der Philosophie‹ in Göttingen.

Mathematik und Familie – ein Konflikt

1874–1881	Leben in Petersburg. Völliger Rückzug aus der Wissenschaft.
Oktober 1878	Geburt der Tochter Fufa.
1880	Endgültige Entscheidung für die Mathematik. Wiederaufnahme wissenschaftlicher Kontakte.
März 1881	Trennung von ihrem Ehemann.
1881–1883	Aufenthalt in Paris.

Eine Frau in der Wissenschaft

ab 1883	Außerordentliche Professur in Stockholm.
1888	Gewinn des ›Prix Bordin‹.
1889	Ordentliche Professur in Stockholm.
10. 2. 1891	Kowalevskaya stirbt in Stockholm.

nur in akademischen Kreisen bekannt. Diese Vielseitigkeit zeugt von einem Energiereichtum und einem stark ausgeprägten Willen, der in den Biographien von Charlotte Leffler[6] oder Alja Rachmanowa kaum zum Ausdruck kommt.

Da Sonja Kowalevskaya keine apolitische Mathematikerin war, sondern im wahrsten Sinne des Wortes als ›ein Kind ihrer Zeit‹ bezeichnet werden kann, läßt sich die Entwicklung ihrer Persönlichkeit nur vor dem historischen Hintergrund ihrer Heimat verstehen. Aus diesem Grund gibt das folgende Kapitel Aufschluß über das geistige und politische Klima in Rußland Mitte des 19. Jahrhundert.

I. Rußland, Mitte des 19. Jahrhunderts

1. *Zur politischen und sozialen Lage*

Als Zar Alexander II im Jahre 1855 an die Macht kam, atmete die gesamte Bevölkerung auf. Das extreme Militärregime unter Nikolaus I, welches keine öffentliche Meinungsfreiheit zuließ und jeglichem neuen Gedankengut kontrollierend gegenüberstand, schien ein Ende gefunden zu haben.

Durch die neugewonnene Presse- und Redefreiheit entstanden in Salons und Teestuben Gesprächskreise und damit Möglichkeiten, sich zu informieren, auszutauschen und Meinungen zu bilden. Mittelpunkt aller Diskussionen war der 1856 gegen die Türkei geführte Krimkrieg, in dem Rußland von England und Frankreich eine demütigende Niederlage beigebracht wurde. Diese zeigte deutlich, daß Rußland militärisch mit den westlichen Großmächten nicht mithalten konnte. Eine schlechte Infrastruktur sowie die veraltete Industrie demonstrierten den unterentwickelten Stand der Technik und den Mangel an Fachleuten. Eine Vergrößerung des Rückstandes zu Westeuropa ließ sich nur durch eine weitgreifende Strukturveränderung aufhalten. Die entstehende Bereitschaft zur Veränderung äußerte sich in gegensätzlichen Strömungen. Neben dem konservativen Adel, der auf Erhaltung seiner Privilegien bestand, forderte das ebenfalls zarentreue Bauerntum eine Änderung unter Beibehaltung der russischen Traditionen. Demgegenüber entwickelte sich eine sehr zersplitterte Opposition, deren unterschiedlichen Ideen und Methoden sich nur hinsichtlich des gemeinsamen Widerstands gegen den Staat verbinden lassen.

---

6 Charlotte Leffler, Sonja Kovalevsky. Leipzig 1894.

Innerhalb dieser Gegenbewegung verschaffte sich vor allem die intellektuelle Schicht in den Metropolen wie Moskau und Petersburg Gehör. Diese sogenannte ›intelligentsia‹ forderte eine zum Teil radikale Modernisierung der bestehenden politischen, sozialen und wirtschaftlichen Strukturen nach westlichem Vorbild. Sie übernahmen Gedanken aus den dreißiger und vierziger Jahren, ausgehend von Herzen, Bakunin sowie Belinskij, und setzten diese auf mehr oder weniger anarchistische Weise in die Tat um. Eine Umwälzung der vorhandenen Verhältnisse hielten sie für nötig und möglich. Ebenso fühlten sie eine moralische Verpflichtung gegenüber der Bauernschaft[7] und sahen sich damit als ›Avantgarde einer proletarischen Revolution‹.[8] Angestrebt wurde, und dies verband die gesamte Opposition, die Abschaffung des autoritären Regimes und die Befreiung der Bauern.

Dieses Ziel schien erreicht, als 1861 Zar Alexander II die Leibeigenschaft aufhob. Die anfängliche Euphorie war groß, allerdings erfüllten sich die damit aufkommenden Hoffnungen nicht. Die Bauern waren zwar frei, jedoch ohne Besitz und Land. Die einsetzende Massenverarmung hatte nicht nur Unruhen unter den Bauern zur Folge, sondern verursachte zusätzlich in den Städten unter den Studenten eine wachsende Unzufriedenheit.

Diese neue Phase der russischen revolutionären Bewegung bewirkte verschärfte Maßnahmen von seiten der Regierung: Die Pressefreiheit wurde wieder aufgehoben. Im Sinne des Zeitgeistes agierende Schriftsteller und Journalisten verließen das Land, um von Westeuropa aus ihre Tätigkeit fortzusetzen. Nach dem mißglückten Attentat auf den Zaren 1866 verstärkte sich die Kontrolle weiter. Öffentliche Veranstaltungen und Zusammenkünfte wurden mehr und mehr überwacht. Führende Mitglieder der Bewegung flohen ins Ausland, um einer drohenden Verhaftung zu entkommen.

Jedoch ließen sich mit diesen Mitteln die Unruhen keineswegs im Rahmen halten. Die ersten Geheimorganisationen formierten sich, aus denen sich mehr oder weniger radikale Gruppen bildeten. Eine davon, als deren Verfechterin sich Kowalevskaya zeitlebens bezeichnete und die einher lief mit der Entwicklung der Frauenbewegung, war der Nihilismus.

---

[7] Dreiviertel der Bevölkerung bestand aus ›unfreien‹ Bauern. Sie waren Leibeigene des Staates, der Kirche oder des Adels.

[8] Gottfried Schramm, Handbuch der Geschichte Rußlands, Bd. 3, Stuttgart 1983, S. 146.

2. Der Nihilismus und die Frauenbewegung

Hinter dem Wort ›Nihilismus‹ verbarg sich kein politischer Aktivismus, sondern eine gesamte Lebens- und Weltanschauung der vorwiegend jungen Intelligenz. Sie griffen die konservativen Moral- und Glaubensvorstellungen der Vatergeneration an. Das führende Regime, die bestehende Gesellschaft und damit verbunden die traditionelle Familienstruktur sowie die Rolle der Frau, bildeten die Schwerpunkte, gegen die sich die Nihilisten richteten. Dagegen setzten sie »die Idee der Gleichheit aller Menschen«,[9] eine Aussage mit besonderer Anziehungskraft für die damals engagierten Frauen. Das Ideal der Nihilisten war die jedem zustehende Freiheit der intellektuellen, physischen sowie psychischen Entwicklung. Sie gingen also davon aus, daß jeder Mensch in gleichem Maße fähig sei, vernünftig zu denken und zu handeln, vorausgesetzt er erhält die richtige Ausbildung. Diese Grundgedanken äußerten sich zum einen in der aktiven Förderung der Frauen in Nihilistenkreisen, zum anderen in dem ›Gang ins Volk‹.[10] Dieser ging Hand in Hand mit der ›Bewegung der Sonntagsschulen‹. Intellektuelle, darunter vor allem Frauen, mischten sich unter die Arbeiter oder diskutierten mit der Landbevölkerung, um sie im Sinne des Nihilismus aufzuklären und sie für die Revolution zu gewinnen. Parallel dazu, unterstützt wiederum von den Feministinnen, gründeten sie die sogenannten Sonntagsschulen als Lernstätte für die Bauernkinder. Diese Initiative hatte zunächst den positiven Effekt, daß für engagierte Frauen Arbeitsmöglichkeiten als Lehrerinnen bestanden. Als jedoch bekannt wurde, daß hauptsächlich Nihilisten in diesen Schulen unterrichteten, ließ die Regierung diese umgehend schließen.

Das wichtigste Medium zur Verbreitung dieser neuen Ideen stellte in der damaligen Zeit die Literatur dar. Eine führende Rolle übernahm diesbezüglich der Roman »Was tun«[11] des radikalen Schriftstellers Chernyshevski. Er schrieb dieses Werk 1861 in der Gefangenschaft und schuf damit das Kultbuch der nihilistischen Generation: Prototyp der ›neuen‹ Frau ist die Hauptfigur Vera Pavlovna. Anhand ihres Lebens entwirft Chernyshevski einen konkreten Plan für die Selbstverwirklichung der Frau. Grundprinzip des

---

9 übersetzt nach Richard Stites, The Women's Liberation Movement in Russia, Princeton 1978, S. 100.

10 Siehe dazu: Gottfried Schramm, Handbuch der Geschichte Rußlands. Bd. 3, Stuttgart 1983, S. 159–166.

11 N. G. Chernyshevsky, What is to be done. New York 1961.

Mannes ist das Zurückstellen der eigenen Wünsche zugunsten der Weiterentwicklung der Frau. Dies wirkt sich bis in den Bereich des Ehe- und Familienlebens aus. Motivation zur Eheschließung ist nicht mehr die individuelle Liebe, sondern die ›Befreiung‹ der Frau aus dem elterlichen Haus. Nach der Eheschließung erhält die Frau die Freiheit, und der Mann verpflichtet sich, sie in ihrer Ausbildung etc. zu unterstützen.

Dieses Modell der ›fiktiven Ehe‹, zu der Zeit schon eine durchaus gängige Methode, erlebte nach der Veröffentlichung des Romans einen wahren Boom. Einige namhafte Ehepaare ließen sich auf diesen Grundgedanken zurückführen. Zahlreiche aufgeschlossene junge Männer gingen auf diese Art der Ehe ein, unterrichteten ihre ›Frau‹ im Privaten oder gaben ihr die Möglichkeit, im Ausland zu studieren.

An dieser Stelle muß man darauf verweisen, daß die Situation der russischen Frauen Anfang des 18. Jahrhunderts im wesentlichen der Lage der Frauen im westlichen Europa glich. Anerkennung bekam die Frau nur in ihrer Funktion als ›gute‹ Ehefrau und Mutter. Sie hatte keinerlei eigene politischen oder sonstigen Rechte: An lokalen Wahlen durfte sie sich ab 1864 beteiligen, das nationale Wahlrecht wurde ihr sogar erst 1905 zugesprochen. Der Name der Frau war bis zu ihrer Eheschließung im Reisepaß des Vaters festgehalten, danach übertrug man ihn in den Paß des Gatten. Sie besaß somit keinen eigenen Ausweis und konnte das Land nicht ohne ›Erlaubnis‹ verlassen.

Mit der zunehmenden Orientierung am westlichen, vor allem am französischen Vorbild, kam im 19. Jahrhundert mit der sozialen Frage die Idee der Emanzipation der Frau nach Rußland. Erwähnenswert sind hier die Schriften von George Sand, deren Gedanken und Vorstellungen von der russischen Intelligenz positiv aufgenommen wurde. Der Wendepunkt in der Geschichte der Frauenfrage kam in den Jahren 1860/61. Die durch die revolutionäre Bewegung ebenfalls unsichere Situation der Männer begünstigte deren profeministische Einstellung. Sie sahen in dem anderen Geschlecht ein neues Potential zur Unterstützung der Revolution, welches dafür ausgebildet werden mußte. Progressive Professoren ließen Frauen in ihren Kursen zu oder boten außerordentliche Vorlesungen für ›Studentinnen‹ an. Diese Möglichkeiten wurden von Frauen mit Begeisterung aufgenommen. Teilweise befanden sich bis zu fünfzig Prozent weibliche Zuhörer in den Sälen.

Den nihilistischen Idealen entsprechend galten bei den Frauen die Naturwissenschaften, allen voran die Medizin, als erstrebenswertestes Studium. Hier konnten sie beweisen, daß sie gleich den Männern fähig waren, vernünftig zu denken und zu handeln. Vor diesem Hintergrund ist es nicht erstaunlich, daß in der Medizin, in der Chemie und in der Mathematik Russinnen als erste Frauen einen Doktorgrad erhielten.

Jedoch beendete 1863 die Regierung diesen Zustand, indem sie die Universitäten kontrollierte und keine Frauen offiziell zuließ. Zahlreiche Studentinnen siedelten aus diesem Grund nach Westeuropa über, um dort ihr Studium zu beenden und eine anerkannten Abschluß zu erhalten. Der höchsten Beliebtheit erfreute sich dabei die Universität in Zürich. Dort bildete sich eine regelrechte russische Kolonie, die mit der radikalen Bewegung in Rußland in direktem Kontakt stand.

Auffallend ist ebenso, daß sich das Engagement der Studentinnen nicht auf die Wissenschaften beschränkte, sondern sich die meisten öffentlich zu ihren politischen Aktivitäten bekannten. Russinnen galten damals im westlichen Europa als »fortschrittliche, politisch und sozial aufgeschlossene Individuen (...)«[12] – ein Image, daß Kowalevskaya des öfteren zum Hindernis wurde.

II. Kindheit und erste Einflüsse

1. *Die Schwestern Aniuta und Sonja*

Von ihren beiden Geschwistern, der sechs Jahre älteren Aniuta und dem jüngeren Bruder Fedor, fühlte sich Sonja vor allem zu ihrer Schwester hingezogen. Dieses innige Verhältnis lag zum Teil in dem zurückgezogenen Leben auf dem Land begründet. Die private Erziehung durch Gouvernanten und Privatlehrer hatte zur Folge, daß den beiden Mädchen der jeweils gleichaltrige Freundeskreis fehlte. Umso größer war dann ihr Interesse auf Neuigkeiten aus der ›Stadt‹. Diese brachte zum Beispiel der Nachbarsohn, der in Petersburg studierte und regelmäßig in den Semesterferien zu Besuch weilte. Durch ihn kam die damals sechzehnjährige Aniuta erstmals in Kontakt mit der aktuellen Bewegung des Nihilismus. So ist es nicht erstaunlich, daß Sonja als einzige Gesprächspartnerin Aniutas schon sehr früh mit dem nihilistischen Gedankengut und der damit verbundenen Frauenfrage vertraut wurde.

Nicht nur diese neuen Ideen, besonders das Gefühl des ›Mitwissens‹ und als gleichwertige Gesprächspartnerin ernst genommen zu werden, dankte Sonja ihrer Schwester mit übermäßiger Bewunderung. Aber gerade durch die Schwester, und das machte die Ambivalenz dieser Beziehung aus, sah Sonja

---

[12] Übersetzt nach ANN HIBNER KOBLITZ, A convergence of lives. Boston 1983, S. XV.

sich zunehmend in die Rolle des ›ungeliebten Kindes‹ gedrängt. Aniuta bildete schon vom Äußeren den genauen Gegensatz zu Sonja: Groß, blond, gewandt im Reden und in Umgangsformen, galt sie bei festlichen Begebenheiten als Vorzeigekind, während Sonja, klein, dunkelhaarig und sehr zurückhaltend, den Abend auf ihrem Zimmer verbringen mußte.

Eine weitere Episode, welche die Zwiespältigkeit des schwesterlichen Verhältnisses verdeutlicht, führt Kowalevskaya in ihren Jugenderinnerungen[13] aus. Aniuta, eher literarisch interessiert als wissenschaftlich, verfaßte zu der Zeit Erzählungen, welche sie an Dostojewski schickte, den Herausgeber der Literaturzeitschrift »Epoche«. Dieser veröffentlichte eine ihrer Kurzgeschichten unter einem Pseudonym, hielt daraufhin anfangs nur brieflich Kontakt mit Aniuta, lernte sie jedoch bei einem Aufenthalt der Familie in Petersburg kennen. Sonja, damals erst elfjährig, verfiel in jugendliche Schwärmerei für den Schriftsteller und versuchte eifrig seine Aufmerksamkeit zu wecken. Dostojewski, ernsthaft an der älteren Schwester interessiert, ging zeitweise auf Sonjas zaghaftes Werben ein, um damit Aniuta zu provozieren. Bei einem weiteren Besuch des Dichters überraschte die Elfjährige das Paar in dem Moment, als Dostojewski Aniuta einen Heiratsantrag machte. Kowalevskaya widmet dieser Begebenheit ein ganzes Kapitel, in dem sie ihre Enttäuschung sowie Verständnislosigkeit gegenüber der Reaktion ihrer Schwester beschreibt. Aniuta, ganz im Sinne der Frauenbewegung, lehnte den Antrag ab mit der Begründung:

> »(...) ich will selbst leben! (...); bei ihm bin ich niemals ich selbst.«[14]

Eine für die erst elfjährige Sonja ganz und gar unverständliche Antwort!

Obwohl sich in den folgenden Jahren ihre Einstellung in bezug auf die Frauenfrage entscheidend änderte, blieb der Grundkonflikt bestehen. Einerseits entwickelte sie ihre eigene Persönlichkeit, übernahm die zeitgemäßen Gedanken über die neue Form der Beziehung zwischen Mann und Frau und setzte diese in die Praxis um. Andererseits war sie geprägt durch ein konservatives Elternhaus, in dem die Mutter als repräsentierende Gattin fungierte.

Dieser innere Gegensatz zwischen traditionellem Rollenverständnis und eigenen Vorstellungen führte immer wieder zu Situationen, in denen Sonja Kowalevskaya sich und ihre Entscheidungen stark anzweifelte. In Anbetracht ihres nicht nur für das damalige Verständnis ungewöhnlichen und

---

[13] Sonja Kowalewski, Jugenderinnerungen. Frankfurt a. Main 1968.

[14] Ebda, S. 170.

unruhigen Lebens sind depressive Phasen durchaus verständlich. Diese Stimmungstiefs wurden zusätzlich verstärkt durch ihre Sehnsucht nach Geborgenheit und Liebesbeweisen. Mit ein Ursprung dieser Bedürfnisse läßt sich aus der Kindheit und den darin angelegten Ängsten ableiten, welche Kowalevskaya in ihrer Autobiographie schildert. Jedoch ist es diesbezüglich notwendig, darauf hinzuweisen, daß die Wissenschaftlerin ihre Erinnerungen kurz nach dem Tod ihrer Schwester niederschrieb.

In den meisten Biographien, wie die von Charlotte Leffler[15] oder Alja Rachmanowa,[16] werden diese depressiven Launen besonders hervorgehoben. Jedoch wird die Tatsache nicht im Zusammenhang mit ihrer gesamten Entwicklung und Lebensweise gesehen, sondern mit der Karriere als Mathematikerin erklärt. So kommentiert L. F. Austin ihre Lebensgeschichte mit folgenden Worten:

> »Warum gibt man angesichts dieser Geschichte vor, daß das weibliche Temperament ein Geheimnis ist und das Frauen in jeder Beziehung so stark sind wie Männer? (...) [die Ironie des Schicksals] vergießt eine Träne zum Gedenken der armen Sonja; und zeigt, daß Liebe und Mathematik eine gefährliche Mischung für Frauen darstellt. (...)«[17]

2. *Loslösung vom Elternhaus*

Als eine indirekte Auswirkung des Konkurrenzverhaltens der beiden Schwestern sieht Roger Cooke[18] Kowalevskayas Begeisterung für die Mathematik. Aniutas Interesse lag eher auf literarischem Gebiet, die Naturwissenschaften boten somit einen Gegenpol, mit dem Kowalevskaya sich von ihrer Schwester abgrenzen konnte. Hinzu kam die väterliche Vorliebe für die Mathematik und Sonjas Hoffnung, durch ihre mathematischen Fähigkeiten die Gunst des Vaters zu gewinnen.

Zusätzlich existieren über die Entstehung ihres wissenschaftlichen Interesses einige Anekdoten, welche beispielsweise von den ›funktionalen‹ Wänden ihres Zimmers erzählen: Beim Einrichten des neuen Hauses in Palibino gingen im Kinderzimmer die Tapeten aus. Um weitere Ausgaben einzusparen, wurden die Wände mit alten Vorlesungsskripten aus Vaters Studienzeit

15 Charlotte Leffler, Sonja Kovalevsky. Leipzig 1894.

16 Alja Rachmanowa, Sonja Kowalewski. Zürich 1950.

17 Übersetzt nach Ann H. Koblitz, »Changing views of Sofia Kovalevskaia«. In: The legacy of Sonya Kovalevskaya, 1985, S. 62.

18 Roger Cooke, The Mathematics of Sonya Kovalevskaya. New York 1984.

versehen. Vor diesen rätselhaften Zeichen – die Vorlesung umfaßte ausgerechnet die Differential- und Integralrechnung – stand Sonja anscheinend stundenlang und ›studierte‹. Kowalevskaya fügt in ihrer Kurzbiographie die Gespräche mit Onkel Pyotr, einem Bruder des Vaters, an, der sie in die ersten wissenschaftlichen Gedanken einweihte und ihre Faszination für mathematische Phänomene wie die ›Quadratur des Kreises‹ gewann.

Die Grundausbildung erhielt sie bei dem Hauslehrer Malevich, jedoch erst ein Nachbar, der Physiker Tyrtov, wurde auf ihre außergewöhnliche Begabung aufmerksam. Er veranlaßte, daß das siebzehnjährige Mädchen in Petersburg von Professor Strannolyubsky weiter ausgebildet wurde.

Kowalevskaya verbrachte aufgrund ihres Mathematikunterrichtes den ereignisreichen Winter 1867/68 in Petersburg und kam durch ihren Lehrer, einen großen Befürworter der Frauenbewegung, mit Nihilistenkreisen in Kontakt. Sie erfuhr ›am eigenen Leib‹ die Barrieren, welche Frauen an Universitäten in den Weg gestellt wurden, und mußte sich dadurch aktiv mit der Frauenfrage auseinandersetzen. Die Nihilisten wiederum sahen in der jungen Mathematikerin die ideale Figur zur Umsetzung ihrer Vorstellungen von Frauenbildung und deren Förderung. Der Entschluß lag nahe, ihr durch eine ›fiktive Ehe‹ die dazu notwendige Unabhängigkeit vom Elternhaus zu ermöglichen. Damit kamen sie den Wünschen der drei jungen Frauen, Aniuta, Sonja und deren Kusine Zhanna, entgegen, welche ein gemeinsames Studium im Ausland anstrebten. Der anfängliche Plan, daß Aniuta den Part der Ehefrau übernehmen sollte, scheiterte: Der auserwählte ›Gatte‹ willigte nur unter der Bedingung ein, die jüngere Sonja zu ehelichen.

Gegen den Willen der Eltern heiratete im September 1868 der Wissenschaftler und aktive Nihilist Vladimir Kowalevski die acht Jahre jüngere Sonja. Als Vorbild dieser Beziehung diente, so Koblitz, zweifellos das Modell der ›fiktiven Ehe‹ aus Chernyshevskis Roman »Was tun«. Nicht nur die Chernyshevskis, viele weitere bekannte Namen aus den Nihilistenkreisen der sechziger Jahre zählten zu dem Freundeskreis des frischvermählten Paares. Trotz dieses sozialen und im damaligen Sinne politischen Engagements widmeten sich die Kowalevskis in erster Linie der Wissenschaft. Zusammen besuchten sie, soweit es für Kowalevskaya als Frau möglich war, medizinische und physikalische Vorlesungen. Strannolyubsky erteilte ihr weiterhin privat mathematischen Unterricht, da Kowalevskaya keinen offiziellen Studienplatz an einer Universität erhielt. Dies war auch der ausschlaggebende Grund, daß das Ehepaar sich entschloß, das Studium im westeuropäischen Ausland fortzusetzen.

Im Mai 1869 machten sich die Kowalevskis nach Europa auf, er mit dem Ziel, Geologie zu studieren, und sie, um ihre endgültige Entscheidung für die Mathematik in die Tat umzusetzen.

> »Ich kann mir kein glücklicheres Dasein vorstellen als ein ruhiges und bescheidenes Leben zwischen Büchern und Studium irgendwo in einer vergessenen Ecke in Deutschland oder in der Schweiz.«[19]

III. Die Studienjahre 1869–1870

1. Studienbeginn in Heidelberg

Diese ›vergessene Ecke in Deutschland‹ fand Kowalevskaya in Heidelberg. Wider aller Erwartungen und Hoffnungen waren Frauen an der Universität nicht offiziell zugelassen, und so mußte sie die Professoren einzeln aufsuchen, um eine persönliche Genehmigung zum jeweiligen Vorlesungsbesuch zu erhalten. Den Grund der Schwierigkeiten, denen sich Sonja Kowalevskaya bei diesen ›Vorsprechen‹ gegenüber sah, stellte weniger ihr Geschlecht dar als die Tatsache, daß sie aus Rußland kam und zudem verheiratet war. Ihr Interesse für die Mathematik stieß anfangs auf Mißtrauen und Unverständnis, da es nicht den Aufgaben einer fürsorglichen Ehegattin entsprach.

Ihrem sehr zurückhaltenden und daher ›weiblichen‹ Auftreten war es wohl zuzuschreiben, daß sie von Professoren wie Hermann Helmholtz, Gustav Kirchhoff, Leo Königsberger und Paul du Bois-Reymond die Erlaubnis erhielt, ihre Vorlesungen als Gasthörerin zu besuchen:

> »Dieses bescheidene Auftreten (...) gefiel den deutschen Professoren sehr gut, denn im allgemeinen legten sie bei Frauen großen Wert auf Bescheidenheit (...).«[20]

Obwohl sie sich in diesem ersten Jahr nicht ausschließlich der Mathematik verschrieb, überzeugte sie ihre Lehrer schnell von ihrer mathematischen Begabung und Begeisterung. Es blieb genügend Zeit, mit ihrem Ehemann Italien, Frankreich und England zu bereisen und die Gelegenheiten zu nutzen, Persönlichkeiten wie Charles Darwin, Herbert Spencer oder George Eliot kennenzulernen.

---

19 Übersetzt nach Ann Hibner Koblitz, A convergence of lives. Boston 1983, S. 87.

20 Julia Lermontova, übersetzt nach ebda, S. 89.

Ab Herbst 1869 gesellte sich Julia Lermontova, Chemiestudentin und langjährige Wohngefährtin von Kowalevskaya, zu ihnen, ohne jedoch die Harmonie des Paares zu stören. Trotz des Einverständnisses, welches zwischen den Ehepartnern herrschte, kristallisierte sich mehr und mehr heraus, daß Vladimir Kowalevski mit der platonischen Form der fiktiven Ehe auf Dauer nicht einverstanden war. In Briefen an seinen Bruder erklärt er seine Zweifel an der Beziehung zu Sonja:

> »Sie ist in vielerlei Hinsicht eine eigenartige Person, mit der man die ganze Zeit zusammen sein muß, sonst wird sie einem fremd.«[21]

Diese Entfremdung setzte ein, als Aniuta und ihre Kusine Zhanna Evreinova in Heidelberg eintrafen und als Dauergäste in der ›Wohngemeinschaft‹ weilten. Vor allem Aniuta bestimmte das friedliche Verhältnis zwischen den beiden Kowalevskis nachhaltig, indem sie ihr Mißtrauen an dem fiktiven Charakter der Ehe kundtat. Vladimir Kowalevski nahm sich ein eigenes Zimmer, und ab diesem Zeitpunkt war die Vertrautheit in der Beziehung zu Sonja gestört. Mehr und mehr zog er sich in seine wissenschaftliche Arbeit zurück, woraufhin Kowalevskaya plötzlich ›Hilflosigkeiten‹ entwickelte, um die Aufmerksamkeit ihres Gatten auf sich zu ziehen. So mußte er sie z. B. auf jeder Zugfahrt begleiten oder sämtliche Einkäufe für sie übernehmen. Dieses von ihr konstruierte Abhängigkeitsverhältnis belastete die Beziehung auf beiden Seiten. Hinzu kam, daß Sonja – erst neunzehnjährig – viel zu jung war, um mit diesen Unstimmigkeiten umzugehen. Mitbeinflußt durch ihre Schwester distanzierte sie sich zunehmend von ihrem Mann.

Dies verbesserte sich nicht, als Aniuta Anfang 1870 nach Paris übersiedelte, sich in der revolutionären Bewegung engagierte und darüber ihren späteren Mann Victor Jaclard kennenlernte. Immer wieder kehrte sie in die Heidelberger Wohnung zurück, um sich mit anderen Russinnen zu treffen. Aus der anfänglich studentischen Wohngemeinschaft entwickelte sich eine Art Zufluchtsort für junge Russinnen. Zeitweise lebten dort bis zu sechs Frauen beieinander, deren Interessen vor allem auf politischen Gebiet lagen. Die entstehenden Diskussionen führten zu einer Aufspaltung der Gemeinschaft in zwei Lager. »(...) Jetzt ist die Zeit, dem Volk zu helfen«,[22] überschreibt Koblitz den Leitsatz von Aniuta und der Mathematikstudentin Natalie Armfeldt, die für eine aktive Teilnahme an der Revolution plädierten. Dem gegen-

---

[21] Übersetzt nach ebda, S. 93.

[22] Übersetzt nach ebda, S. 97.

über standen Sonja, Julia und Zhanna Evreinova, die sich als Ziel setzten, durch das Erreichen eines offiziellen Universitätsabschlusses für die Rechte der Frauen auf Bildung zu kämpfen. Um ihre Ideen in die Tat umzusetzen, verließen Lermontova und Kowalevskaya Heidelberg und setzten ihr Studium gemeinsam in Berlin fort.

2. *Die Jahre mit Weierstraß (1870–1874)*

Die Entscheidung für die Wissenschaft prägte die Studienjahre in Berlin, in denen sich Sonja Kowalevskaya ausschließlich der Mathematik widmete. In dieser Zeit legte sie nicht nur den Grundstein ihrer mathematischen Karriere, sondern fand in ihrem Lehrer Karl Weierstraß einen Freund, der sie zeitlebens unterstützte. Dieser war es auch – obwohl kein Befürworter der Emanzipationsbewegung –, der sich nach einem persönlichen Eindruck um die offizielle Immatrikulation von Sonja Kowalevskaya bemühte. Jedoch vergebens, das Gesuch wurde abgelehnt, und Weierstraß, überzeugt von der Begabung der 35 Jahre jüngeren Frau, erteilte ihr zweimal die Woche Privatunterricht. Aus dieser anfänglichen Lehrer – Schüler Beziehung entwickelte sich zunehmend ein beidseitiges inniges Freundschaftsverhältnis. Zeugnis dafür legen seine an Sonja gerichteten Briefe ab, in denen er sie mit »teure Freundin«[23] oder »liebes Herz«[24] anredet. Die Gerüchte, welche die rein wissenschaftliche Natur der Beziehung in Frage stellten, blieben nicht aus. Eine typische Folge davon war, daß Kowalevskaya immer wieder gegen Vorurteile angehen mußte, die Orginalität und eigene kreative Leistungen ihrer mathematischen Arbeiten anzweifelten. Jedoch änderten weder Weierstraß noch Sonja aufgrund dieser Mutmaßungen ihr gegenseitiges[25] Verhalten.

Die Phase des intensiven Studiums wurde unterbrochen, als Kowalevskaya von der aktiven Teilnahme ihrer Schwester an der Pariser Kommune erfuhr. Sie reiste sofort mit ihrem Mann nach Frankreich und verbrachte die Zeit vom 5. April bis Mitte Mai 1871 in Paris. Gemeinsam mit ihrer Schwester half sie im Krankenhaus, traf auf viele alte Bekannte aus Rußland, und wieder einmal sah sie sich vor die Entscheidung zwischen sozialem und wissen-

[23] Zitiert nach Gösta Mittag-Leffler, »Weierstraß et Sonja Kowalewsky«. In: Acta Mathematica 39 (1923), S. 149.

[24] Zitiert nach ebda, S. 152.

[25] Briefe von Kowalevskaya an Weierstraß sind – bis auf einen – nicht erhalten, da er diese nach ihrem Tod alle verbrannte.

Karl Weierstraß (1815–1897)

schaftlichem Engagement gestellt. Als die politische Lage sich beruhigte, kehrte das Paar jedoch vorübergehend nach Berlin zurück, um kurz darauf, nach der Nachricht von dem Zusammenbruch der Kommune, wieder nach Paris zu reisen. Auch diesmal ließ sich Kowalevskaya schnell von der unruhigen Atmosphäre anstecken und fand im sozialen Einsatz innerhalb der Widerstandsbewegung eine Bestätigung, die sie bei ihrer wissenschaftlichen Arbeit vermißte. Jedoch im Herbst 1871 kehrte sie endgültig nach Deutschland zurück, um sich wieder ausschließlich ihrer mathematischen Arbeit zuzuwenden. Nicht nur das wissenschaftliche Interesse bewegte sie zu dieser Entscheidung, sondern die Tatsache, als eine Vorkämpferin innerhalb der Frauenbewegung zu gelten, als »ein strahlendes Licht, dem sich die Augen aller jungen Frauen zuwandten, die Bildungsmöglichkeiten für sich forderten.«[26]

Aus dieser Zeit existieren zahlreiche Anekdoten über das Zusammenleben von Kowalevskaya mit ihrer Freundin Lermontova. So schien Sonja Kowalevskaya unfähig, sich selber einzukleiden oder den Ofen ihres Zimmers anzuheizen. Nahm ihr in Heidelberg der Ehemann diese alltäglichen Sorgen ab, so war sie nun ganz auf sich allein gestellt. Jedoch muß dies im Vergleich zum Leben anderer wissenschaftlicher Persönlichkeiten gesehen werden. Karl Weierstraß stellt dafür schon ein hervorragendes Beispiel dar: Er lebte, da er Junggeselle war, mit seinen beiden unverheirateten Schwestern zusammen, welche für ihn den Haushalt führten.

Nur durch die Tatsache, daß Kowalevskaya eine Frau war, fanden diese ›Absonderlichkeiten‹ Beachtung. Ihre praktische Schwerfälligkeit bestätigte zwar das Bild des weltfremden Wissenschaftlers, ging aber nicht mit der weiblichen Rolle konform.

Zusätzliche Belastung in dieser Eintönigkeit stellte der zunehmende Konflikt mit Vladimir Kowalevski dar. Er gab sich mit der fiktiven Form der Ehe nicht mehr zufrieden. An seinen Bruder schrieb er in dieser Zeit, daß er keine Frau wolle, »die intellektuell und unabhängig ist und mit der es zugegebenermaßen auch noch schwierig ist zu leben«,[27] und forderte die Scheidung. Kowalevskaya erzählte Weierstraß erstmals von ihrer ›Scheinehe‹, für ihren Lehrer eine unverständliche Tatsache, da ihm die russische Gedankenwelt fremd war. Jedoch hatte das Gespräch nicht nur eine Vertiefung des persönlichen Verhältnisses zur Folge, sondern Weierstraß sah ein, daß Kowalevskaya einen

---

26 Litvinova Elizaveta, übersetzt nach Ann Hibner Koblitz, A convergence of lives. Boston 1983, S. 111.

27 Übersetzt nach ebda, S. 114.

offiziellen Abschluß benötigte, um von ihrem Ehemann unabhängig zu werden.

Der Konflikt der beiden Ehepartner legte sich vorübergehend, als Kowalevskaya ihrem Mann mitteilte, daß sie ein Familienleben nicht mehr ausschließe. Kowalevski siedelte 1873 nach seinem nichtbestandenen Examen nach Berlin über, und beide konnten wieder ruhiger ihrer wissenschaftlichen Arbeit nachgehen. Weierstraß drängte aber verstärkt auf einen offiziellen Abschluß seiner Schülerin. Vom Herbst 1873 bis Frühjahr 1874 fertigte sie drei Artikel an, von denen jeder für sich einer Doktorarbeit gleichkam. Der bedeutenste Aufsatz war der Beitrag »Zur Theorie der partiellen Differentialgleichungen«,[28] der eine Existenz- und Eindeutigkeitsaussage enthält, die heute unter dem Namen ›Cauchy-Kowalevskaya-Theorem‹ bekannt ist.

Die Schwierigkeit lag nun darin, eine Universität zu finden, welche Frauen zur Promotion zuließ. Weierstraß entschied sich für Göttingen, da hier die Möglichkeit bestand, den Doktortitel ohne mündliche Prüfung zu erwerben:

> »Einer mündlichen Prüfung in Göttingen sich zu unterziehen würde ich der Frau von Kowalewsky widerraten, (...). Dieselbe hat bisher ein durchaus zurückgezogenes, ausschließlich ihren Studien gewidmetes Leben geführt. (...) Als eine Folge davon hat sich bei ihr eine Scheu, mit fremden Personen unbefangen zu sprechen, ausgebildet, wozu noch kommt, daß ihr bei ihrer ungewöhnlichen geistigen Beweglichkeit die Gedanken viel rascher zuströmen als dieselben in der ihr fremden deutschen Sprache.«[29]

Der Bitte wurde stattgegeben, und im August 1874 erhielt Sonja Kowalevskaya als erste Frau[30] den Doktor der Philosophie mit ›summa cum laude‹.

IV. Frauenrolle und Mathematik – ein Konflikt

1. Leben in Petersburg

Im späten Sommer 1874 kehrte das Ehepaar Kowalevski nach Rußland zurück, um sich nach einem kurzen Aufenthalt in Palibino in Petersburg niederzulassen. Beide sahen mit hohen Erwartungen ihrem zukünftigen wissen-

---

[28] Sophie v. Kowalevsky, »Zur Theorie der partiellen Differentialgleichungen«. In: J. Reine Angew. Math., Bd. 80 (1) (1875), S. 1–32.

[29] Briefe von K. Weierstraß an L. Fuchs. In: Acta Mathematica, 39 (1923), S. 251.

[30] In der italienischen Renaissance gab es bereits Frauen mit Doktortitel im damaligen Sinn.

Zur Theorie der partiellen Differentialgleichungen *).

(Von Frau *Sophie von Kowalevsky*.)

Einleitung.

Es sei eine algebraische Differentialgleichung

$$(1.)\qquad G\left(x, y, \frac{dy}{dx}, \cdots \frac{d^n y}{dx^n}\right) = 0$$

vorgelegt, wo G eine ganze rationale Function der unabhängigen Veränderlichen x, der als Function derselben zu bestimmenden Grösse y und der Ableitungen derselben nach x bis zur n^{ten} Ordnung hin bedeutet.

Eine analytische Function ist vollständig bestimmt, sobald irgend ein regulärer Zweig derselben gegeben ist. Es kommt also darauf an, auf die allgemeinste Weise eine Potenzreihe

$$\sum_0^\infty {}_\nu\, b_\nu \frac{(x-a)^\nu}{\nu!},$$

wo a, b_0, b_1, ... Constanten bedeuten, so zu bestimmen, dass dieselbe, für y gesetzt, der gegebenen Differentialgleichung genügt, und innerhalb eines gewissen, die Stelle a umgebenden Bezirks convergirt.

Es muss also, wenn man diese Reihe für y in den Ausdruck $G\left(x, y, \frac{dy}{dx}, \cdots \frac{d^n y}{dx^n}\right)$ einsetzt und denselben nach Potenzen von $x-a$ entwickelt, jeder einzelne Coefficient dieser Entwickelung gleich Null werden.

So erhält man zunächst zwischen a, b_0, b_1, ... b_n die Gleichung

$$(2.)\qquad G(a, b_0, b_1, \ldots b_n) = 0.$$

Nun hat aber, wenn y irgend eine reguläre Function von x ist, die λ^{te} Ableitung von

$$G\left(x, y, \frac{dy}{dx}, \cdots \frac{d^n y}{dx^n}\right)$$

die Form

$$G'\left(x, y, \frac{dy}{dx}, \cdots \frac{d^n y}{dx^n}\right)\frac{d^{n+\lambda} y}{dx^{n+\lambda}} + H_\lambda\left(x, y, \frac{dy}{dx}, \cdots \frac{d^{n+\lambda-1} y}{dx^{n+\lambda-1}}\right),$$

wo G' die partielle Ableitung von G in Beziehung auf $\frac{d^n y}{dx^n}$, und H_λ eine

*) Diese Abhandlung ist zugleich als Inaugural-Dissertation zur Erlangung der Doctorwürde bei der philosophischen Facultät zu Göttingen erschienen.

schaftlichen Wirken in Forschung und Lehre entgegen. Trotz Unterstützung namhafter Wissenschaftler wie Tschebyscheff und Mendeleev wurden ihre Hoffnungen enttäuscht. Vladimir Kowalevskis Ruf war in seiner Heimat aufgrund der finanziellen und politischen Aktivitäten vor seinem Auslandsaufenthalt weitaus schlechter als in Westeuropa.

Für Sonja Kowalevskaya ergaben sich keinerlei Möglichkeiten, den deutschen akademischen Grad zu nutzen. Im höheren Schuldienst benötigte man ein gesondertes Examen, welches jedoch nur von Männern abgelegt werden konnte. Es blieb allein der Mathematikunterricht an den Grundschulen, der sie verständlicherweise wenig interessierte. Um nicht ganz den Kontakt zur Wissenschaft zu verlieren, traf sie sich in der ersten Zeit des öfteren mit Tschebyscheff, der sich als einziger russischer Mathematiker gegenüber der Weierstraßschen Schule aufgeschlossen zeigte.

Weit mehr als von der Wissenschaft fühlte sich Kowalevskaya von dem kulturellen Leben in Petersburg angezogen. Oper, Theater und literarische Zirkel bildeten die Ziele ihrer abendlichen Besuche. Bald in den gesellschaftlichen Kreisen bekannt, fanden sich Schriftsteller wie Dostojewski und Turgenev bei dem »Michelangelo der Conversation«[31] ein. Anfangs versuchte sie, ihre mathematischen Ambitionen mit diesem wiedererwachten gesellschaftlichen Engagement zu vereinen. Mehr und mehr trat jedoch ihr wissenschaftliches Interesse in den Hintergrund. Am deutlichsten zeigt dies die Tatsache, daß sie den Briefwechsel mit Weierstraß weitgehend einstellte.

Diese neuen äußeren Lebensumstände wirkten sich auf innere Einstellungen und persönliche Verhaltensweisen Kowalevskayas aus. Zunehmend verlor sich der ›fiktive‹ Charakter ihrer Ehe, sie gab sich in der Öffentlichkeit als ›liebenswerte Gattin‹, achtete verstärkt auf ihr Äußeres, und wie Koblitz anführt: »Sonjas Freunde fanden nun ihr Verhalten ›weiblicher‹ und unselbständiger.«[32]

Erinnert man sich an die Schwierigkeiten des Paares während der Studienzeit, so ist dieser Wandel schwer nachvollziehbar. Allerdings boten sich zu der Zeit kaum Alternativen, da eine Scheidung nach wie vor mit großen Schwierigkeiten verbunden war. Zudem konnte es sich Kowalevskaya aufgrund ihrer ungesicherten Lage finanziell nicht leisten, alleine zu leben.

---

[31] So wurde Kowalevskaya später von der schwedischen Feministin Ellen Key genannt. Siehe dazu: Charlotte Leffler, Sonja Kovalevsky. Leipzig 1894, S. 137.

[32] Übersetzt nach Ann Hibner Koblitz, A convergence of lives. Boston 1983, S. 131.

Hinzu kam, daß sie keinen gleichwertigen Ersatz für die geistige Auseinandersetzung mit der Mathematik fand und ihr somit ein wichtiger psychischer Halt fehlte. In diesem labilen Zustand sah sie sich den Ansprüchen ihres Gatten gegenüber, der eine Ehe im ›bürgerlichen‹ Sinne wünschte. Da sie sich dem Konflikt nicht gewachsen fühlte, fügte sie sich vorübergehend in die traditionelle Frauenrolle.

In diese Phase fiel der Tod des Vaters, der in ihr eine tiefe emotionale Krise auslöste. Sie stellte den Briefkontakt zu Weierstraß ein und zog sich völlig aus dem wissenschaftlichen Leben zurück. Die Erbschaft, welche ihr der Vater hinterließ, konnte jedoch nicht über die entstehenden finanziellen Sorgen des Paares hinwegtäuschen. Die aktive Teilnahme am gesellschaftlichen Leben forderte ihren Preis, und keiner der beiden Ehepartner verfügte über ein regelmäßiges Einkommen. Einen weitverbreiteten Trend, sein Geld gewinnbringend anzulegen, stellte damals die Immobilienspekulation dar. Durch Bekannte angeregt, versuchten sich die Kowalevskis ebenfalls in diesem Métier.

Vorübergehend veröffentlichte Kowalevskaya einige Theaterkritiken und populärwissenschaftliche Artikel in einer Zeitung, an der Vladimir Kowalevski beteiligt war. Jedoch auch diese Tätigkeit verschaffte keine gesicherte wirtschaftliche Grundlage. Die Zeitung verlor mehr und mehr ihren seriösen Charakter zugunsten radikaler politischer Gedanken. Die Folge war, daß Kowalevski mit hohem finanziellen Verlust aus der Beteiligung ausstieg. Das Ehepaar stand nun kurz vor dem Bankrott und war auf Zuschüsse von Verwandten und Bekannten angewiesen. Doch hofften beide, durch weitere Geldanlagen ihre wirtschaftliche Lage zu verbessern.

Trotz dieser ungünstigen Verhältnisse schränkten die Kowalevskis ihr öffentliches Leben nicht ein. Nach wie vor besuchten sie Theater und Bälle, veranstalteten Leseabende und gaben sich weiterhin gastfreundlich. In dieser nicht-wissenschaftlichen Phase lernte sie Gösta Mittag-Leffler, einen jungen schwedischen Mathematiker und ehemaligen Schüler Weierstraß', kennen. Mittag-Leffler, von Kowalevskaya als Frau wie als Wissenschaftlerin fasziniert, spielte später eine ausschlaggebende Rolle für ihre berufliche Karriere.

2. *Die Entscheidung für die Mathematik*

Mit der Geburt ihrer Tochter Sophia im Oktober 1878 kam es zu einer nachhaltigen Wende im Leben Kowalevskayas. Aufgrund der Schwangerschaft und des durch die schwere Geburt hervorgerufenen schlechten Gesundheitszustandes sah sie sich gezwungen, von den gesellschaftlichen Verpflichtungen

Abstand zu nehmen. Von neuem entstand bei ihr das Bedürfnis nach sozialem und intellektuellem Engagement. Sie betätigte sich wieder verstärkt im journalistischen Bereich, schrieb an der Novelle »A Nihilist Girl«[33] und nahm Kontakt mit den aus früheren Zeiten bekannten radikalen Kreisen auf. Über diese Beziehungen konnte sie sich an der Organisation der ›Höheren Frauen-Kurse‹ beteiligen, welche 1878 in Petersburg eröffnet wurden. Nach ihrer Enttäuschung über die geringen Studien- und Arbeitsmöglichkeiten für Frauen standen die Forderungen ihrer Geschlechtsgenossinnen auf Bildung und Arbeit im Mittelpunkt ihres sozialen Interesses. Obwohl Kowalevskaya für das Jahr 1878/79 in das zwölfköpfige Gründungskommittee der Frauenkurse gewählt wurde, erfüllte sich ihre Hoffnung nicht, innerhalb dieser Institution Mathematik zu lehren. Selbst hier setzte sich das Lehrerkollegium nur aus männlichen Professoren zusammen.

Nachdem sie sich von der schweren Geburt erholt hatte, widmete sich Kowalevskaya in ihrer freien Zeit ausschließlich den für sie neuen Mutterverpflichtungen, während ihr Mann nach wie vor zwielichtigen Geldgeschäften nachging. Zwischen den Ehepartnern kam es zu einer zunehmenden Entfremdung, welche Kowalevskaya in ihrer Suche nach eigenen Lebensinhalten bestärkte.

Wie ernstgemeint ihre Absicht war, zeigt – nach einer dreijährigen Pause – die zögernde Wiederaufnahme des Briefwechsels mit Weierstraß während der Schwangerschaft. Dieser, anfangs sehr distanziert, bemerkte wohl den ›inneren Wandel‹ und setzte den Kontakt fort, indem er sie mit mathematischen Problemen zum erneuten Studium herausforderte. Das wissenschaftliche Umfeld war jedoch denkbar ungünstig, da Kowalevskaya auf sich allein angewiesen war. Nur in Tschebyscheff fand sie einen offenen Diskussionspartner. Dieser ermunterte sie, ihre Arbeit[34] auf dem Ende 1879 in Petersburg stattfindenden Kongreß der Naturwissenschaften vorzustellen. Dieser Vortrag, der glänzend ankam, weckte nicht nur das Interesse für die deutsche Mathematik bei einigen russischen Wissenschaftlern. Er überzeugte ebenso den schwedischen Gast Mittag-Leffler, sich verstärkt um eine offizielle Anstellung der jungen Mathematikerin zu bemühen.

Obwohl oder gerade weil Sonja Kowalevskaya auf wissenschaftlichen Boden wieder Fuß faßte, vertiefte und verstrickte sich ihr Gatte mehr und mehr

[33] Dieses Buch, welches 1892 in russischer Sprache erschien, beruht auf einer biographischen Skizze.

[34] Anscheinend über die Abelschen Funktionen.

in seine Spekulationsgeschäfte. Schließlich mußte das Ehepaar aufgrund seiner sich verschlechternden finanziellen Lage Petersburg Anfang 1880 verlassen. Sie siedelten nach Moskau über mit der Hoffnung auf eine Anstellung für Vladimir Kowalevski an der dortigen Universität. Kowalevskaya engagierte sich von Anfang an in den naturwissenschaftlichen Kreisen und war nach kurzer Zeit bei den dortigen Mathematikern hoch angesehen. Ebenso bemühte sie sich um die Zulassung zur Prüfung für das Lehramt an höheren Schulen. Jedoch aus Rücksicht auf ihren Mann, dessen Ruf an der Universität dieser Antrag geschadet hatte, zog sie das Gesuch vorübergehend zurück. Kowalevski erhielt die erhoffte Stelle an der Geologischen Fakultät, ließ sich aber gleichzeitig zu einem Direktorposten bei einer undurchsichtigen Handelsgesellschaft[35] überreden. Die Folgen dieser Entscheidung waren absehbar. Kowalevskaya, deren erneute Anfrage zur Prüfungzulassung zurückgewiesen wurde, beschloß nach dieser ›beruflichen‹ Entscheidung von Kowalevski, ihre Zukunft in die eigenen Hände zu nehmen. Sie sah in ihrer mathematischen Arbeit nicht nur eine eventuelle eigenständige Existenzgrundlage für sich, sondern eine Notwendigkeit, »unseren Ruf als Frauen aufrecht zu erhalten.«[36]

Im Oktober 1880 reiste Kowalevskaya für zwei Monate nach Berlin zu ihrem Freund Karl Weierstraß. Ende des Jahres kehrte sie mit neuem – nicht nur mathematischen – Selbstbewußtsein und der Absicht zurück, ihre eigenen Interessen nicht mehr zugunsten des Ehemannes zu vernachlässigen. Dieser war, anstatt die Stelle an der Universität anzutreten, im Namen seiner Firma verreist. Letzteres gab den Ausschlag für Kowalevskayas Entschluß zu einer vorläufige Trennung von ihrem Mann. Im März 1881 verließ sie Moskau und reiste mit ihrer Tochter auf unbestimmte Zeit nach Berlin.

3. Ein neuer Anfang

Obwohl Sonja Kowalevskaya den aktiven Part in der Trennung spielte, war sie es, so geht aus den Briefwechseln hervor, die darin nur eine vorübergehende Unterbrechung sah. Ihre Hoffnungen, daß Kowalevski sich mit ihrer wissenschaftlichen Tätigkeit einverstanden erklären würde, erfüllten sich jedoch nicht. Seine frühere positive Einstellung gegenüber der Frauenfrage ver-

---

35 Es handelte sich dabei um zwei Brüder namens Ragozin, die mit Öl handelten.

36 Übersetzt nach ANN HIBNER KOBLITZ, A convergence of lives. Boston 1983, S. 148.

lor sich zunehmend mit dem wachsenden Bekanntheitsgrad seiner Frau und seinen eigenen wissenschaftlichen Mißerfolgen.

Trotz oder vielleicht gerade wegen dieser privaten Unsicherheit widmete sie sich mit Unterstützung von Weierstraß wieder ganz dem Mathematikstudium. Ebenso verstärkte sie ihre Bestrebungen, eine offizielle Anstellung als Mathematikerin zu finden. In diesem Zusammenhang schrieb sie an Mittag-Leffler, der ihr einen Posten an der Universität in Stockholm in Aussicht stellte. Die Bemühungen von Mittag-Leffler, welcher zu der Zeit noch in Helsinki lehrte, schlugen fehl. Nicht so sehr ihr Geschlecht bildete dabei das Hindernis, wieder einmal war es der zwielichte Ruf der ›radikalen Russinnen‹, der ihr vorauseilte. Dieses Bild wurde in den Augen der Umwelt dadurch bestätigt, daß sie als verheiratete Frau getrennt von ihrem Mann lebte. Jedoch galt sie durch die Ehe als finanziell abgesichert und hatte somit keinen Anspruch auf ein eigenständiges Einkommen. Kowalevskaya mußte in ihrer Situation mit einem doppelten Konflikt zurechtkommen. Sie verletzte durch ihre untraditionelle Lebensweise die bestehende Normen der Gesellschaft. Gleichzeitig wurde ihr kein Recht auf wirtschaftliche Unabhängigkeit von ihrem Ehemann eingeräumt und ihr somit die Möglichkeit genommen, als selbständige Person in der Gesellschaft Fuß zu fassen.

Im Herbst 1881 siedelte Kowalevskaya nach Paris über, um in der Nähe ihrer Schwester Aniuta zu leben. Obwohl das mathematische Umfeld zu der Zeit in Paris ausgezeichnet war, nahm sie kaum Kontakt mit den dortigen Wissenschaftlern auf. Mit weitaus größerem Enthusiasmus traf sie dagegen alte Landsleute wieder, welche sich um den ihr ebenfalls schon bekannten Mathematiker Lavrov sammelten. Hier fand sie den regen Austausch über die politische und soziale Lage Rußlands, den sie während ihres Studiums in Berlin vermißt hatte. Der enge Kontakt zu einem jungen Polen namens Perrot und zu dem deutschen Sozialisten Georg Volmar veranlaßte sie, innerhalb revolutionärer Kreise aktiv zu werden. Immer wieder verhalf sie jungen Russen zur Flucht oder gewährte jungen Frauen vorübergehend Unterschlupf. Während sie mit Perrot, Mathematiker und Lyriker, eine kurzfristige Beziehung ›philosophischer‹ Natur unterhielt, verband sie mit Volmar eine tiefe Freundschaft, welche ihr später des öfteren vorgehalten wurde. Gerade diese Bekanntschaft löste in Kowalevskaya wieder den Zwiespalt zwischen politischem sowie sozialem Engagement und wissenschaftlichem Interesse aus. Die Diskussion, bei der sie in Heidelberg noch vehement die Wissenschaft vertrat, erschien ihr nun in neuem Licht. Sie stellte ihr persönliches Interesse für die Mathematik in Frage und gestand sich ein – wie wenige Mathematiker –, daß diese abstrakte Wissenschaft nur für eine absolute Minderheit von Nutzen ist. Dieses Für und Wider ihrer wissenschaftlichen Tätigkeit ließ sie in den letzten Jahren ihrer mathematischen Karriere nicht mehr los. Hier lag wohl der Hauptgrund für ihren weiteren politischen und sozialen Einsatz, der ihr immer wieder angelastet wurde und sich als eine der größten Barrieren im Zusammenhang mit ihrer Laufbahn entpuppte.

Jedoch muß das Anzweifeln ihrer Entscheidung für eine wissenschaftliche Laufbahn vor dem Hintergrund des damaligen psychischen Zustandes von Kowalevskaya gesehen werden. Erst mit dem Eintreffen von Mittag-Leffler im Mai 1892 verbesserte sich ihre Situation: Er stellte sie dem mathematischen Zirkel, darunter Darboux, Hermite, Poincaré und Picard, vor. Es entstand ein reger Gedankenaustausch mit dem Erfolg, daß Kowalevskaya im Juli 1882 als volles Mitglied in die mathematische Gesellschaft von Paris gewählt wurde.

Trotz guter wissenschaftlicher Zusammenarbeit mit den französischen Mathematikern gaben diese sich privat sehr distanziert gegenüber ihrer jungen Kollegin. So begegnete auch die akademische Welt ihrem Status als verheiratete Frau, den sie nicht im herkömmlichen Sinne erfüllte, mit Mißtrauen.

Dieses Verhalten änderte sich abrupt, als im April die Nachricht vom Tod Vladimir Kowalevskis eintraf. Er beging Selbstmord, nachdem ›seine‹ Firma bankrott gemacht hatte, und er zur Verantwortung gezogen wurde. Obwohl die Beziehung zwischen den Ehepartnern mittlerweile sehr abgekühlt war, führte dieses Ereignis bei Kowalevskaya zu einem Nervenzusammenbruch, von dem sie sich nur langsam erholte. Der Hauptgrund für diese Krise ist in erster Linie darin zu sehen, daß Kowalevskaya sich mitschuldig am Tod ihres Mannes fühlte.

Fast grotesk mutet dagegen die Reaktion der wissenschaftlichen Welt an:

> »Das Wesentliche aber, worüber ich Ihnen diesmal zu schreiben habe, betrifft Frau v. Kowalewsky. Ohne Zweifel wissen Sie (...), daß sie ihren Mann auf traurige Weise verloren hat,(...).«

Mittag-Leffler zitiert weiter:

> »Jetzt nach dem Tode ihres Mannes ist ein in meinen Augen sehr gewichtiges Hindernis für ihr Vorhaben – l'acceptation d'une place de maître de conférence à Stockholm‹ – nicht mehr vorhanden.«[37]

---

[37] Weierstraß an Mittag-Leffler am 5. 8. 1883. Zitiert nach Gösta Mittag-Leffler, »Weierstraß et Sonja Kowalewsky«. In: Acta Mathematica, 39 (1923), S. 189–190.

Die Antwort erfolgte prompt: Sie bekam eine Stelle als Privatdozentin an der Universität in Stockholm angeboten. Als Witwe war sie als alleinstehende Frau in der Gesellschaft legitimiert und anerkannt. Da sie auf sich selbst gestellt war, hatte sie ein Recht, ihre Existenz durch ein eigenes Einkommen zu sichern.

V. Eine Frau in der Wissenschaft

1. Das Leben in Stockholm

Im Herbst 1883 wurde Sonja Kowalevskaya als »Prinzessin der Wissenschaften«[38] in Stockholm begrüßt. An der dort neugegründeten Universität stellte sie die Sensation des intellektuellen Lebens dar. Als erste Frau mit einem akademischen Lehrauftrag löste sie eine Diskussionswelle aus, die viele namhafte Wissenschaftler wie z. B. Alfred Nobel nach Stockholm lockte. Kowalevskaya stand diesem Trubel allerdings skeptisch gegenüber:

> »Schau dir das an! Sie haben mich zu einer Prinzessin gemacht! Es wäre besser gewesen, sie hätten mir ein Gehalt gezahlt.«[39]

Denn trotz aller ›Attraktivität‹ ergab sich keine Möglichkeit für eine offizielle Anstellung. Als Privatdozentin wurde sie teils aus privaten Quellen unterstützt und teils von ihren Studenten bezahlt.

Das Mißtrauen ihr gegenüber hatte sich nach einem Jahr nicht geändert, als sich die Frage nach einer Verlängerung ihres Vertrages stellte. Hindernisgrund war, wie schon so oft, weniger ihr Geschlecht sondern vielmehr ihre öffentliche Stellungnahme zu politischen Themen. Auch in Schweden hegte man große Vorurteile gegenüber Russinnen, zudem galt die junge Wissenschaftlerin als Vertreterin radikaler Gedanken. Eine weitere Barriere bildete die mathematische Richtung, welche Kowalevskaya vertrat. Die abstrakte Schule von Weierstraß war zu der Zeit unter den schwedischen Mathematikern nicht gerne gesehen.

Dank der diplomatischen Fähigkeiten von Mittag-Leffler, der sich für Kowalevskaya schon seit dem ersten Zusammentreffen in Rußland einsetzte, erhielt sie dennoch im Juni 1884 eine außerordentliche Professur über fünf Jahre. Der Tragweite dieser Stellung, welche sie als erste Frau innehatte, so-

---

38 Nach Ann Hibner Koblitz, A convergence of lives. Boston 1983, S.179.

39 Übersetzt nach ebda, S. 179.

wie ihrer Bedeutung für die Frauenbewegung war sich Sonja Kowalevskaya durchaus bewußt. Gerade aus diesem Grund gab sie sich mit dem Schritt nicht zufrieden. Sie zielte auf eine ordentliche Professur und damit die offizielle Anerkennung als Wissenschaftlerin.

Jedoch weigerte sie sich, von ihren politischen Äußerungen und Kontakten Abstand zu nehmen. Nach wie vor zeigte sie sich mit Freunden wie dem Sozialisten Georg Volmar im Stockholmer Leben, was immer wieder Empörung hervorrief. Dieser Punkt machte ihr auf längere Sicht derart zu schaffen, daß sie bis an ihr Lebensende versuchte, Stockholm zu verlassen. Das geistige und politische Klima in Schweden war Kowalevskaya zu träge. Ihr fehlte die Auseinandersetzung mit engagierten, gleichgesinnten Menschen, wie sie es in dem russischen Zirkel um Lavrov in Paris vorgefunden hatte.

Ebenso vermißte sie den Einsatz der radikalen Frauenbewegung, wie sie es aus ihrer Heimat gewöhnt war. Zwar ließ sich in Schweden eine größere Aufgeschlossenheit gegenüber der Emanzipation feststellen als z. B. in Frankreich. Dies hatte allerdings zur Folge, daß das Interesse und Engagement für die Frauenfrage in gemäßigteren Bahnen verlief.

Auf der einen Seite galt Kowalevskaya – im wissenschaftlichen Sinne – überall als die Vorzeigefrau. Auf der anderen Seite – ähnlich wie bei ihrem Aufenthalt in Paris – stieß sie gerade bei Frauen immer wieder auf Unverständnis und Mißtrauen. Dies legte sich, als 1886 ihre Tochter nach Stockholm kam. Ab da war sie eine ›harmlose‹ Frau, die ihre Mutterrolle nur schlecht erfüllte und zudem einen chaotischen Haushalt führte. Kowalevskaya wußte um ihr diesbezügliches Ansehen in der Gesellschaft, entgegnete dieser Tatsache jedoch mit ihrer eigenen Ironie:

> »All diese dummen, aber notwendigen praktischen Tätigkeiten sind ein wahrer Test meiner Geduld, und ich beginne zu verstehen, warum Männer gute, praktische Hausfrauen so hoch schätzen. Wäre ich ein Mann, so würde ich mir eine hübsche, kleine Hausfrau suchen, die mich davon befreit.«[40]

Die engste Freundschaft verband sie mit der Schwester von Mittag-Leffler, Charlotte Leffler, welche zu den führenden Feministinnen ihres Landes gehörte. Da sie vor allem literarisch tätig war, motivierte sie durch die gemeinsamen Gespräche Kowalevskaya, sich ebenfalls als Schriftstellerin zu versuchen. Erwähnenswert sind Kowalevskayas ›Jugenderinnerungen‹,[41] welche

---

40 Brief an eine Freundin. Übersetzt nach ebda, S. 197.

41 Sonja Kowalewski, Jugenderinnerungen. Frankfurt a. M. 1968.

sie kurz nach dem Tod ihrer Schwester 1887 niederschrieb und Aniuta damit ein Denkmal setzte.

In der Öffentlichkeit entstand durch ihre schriftstellerische Tätigkeit zunehmend das Bild, daß sie endlich das unweibliche Feld der Mathematik zugunsten einer weiblicheren Beschäftigung aufgab. Allerdings sah Kowalevskaya keinerlei Widerspruch in ihrem unterschiedlichen Engagement:

> »Ich verstehe, daß Du sehr erstaunt bist, daß ich gleichzeitig literarisch und mathematisch arbeiten kann.(...) Einer der herausragendsten Mathematiker in unserem Jahrhundert [Weierstraß] sagte völlig zutreffend, daß es unmöglich ist, ein Mathematiker zu sein, ohne die Seele eines Poeten zu besitzen. (...)«[42]

2. *Weitere mathematische Erfolge*

Im Gegensatz zu den fehlendenden Erfolgen im sozialen Engagement fand Kowalevskaya eine vielseitige Bestätigung auf mathematischen Gebiet. Am 30. Januar 1884 hielt sie ihre erste Vorlesung über die Theorie der partiellen Differentialgleichungen, welche von den zwölf Studenten mit Begeisterung aufgenommen wurde. Davon abgesehen stellte Mittag-Leffler als ehemaliger Schüler von Weierstraß den idealen Gesprächspartner für sie dar. Weiter beteiligte sie der schwedische Mathematiker und Begründer der heutigen ›Acta Mathematica‹ an seiner Zeitschrift. Damit war Kowalevskaya die erste Frau, welche als Mitherausgeberin in einem naturwissenschaftlichen Journal aufgeführt wurde. Diese Arbeit entsprach ganz dem Temperament der Russin. Ihre Bekanntschaften und zahlreichen Briefkontakte, die sie in West- und Osteuropa pflegte, kamen ihr nun zugute. In der heutigen Bewertung ihrer mathematischen Leistungen kommt diese Vermittlerrolle zwischen der deutschen und russischen Wissenschaft kaum zur Sprache. In den »Quellen und Studien zur Geschichte Osteuropas«[43] wird dagegen diese Seite explizit angeführt:

> »Fruchtbare wissenschaftliche Kontakte zwischen russischen und deutschen Mathematikern wurden bereits vor langer Zeit hergestellt. Als deutliches Beispiel dafür können das Leben und das Werk von Sof'ja Vasil'evna Kovalevskaja (1850–1891), der Lieblingsschülerin von Weierstraß (1815–1897), gelten.«[44]

---

[42] Brief an eine Freundin. Übersetzt nach ANN HIBNER KOBLITZ, A convergence of lives. Boston 1983, S. 231.

[43] Quellen und Studien zur Geschichte Osteuropas. Berlin, Bd. 15 (1966), S. 683–685.

[44] A. P. YUSHKEVICH, »Georg Cantor und Sof'ja Kovalevskaja. Ost und West in der Geschichte des Denkens und der kulturellen Beziehungen. In: Ebda, S. 683.

Trotz dieser ›fruchtbaren wissenschaftlichen Kontakte‹ muß man darauf hinweisen, daß die russischen Mathematiker gegenüber der abstrakten Analysis von Weierstraß sehr skeptisch eingestellt waren. Nach wie vor standen in Rußland, unabhängig von der Entwicklung in Westeuropa, Themen aus der angewandten Mathematik im Vordergrund. Seit dem Vortrag von Kowalevskaya auf dem naturwissenschaftlichen Kongreß in Petersburg zeigte jedoch Tschebyscheff stärkeres Interesse an der Berliner Schule. Ihm folgten unter anderen P. A. Nekrasov und N. E. Zhukovskii, welche ihre Vorurteile gegen die Weierstraßsche Mathematik ablegten.

Die Möglichkeit, russische sowie westliche Arbeiten in den ›Acta Mathematica‹ zu veröffentlichen, begünstigte diese Entwicklung. Kowalevskayas Ansehen in ihrer Heimat stieg zusehends. Sie erhielt zahlreiche Briefe, Aufsätze und Anfragen von russischen Mathematikern, darunter von Tschebyscheff, mit dem sie eine regelmäßige wissenschaftliche Korrespondenz aufbaute.[45]

Diese Fähigkeit und Bereitschaft, Kontakte zu knüpfen, kam nicht nur der Wissenschaft zugute. Zum siebzigsten Geburtstag von Weierstraß bildete sie mit Leonard Fuchs und Mittag-Leffler ein ›Geburtstagskommittee‹, welches Geld und Ideen für sein Geschenk sammelte. Das Ergebnis ist das wertvolle – und vor kurzem wiedergefundene – Fotoalbum.[46] Auch diese Aktivität zeigt die Anerkennung Kowalevskayas als gleichberechtigte Wissenschaftlerin unter Mathematikern.

Die endgültigen Aufnahme in den europäischen Elitekreis der Mathematiker erreichte sie im Dezember 1888 mit ihrer Arbeit »sur le problème de la rotation d'un corps solide autour d'un point fixe«.[47] Sie gewann damit den französischen ›Prix Bordin‹, der aufgrund der ausgezeichneten Ergebnisse von 3000 auf 5000 Francs erhöht wurde. Nicht nur diese finanzielle Erhöhung des Preises läßt die internationale Würdigung ihrer mathematischen Leistungen erkennen. Koblitz stellt in ihrer Biographie[48] eine weitaus interessantere These auf. Aus dem Briefwechsel zwischen Joseph Bertrand und Charles Hermite geht hervor, daß den deutschen und französischen Mathe-

---

45 Ein Drittel Tschebyscheffs mathematischer Briefe waren an Kowalevskaya gerichtet.

46 Siehe dazu: Reinhard Bölling, »A Birthday Present«. In: Math. Intelligencer, 11 (1989), S. 20–26.

47 In: Acta Mathematica, Vol. 12 (1889), S. 177–232.

48 Ann Hibner Koblitz, A convergence of lives. Boston 1983, S. 206–209.

matikern Kowalevskayas Beschäftigung mit dem Rotationsproblem seit 1885 bekannt war. Hermite und Bertrand boten der Russin sogar eine Freistellung vom offiziellen Abgabetermin an, um sie zur Teilnahme zu bewegen. Aus dieser Tatsache leitet Koblitz ihre naheliegende Vermutung ab, daß die Wahl des Themas auf Kowalevskaya zugeschnitten wurde, da man insbesonders auf ihre Ergebnisse bezüglich dieses Themas Wert legte. Eine Jury ermittelte unter den 15 anonym eingesendeten Lösungsvorschlägen die beste Bearbeitung des Problems.

Der ›Prix Bordin‹ bildete den Höhepunkt ihrer mathematischen Karriere, die Anerkennung allerorten war Kowalevskaya damit gewiß. Kurz darauf, im Juni 1889, erhielt sie eine ordentliche Professur und erreichte damit ein für sie und die Frauenbewegung wichtiges Ziel. Ihre Bemühungen, eine Anstellung in ihrer Heimat zu erhalten, scheiterten aufgrund ihres Geschlechts. Jedoch gelang es ihr als erster Frau, im November 1889 als korrespondierendes Mitglied in die russische ›Akademie der Wissenschaften‹ gewählt zu werden. Ihre Hoffnungen auf eine volle Mitgliedschaft vereitelte der damals noch recht junge Mathematiker Andrei A. Markov. Er verwies – ohne einen Beweis zu liefern – auf einen vermeintlichen Fehler in Kowalevskayas preisgekrönter Arbeit. Damit erreichte er, daß einige Mitglieder ihre Stimme zur Wahl ihrer Landsmännin zurücknahmen. Zwei Jahre nach dem Tod Kowalevskayas stellte sich heraus, daß Markovs Behauptung nicht nur unbegründet, sondern falsch war. Dieses Ereignis zählte mit als Grund für den Ausschluß Markovs aus der Akademie.

3. Die Freundschaft zu Maksim Kowalevski

Obwohl Kowalevskaya schon längere Zeit in Stockholm weilte, nahm ihre Popularität keineswegs ab. Nach wie vor stellte sie als weiblicher Professor die Attraktion der Universität dar. Folglich mußte sie sich auf Empfängen und Vorträgen zeigen sowie im kulturellen Leben präsent sein. Diese gesellschaftlichen Verpflichtungen beanspruchten sie zwar, füllten sie jedoch nicht aus. Mehr und mehr vermißte sie das Gespräch mit Gleichgesinnten und fühlte sich mit ihrem Interesse für Rußland alleingelassen.

In diese Zeit fiel der Beginn ihrer Freundschaft mit Maksim Kowalevski,[49] Professor für Jura, den sie schon in Paris im Emigrantenkreis um Lavrov kennengelernt hatte. In ihm fand Sonja den idealen Diskussionspartner. Kowa-

[49] Es bestand keine Verwandtschaftsbeziehung.

Maksim Kowalevski (1880)

levski hatte Rußland aufgrund seiner politischen Aktivitäten verlassen müssen, lebte in London, New York und Paris und lehrte nun als Gastdozent im Wintersemester 1887/88 an der Universität in Stockholm. Die ähnliche Gedankenwelt, welche die russische Generation der sechziger Jahre prägte, und ein unstetes Leben außerhalb des Heimatlandes ließen ein gegenseitiges Verständnis zu, das mit einem Westeuropäer nicht möglich gewesen wäre. In den Jahren bis zu ihrem Tod beanspruchte diese Freundschaft im wahrsten Sinne des Wortes einen ›einnehmenden Platz‹ im Leben Kowalevskayas:

> »Gestern war überhaupt ein schwerer Tag für mich, denn der dicke M. reiste abends fort. (...) Im ganzen genommen kann ich nicht anders sagen, als daß diese Veränderung auch für mich persönlich glücklich ist, denn wäre der dicke M. geblieben, weiß ich nicht, wie ich hätte arbeiten können. Er ist so groß, so ›breitschlagend‹ (...) und nimmt einen so schrecklich großen Platz nicht nur auf dem Sofa, sondern auch in der Gedankenwelt ein, daß es für mich ganz unmöglich wäre, in seiner Gegenwart an etwas anderes als an ihn selbst zu denken.«[50]

Ebenso findet diese Beziehung in sämtlichen Biographien eine sorgfältige Betrachtung und Interpretation. Immer wieder wird die einseitige Zuneigung der Wissenschaftlerin zu ihrem Landsmann betont. Leffler setzt den Verlauf der Freundschaft sogar mit einem ›Schiffbruch‹[51] gleich, den Kowalevskaya erleiden mußte. In den Augen der Schwedin führt das Engagement für die Wissenschaft zum Verlust der Weiblichkeit und damit zur Degradierung der Frau bezüglich ihrer Attraktivität für den Mann. Dies entspricht einem durchaus heute noch gängigen Bild, gegen das Naturwissenschaftlerinnen immer wieder ankämpfen müssen.

Es läßt sich bestimmt nicht bestreiten, daß es in dieser Beziehung zu Problemen kam. Kowalevskaya entsprach nicht dem gängigen Frauenbild des 19. Jahrhunderts. Sie weigerte sich, die Rolle der Ehegattin und Mutter zu übernehmen. Zudem führte sie ein eigenständiges, unabhängiges Leben, ein Privileg, das nicht nur zu der Zeit allein dem Mann vorbehalten war. Eine Verbindung zweier derart willensstarker Persönlichkeiten, von denen keine die eigenen Interessen zugunsten einer Beziehung zurückstellte, konnte nicht konfliktfrei verlaufen.

Wiederum war es diese Unabhängigkeit, welche Kowalevski an Sonja so

---

[50] Brief Kowalevskayas an Charlotte Leffler. Zitiert nach CHARLOTTE LEFFLER, Sonja Kovalevsky. Leipzig 1894, S. 122.

[51] Ebda, S. 128.

sehr schätzte. In seiner Grabesrede betont er mehrfach ihre disziplinierte Arbeitsweise auf ihren gemeinsamen Reisen:

»(...) daß sie einerseits voller Ernst und ohne Pause arbeiten konnte, dann wieder das leichte, unterhaltsame Leben, ja selbst Volksfeste liebte.«[52]

Nichts konnte sie davon abhalten, ihre Ideen, waren sie nun mathematischer oder literarischer Art, auszuführen. Weiter verweist er auf ihre lebensfrohe und aufgeschlossene Natur und entwirft ein Bild von der Wissenschaftlerin, in dem seine Faszination und sein Interesse an ihrer Person zum Ausdruck kommen.

Den stärksten Kontrast zu dieser Schilderung liefert der Spielfilm »Ein Berg auf der Rückseite des Mondes«,[53] der diese ›Liebesgeschichte‹ nachzeichnet. Allein die Besetzung der Rollen läßt ein ganz und gar verfälschtes Bild dieser Freundschaft entstehen. Sonja Kowalevskaya, eine eher ältlich und trocken wirkende Frau, gibt sich ganz für die Liebe zu dem schlanken, jugendlich wirkenden Maksim Kowalevski auf. Am Ende des Films steht in unmittelbarer Folge der ungewiße Abschied Sonjas von Kowalevski und ihr Tod in Stockholm. Diese indirekte Verknüpfung zwischen ihrem Tod und der Trennung von Kowalevski findet sich in der Biographie »Little sparrow« von Don H. Kennedy wieder, der sie mit den Worten »zu viel Glück«[54] sterben läßt.

Tatsache ist, daß Kowalevskaya sich bei der Rückreise von ihrem Aufenthalt in Nizza eine schwere Rippenfellentzündung zuzog. Hinzu kam ihr Herzfehler, der ihr seit der Geburt ihrer Tochter immer wieder Beschwerden bereitet hatte, und die falsche Diagnose des Arztes in Stockholm, der sie auf Nierenkolik behandelte. Erst bei der Obduktion nach ihrem Tod am 10. Februar 1891 stellte sich der richtige Befund heraus.

Diese aufschlußreichen Informationen finden sich in der Grabes- und Gedächtnisrede für Kowalevskaya von Maksim Kowalevski. Er widerlegt damit das von Charlotte Leffler verbreitete Gerücht über die Selbstmordgedanken

52 »Vospominanija druga«, in: S. V. Kovalevskaja, Vospominanija; pri'sma. Moskva 1961, S. 404. Mein besonderer Dank gilt an dieser Stelle Frau Dr. Pietrow, Tübingen. Sie übersetzte die Grabes- und Gedächtnisrede, welche Kowalevski 1916 anläßlich ihres 25. Todestag veröffentlichte.

53 Diesen schwedischen Film sendete das ZDF am 4. 1. 1989. Es existiert ein weiterer russischer Spielfilm, der bisher jedoch nur im ehemaligen DDR-Fernsehen gezeigt wurde.

54 Übersetzt nach Don H. Kennedy, Little sparrow. London 1983, S. 311.

ihrer Freundin aufgrund einer ›unerfüllten Liebe‹. Diese für das Gesamtbild von Kowalevskaya sehr interessante Rede veröffentlichte Maksim Kowalevski 1916 anläßlich ihres 25. Todestages:

> »Im Zentrum meines Interesses stand verständlicherweise meine berühmte Namensvetterin. Sie war tatsächlich eine bemerkenswerte Frau. Ihre Biographie ist durch ihre Freundin Leffler wohlbekannt. Dennoch sind einige Ergänzungen von Nöten – gerade durch einen Menschen, der ihr besonders nahestand.«[55]

Er beschreibt mit liebevollen Worten ihren lebensfrohen Charakter und äußert sich voller Respekt und Bewunderung über die »Vielseitigkeit ihres Talentes«. Immer wieder klingt – vor dem Hintergrund ihrer gemeinsamen Vergangenheit – das gegenseitige Verständnis durch, das diese beiden so unabhängigen Persönlichkeiten verband:

> »Ich traf nie einen Menschen, der russischer fühlte als sie es tat.«[56]

VI. Ein Ausblick

Das Leben der russischen Wissenschaftlerin Sonja Kowalevskaya läßt sich unter verschiedenen Gesichtspunkten betrachten. Weder ihre Errungenschaften für die Mathematik noch ihre literarischen Werke fanden in der vorliegenden Arbeit eine explizite Beachtung. Der Schwerpunkt lag auf der Untersuchung ihrer wissenschaftlichen Karriere und den sich daraus ergebenden persönlichen Schwierigkeiten. Das der Frauenbewegung positiv gesinnte geistige Klima Rußlands sowie ihre außergewöhnliche mathematische Begabung ermöglichten Kowalevskaya die Eröffnung neuer Perspektiven für Frauen: sie erhielt als erste Frau eine ordentliche Professur an einer europäischen Universität.

Dabei führte der Kampf um Anerkennung als Wissenschaftlerin, Ausländerin und Frau zu Konflikten, denen Kowalevskaya zeitweise nicht gewachsen war. Diese Phasen werden in einigen Biographien älteren Datums besonders hervorgehoben. In den Augen der Verfasser mußte sie ihre wissenschaftlichen Erfolge mit den fehlenden ›Erfolgen‹ als Ehefrau, Mutter und Freundin bezahlen. Nach ihrem Tod entstand eine Flut diesgearteter Aufsätze und

---

55 »Vospominanija druga«, in: S. V. Kovalevskaja, Vospominanija; pris'ma. Moskva 1961, S. 386.

56 Ebda, S. 389.

Artikel, in denen ihr Lebensweg mitleiderregend, entmutigend und abschrekkend wirkt. Demgegenüber kommt es in der jüngsten Zeit oftmals zu einer Überhöhung ihrer Person:

> »jung, schön, begabt, willensstark, fremdländisch, lebenshungrig, unberechenbar. Eine schillernde Erscheinung, eine außergewöhnliche Frau. Eine, die fasziniert – aber auch Angst macht.«[57]

Kowalevskaya, das Superweib, eignet sich hervorragend als Alibifrau der Mathematiker. Denn nach wie vor, trotz ansteigender Zahlen der Anfängerinnen im Fach Mathematik, stellt eine Professorin in diesem Bereich eine Rarität dar.

Vor hundert Jahren nahezu unvorstellbar, ist es heute für Frauen möglich, jede Wissenschaft zu studieren. So muß es also – nicht explizit sichtbare – Gründe geben, die Frauen von einer wissenschaftlichen Laufbahn abhalten. An dieser Stelle eröffnet sich ein weiterer Aspekt, unter dem sich das Leben von Sonja Kowalevskaya betrachten läßt und für die derzeitige Diskussion interessant wird. Damals wie heute sind Frauen, die sich für eine Karriere entscheiden, dem Konflikt zwischen den Ansprüchen der Familie und des Berufes ausgesetzt. Und immer noch gelten Frauen in den Naturwissenschaften als unweibliche Exotinnen. Die daraus entstehende Problematik faßt Anna Marie Stuby in ihrem »Beitrag zur Entheroisierung«[58] von Kowalevskaya folgendermaßen zusammen:

> »Wie alle Frauen, die die bürgerlich-patriarchalische Bühne der Wissenschaft betreten, ist auch Sofja Kovalevskaja zwischen die Mühlsteine jenes Grundwiderspruchs geraten, dem eine Karrierefrau sich aussetzen muß: Offiziell wird von ihr die Neutralisierung der Weiblichkeit erwartet, inoffiziell werden die mangelnden weiblichen Attribute eingeklagt. Sofja Kovalevskaja versuchte, diesen Widerspruch auszuhalten, d. h. ihn nicht einseitig zugunsten eines überangepaßten Verhaltens aufzulösen. Der Gefahr der Korrumpierung ist sie nicht erlegen, die unendlichen und vor allem vergeblichen Anstrengungen jedoch, ihr öffentlich-berufliches und ihr privates Leben miteinander zu versöhnen, kosteten sie enorme Lebenskraft.«[59]

---

57 Anna Maria Stuby, »Sofja Kovalevskaja – ›Prinzessin der Naturwissenschaften‹«. In: Feministische Studien 1 (1985), S. 100.

58 Ebda, S. 87–101.

59 Ebda, S. 100.

Literaturverzeichnis

ALIC, MARGARET: Hypathias Töchter. Unionsverlag, Zürich 1987.

BÖLLING, REINHARD: »A Birthday Present«. In: The Mathematical Intelligencer, Vol. 11 (4) (1989), S. 20–25.

BROIDO, VERA: Apostles into terrorists. Women and the Revolutionary Movement in the Russia of Alexander II. The Viking Press, New York 1977.

COOKE, ROGER: The Mathematics of Sonya Kovalevskaya. Springer Verlag, New York / Berlin / Heidelberg / Tokyo 1984.

COOKE, ROGER: »Sonya Kovalevskaya's place in nineteenth century«. In: LINA KEEN (Hrsg.): Contemporary Mathematics. The legacy of Sonya Kovalevskaya. Amer. Math. Society, Vol. 69 (1985), S. 17–52.

JUŠKEVIČ, A. P.: »Georg Cantor und Sof'ja Kovalevskaja«. In: Ost und West in der Geschichte des Denkens und der kulturellen Beziehungen. Quellen und Studien zur Geschichte Osteuropas, Bd. 15, Akademie Verlag, Berlin 1966, S. 683–688.

KENNEDY, DON H.: Little Sparrow: A Portrait of Sophia Kovalevsky. Ohio University Press, Ohio 1983.

KOBLITZ, ANN HIBNER: A convergence of lives. Sofia Kovalevskaia: Scientist, Writer, Revolutionary. Birkhäuser, Boston 1983.

KOBLITZ, ANN HIBNER: »Sofia Kovalevskaia – A biographical sketch«. In: LINA KEEN (Hrsg.): Contemporary Mathematics. The legacy of Sonya Kovalevskaya. Amer. Math. Society, Vol. 69 (1985), S. 3–16.

KOBLITZ, ANN HIBNER: »Changing views of Sofia Kovalevskaia«. In: LINA KEEN (Hrsg.): Contemporary Mathematics. The legacy of Sonya Kovalevskaya. Amer. Math. Society, Vol. 69 (1985), S. 53–76.

KOVALEVSKIJ, M. MAKSIM: »Vospominanija druga«. In: S. V. KOVALEVSKAJA, Vospominanija; pris'ma. Moskva 1961, S. 386–393 und S. 393–405.

KOVALEVSKAYA, SOFYA: A Russian Childhood. Transl. Beatrice Stillmann, Springer Verlag, New York / Heidelberg / Berlin 1978.

KOWALEWSKI, SONJA: Jugenderinnerungen. Fischer Verlag, Frankfurt am Main 1968.

KOWALEVSKY, SOPHIE V.: »Zur Theorie der partiellen Differentialgleichungen«. In: J. Reine Angew. Math., Bd. 80 (1) (1875), S. 1–32.

KOWALEVSKI, SOPHIE: »Sur le problème de la rotation d'un corps solide autour d'un point fixe«. In: Acta Mathematica, Vol. 12 (1889), S. 177–232.

LEFFLER, ANNA CHARLOTTE: Sonja Kovalevsky, was ich mit ihr zusammen erlebt habe und was sie mir über sich erzählt hat. Reclam, Leipzig 1894.

MITTAG-LEFFLER, GÖSTA: »Sophie Kovalevsky. Notice biographique«. In: Acta Mathematica, Vol. 16 (1892/93), S. 385–392.

MITTAG-LEFFLER, GÖSTA: »Die ersten 40 Jahre des Lebens von Weierstraß«. In: Acta Mathematica, Vol. 39 (1923), S. 1–57.

MITTAG-LEFFLER, GÖSTA: »Weierstraß et Sonja Kowalewsky«. In: Acta Mathematica, Vol. 39 (1923), S. 133–198.

Rachmanowa, Alja: Sonja Kowalewski. Leben und Liebe einer gelehrten Frau. Rascher Verlag, Zürich 1950.

Schramm, Gottfried (Hrsg.): Von den autokratischen Reformen bis zum Sowjetstaat 1856–1945. Handbuch der Geschichte Rußlands, Bd. III, Stuttgart 1983.

Simmel, Monika: Erziehung zum Weibe. Mädchenbildung im 19. Jahrhundert. Campus Velag, Frankfurt / New York 1980.

Stites, Richard: The Women's Liberation Movement in Russia: Feminism, Nihilism, and Bolshewism 1860–1930. Princeton University Press, Princeton 1978.

Stites, Richard: »Women and the Russian Intelligentsia: Three Perspectives«. In: Dorothy Atkinson (Hrsg.): Women in Russia. Stanford University Press, Stanford 1977, S. 39–62.

Stuby, Anna Maria: »Sofja Kovalevskaja – ›Prinzessin der Naturwissenschaften‹. Ein Beitrag zur Entheroisierung«. In: Feministische Studien, Heft 1 (1985), S. 87–106.

Weierstrass, Karl: »Briefe an Paul du Bois-Reymond«. In: Acta Mathematica, Vol. 39 (1923), S. 199–225.

Weierstrass, Karl: »Briefe an Leonard Fuchs«. In: Acta Mathematica, Vol. 39 (1923), S. 246–256.

Weierstrass, Karl: »Briefe an Leo Königsberger«. In: Acta Mathematica, Vol. 39 (1923), S. 226–239.

Damenwissenschaften in der französischen Aufklärung – einfacher Zeitvertreib oder Teilnahme an der Gelehrsamkeit?

Jeanne Peiffer

»(...) une femme a grand tort, et n'acquiert que du ridicule, lorsqu'elle s'affiche pour savante ou pour bel esprit, et qu'elle croit pouvoir en soutenir la réputation; mais elle a grande raison, néanmoins d'acquérir le plus de connaissances qu'il lui est possible.« *

Madame d'Epinay (1771)

Als Mathematikhistorikerin möchte ich die Gültigkeit der gängigen Gleichsetzung von Mathematik und Naturwissenschaften mit einer ausschließlich männlichen Domäne von einem historischen Standpunkt aus kritisch hinterfragen und relativieren. Inwieweit ist der Ausschluß der Frauen aus den Naturwissenschaften gesellschaftlich und historisch bedingt? Die Auffassung von dem, was man unter ›männlich‹ oder ›weiblich‹ versteht, ist stetem Wandel unterworfen. Inwiefern beeinflussen diese Variationen die Qualifikation der exakten Naturwissenschaften als männlich? Gab es Perioden, in denen Frauen einen freieren Zugang zu diesem Betätigungsfeld hatten?

Ausgangspunkt dieser Untersuchung war meine Verwunderung über die Existenz von Physikbüchern für Frauen im Frankreich des 18. Jahrhunderts. Das enthusiastische Interesse für die Naturwissenschaften (insbesondere für die effektreiche Elektrizitätslehre und für die Astronomie) ist ein charakteristischer Zug der französischen Aufklärung. Ist nun die naturwissenschaftliche Literatur für Frauen einfach Ausdruck dieser Schwärmerei, oder entspricht sie noch anderen gesellschaftlichen Strömungen oder Forderungen? Zum einen war im 18. Jahrhundert die Begeisterung für Pädagogik minde-

* Lettres de l'Abbé Galiani à Madame d'Epinay, publiées (...) par Eugène Asse, Paris 1881, Bd. 1, S. 204. Deutsche Übersetzung: »(...) eine Frau begeht einen großen Irrtum, und sie macht sich nur lächerlich, wenn sie sich als Gelehrte oder einen Schöngeist ausgibt, und wenn sie glaubt, einen solchen Ruf aufrecht erhalten zu können; sie hat jedoch allen Grund, sich dennoch so viele Kenntnisse anzueignen, wie ihr möglich ist.«

stens ebenso stark wie die für Naturwissenschaften. Zum anderen hatte der Streit um die Frauenfrage seit Beginn des 17. Jahrhunderts die Diskussion um weibliche Bildungsmöglichkeiten in den Vordergrund gestellt. Ich werde zeigen, daß die genannten naturwissenschaftlichen Handbücher einer Forderung der Frauen nach mehr Bildung entsprechen. Sie enthalten eine Antwort auf diese Forderung – eine Antwort allerdings, die genau das Frauenbild des 18. Jahrhunderts widerspiegelt. Auf den Wunsch der Frauen wird zwar eingegangen, ohne daß er jedoch wirklich ernst genommen würde. In die Sprache der Mathematik und Naturwissenschaften werden Frauen nicht eingeweiht und wissenschaftliche Methoden werden ihnen genauso vorenthalten. Die wenigen Frauen, die jene Werke lesen konnten – inwieweit sie sie tatsächlich gelesen haben, möge dahingestellt bleiben – waren zwar wohl informiert und konnten so auch als Amateure Beiträge zu einer Wissenschaft wie der Astronomie leisten. Zugang zu der Institution Wissenschaft mit ihren Regeln und Methoden erlangten sie jedoch nicht.

Als ich mir die Frage stellte, über welche naturwissenschaftlichen Kenntnisse Frauen im 18. Jahrhundert verfügen konnten, sah ich mich beim Durchblättern der gebräuchlichen wissenschaftshistorischen Literatur zwei entgegengesetzten Haltungen gegenübergestellt, die beide gleich unergiebig waren. Entweder wird das Problem einfach nicht angesprochen, oder man berichtet – wie beispielsweise vom ›Collège Royale‹ in Paris – über die »Unentgeltlichkeit der für alle offenen Kurse«.[1] Oder aber man findet großmütige Stellungnahmen, die zwar den Sexismus der wissenschaftlichen Institutionen anprangern,[2] aber fast keine genaue Information enthalten. Zwischen diesen beiden extremen Haltungen erstreckt sich ein weites Forschungsfeld, das erst einmal durchforstet werden muß. Unter diesen Bedingungen können die folgenden Betrachtungen nur bruchstückhaft sein. Sie können höchstens neuen Fragen und Problemstellungen Raum geben.

---

1 Jean Torlais, »Le Collège royal«, in: René Taton (Hrsg.), Enseignement et diffusion des sciences en France au dix-huitième siècle, 2. Auflage, Paris 1986, S. 261.

2 Das ist z. B. der Fall bei Nicole und Jean Dhombres, Naissance d'un nouveau pouvoir: sciences et savants en France 1793–1824, Paris 1989, Kap. III, III.2, S. 218–222.

I. Die naturwissenschaftliche Ausbildung von Mädchen

Welchen Anteil hatten die Naturwissenschaften zunächst in den Schulcurricula der Kollegs des 18. Jahrhunderts? Er war sehr beschränkt[3]. Nach sechs Jahren klassischer Bildung (humanitates) waren die beiden letzten Studienjahre der Philosophie[4] gewidmet, und im Rahmen dieses Philosophiestudiums war eine Einführung in die Naturwissenschaften und die Mathematik vorgesehen. Aber die Mehrzahl der Schüler verließ das Kolleg vor dem Philosophiekurs, der nur von Militärangehörigen, die für den Dienst in der königlichen Armee bestimmt waren, von angehenden Priestern und Lehrern besucht wurde.

Die Erziehung der Mädchen war in ihren Grundzügen derjenigen der jungen Männer in den Kollegs angepaßt, nur war sie viel mittelmäßiger und weit weniger verbreitet[5]. Man kann im 18. Jahrhundert grob zwei Ausbildungsformen für Mädchen unterscheiden: die Hauserziehung und die Erziehung in Klosterschulen.[6]

1. Die Hauserziehung

Es wird schwierig sein, allgemein den Teil abzuschätzen, der in dieser Erziehungsform den Naturwissenschaften vorbehalten war. Das Niveau des erteilten Unterrichts war sehr unterschiedlich und hing vom Interesse der Eltern

---

[3] Für detailiertere Ausführungen siehe René Taton, aaO., Fußnote 1. Siehe auch Roger Chartier, Marie-Madeleine Compère, Doninique Julia, L'éducation en France du XVIe au XVIIIe siècle, SEDES 1976, Kapitel VI.

[4] Diese Studien waren denen an der »Artistenfakultät« gleichwertig und waren für alle Studenten obligatorisch, die sich zu längeren Studien in den drei anderen Fakultäten der Universität (Theologie, Rechtswissenschaft, Medizin) entschlossen hatten.

[5] Sylvie Scart-Girard, ›L'éducation des filles. XVIIIe siècle‹, Mémoire Paris I, 1975, S. 25. Siehe auch Roger Chartier, Marie-Madeleine Compère, Dominique Julia, aaO., Kapitel VIII, S. 231–249.

[6] Es gab auch Mischformen in der Erziehung. Mädchenschulen weltlicher Schwestern (z. B. die »filles séculières de St. Vincent de Paul«), etablierten sich in den Städten und manchmal sogar auf dem Lande. Siehe auch den Beitrag von Jean de Viguerie »Une forme nouvelle de vie consacrée féminine: les religeuses enseignantes et hospitalières en France aux 17e et 18e siècles«, in: Danielle Haase-Dubosc und Eliane Viennot (Hrsg.), Femmes et pouvoirs sous l'ancien régime, Editions Rivage, Paris, voraussichtlich 1991.

für ihre Kinder und deren Erziehung, von der Qualität eines etwaigen Hauslehrers sowie oft von der Anwesenheit von Brüdern ab, von deren Erziehung die Mädchen dann profitieren konnten, sofern es ihnen erlaubt war, daran teilzunehmen. Wenn die naturwissenschaftliche Ausbildung schon in der Knabenerziehung vernachlässigt wurde,[7] so ist es nicht schwer, sich vorzustellen, wie es für die Mädchen aussah. Eine systematische Lektüre der zahlreichen Memoiren,[8] die uns die Frauen des 18. Jahrhunderts hinterlassen haben, würde vielleicht einige Anhaltspunkte bringen, um das Niveau ihrer naturwissenschaftlichen Kenntnisse einzuschätzen. Beispielsweise studierte um 1785 Mademoiselle Chastenay mit M. Gilbert, dem Lehrer ihres Bruders, Mathematik. Er erteilte ihr Unterricht in »Geometrie, Algebra, Geographie, also in allen Bereichen der elementaren Mathematik«.[9] Auch die Erfassung von Aussagen der Zeitgenossen könnte weitere Informationen liefern. Beispielsweise notierte Jacob-Nicolas Moreau am 18. November 1775 in sein Tagebuch:

> »Ich habe eine halbe Stunde mit der jungen Comptesse de Chastellux verbracht, deren tiefe Kenntnisse mich erstaunt haben; diese Frau beherrscht die Geometrie in höchstem Maße.«[10]

2. *Die Erziehung in Klosterschulen*

Im Laufe des 18. Jahrhunderts wurden 320 Ausbildungsstätten für Mädchen geschaffen.[11] Der dort erteilte Unterricht lag vollkommen in der Hand der Kirche, auch wenn die Schulen außerhalb der Klöster in den Städten und seltener auf dem Land angesiedelt waren.

---

7 Als Beispiel hierfür sei die Marquise du Châtelet angeführt, die mangels eines guten Lehrbuches für ihren Sohn ihre »Institution de physique«, Paris 1740, verfaßte. Dieses führt sie explizit im Vorwort aus. Leider hat sie sich weniger um die wissenschaftliche Erziehung ihrer Tochter gekümmert.

8 Solche Studien hat auch der Comte Albert de Luppé am Anfang dieses Jahrhunderts gemacht, um sein Werk »Les jeunes filles à la fin du 18e s.«, Paris 1925, zu schreiben.

9 Alphonse Roserot (Hrsg.), Mémoires de Madame de Chastenay, 1771–1815, Paris 1896, Bd. 1, S. 38.

10 Jacob-Nicolas Moreau, »Mes souvenirs (...)« in: Camille Hermelin (Hrsg.), Paris 1898–1901, Bd. 2, Anmerkung (4), S. 213.

11 Sylvie Scart-Girard, aaO., S. 28.

Das Maison Royale von Saint-Cyr[12] (1686–1793), das von Madame de Maintenon mit Unterstützung des Königs gegründet wurde, bildet eine bedeutende Ausnahme. Aber dieses Experiment weltlicher Erziehung, das den Töchtern des verarmten Adels vorbehalten war, dauerte nicht an, denn ab 1689 wurde Saint-Cyr ein Kloster. Madame de Maintenon folgte den pädagogischen Vorstellungen von Fénelon. Ihr Ziel war es demnach, die jungen Mädchen, die ihr anvertraut waren, auf ihre spätere Rolle vorzubereiten, das heißt, auf die Rolle der guten Ehefrau und Mutter. Sie legte darauf Wert, daß die Mädchen beim Eintritt ins Leben ›Kenntnisse von allem‹ hatten. Was die naturwissenschaftliche Erziehung betrifft, so lernten sie höchstens Rechnen und das Führen eines Haushaltsbuches.

II. Abhandlungen über Pädagogik

Mit dem Fortschreiten des Jahrhunderts nahmen die Ideen einer umfassenderen Unterweisung für Frauen mehr und mehr Gestalt an. Das Recht auf Ausbildung gehört zu den traditionellen Themen der ›querelle des femmes‹, d. h. des im 16. Jahrhundert begonnenen Streits über die Überlegenheit des einen oder des anderen Geschlechts. Die Auseinandersetzung um die weibliche Erziehung verstärkt sich im Laufe des 17. Jahrhunderts. Auch wenn sich die Argumente nur wenig ändern, so wandeln sich doch die sozialen Bedingungen, in denen sie debattiert werden: Das angestrebte Ziel erscheint weniger utopisch und realisierbarer. Wie Jan Maclean[13] in seinem bedeutenden Werk über Feminismus in der französischen Literatur (1610–1652) gezeigt hat, kann die sogenannte »Préciosité« als eine aus feministischen Forderungen hervorgegangene Bewegung angesehen werden, Forderungen, welche in den Jahren von 1630 bis 1650 zum Ausdruck gekommen sind. Diese Bewegung wurde vor allem von Frauen belebt, die den Wunsch hatten, zu lernen und an der intellektuellen Welt teilzuhaben.

---

[12] Dieses Institut ist heute gut erforscht. Siehe z. B. Théophile Lavallée, Madame de Maintenon et la maison royale de Saint-Cyr, 1686–1793, Paris 1853; Paul Rousselot, Histoire de l'éducation des femmes en France, Paris 1883, Bd. 2, Kapitel VII, S. 1–92; Daniel Roche, Les Républicains des lettres. Gens de culture et Lumières au XVIIIe siècle. Paris, 1988, Kapitel XV, S. 350–370.

[13] Jan Maclean, Woman triumphant. Feminism in French Literature 1610–1652, Oxford 1977.

Gegen Ende des 17. Jahrhunderts hat sich praktisch nichts an den Tatsachen geändert, doch die wachsende Anzahl von Abhandlungen über die Erziehung von Mädchen zeigt das wachsende Interesse an dieser Frage. Der Geschmack, den die Gesellschaft des 18. Jahrhunderts für Pädagogik entwickelt, ist mindestens ebenso stark ausgebildet wie der für Naturwissenschaften. Nach und nach zeichnen sich in den pädagogischen Werken,[14] die vor allem von Geistlichen, aber auch von aristokratischen Frauen verfaßt wurden, die Umrisse und die Bedeutung einer wirklichen Frauenerziehung ab. Reformen wurden vorgeschlagen,[15] führten allerdings zu keinem Erfolg. Die hauptsächlich von den Salons getragene Bewegung für die weibliche Erziehung hatte einen mondänen Charakter. Sie entwickelte sich außerhalb der Klöster und oftmals gegen sie. Die Vorstellung der weltlichen Unterweisung machte einige Fortschritte.

Die Auseinandersetzungen in der traditionellen ›querelle des femmes‹ um die Frage der Gleichstellung beider Geschlechter dienen als Hintergrund für die Abhandlungen über weibliche Pädagogik. Dieselben Argumente[16] werden bis zum Überdruß wiederholt. Man kann in den Abhandlungen des 18. Jahrhunderts zwei grundsätzlich verschiedene Haltungen unterscheiden (die schon am Anfang des 17. Jahrhunderts von den Gegnern und Anhängern der Überlegenheit eines Geschlechts über das andere eingenommen wurden). Eine erste Haltung, die der Gleichstellung der beiden Geschlechter feindlich gegenübersteht, warnt vor der Unordnung, die aus der als unnatürlich angesehenen Gleichstellung der Geschlechter folgen würde; eine zweite, offenere Haltung ist vom Wunsch gekennzeichnet, gegen die herabsetzende ›Faulheit‹ und ›Unwissenheit‹ der Frauen anzukämpfen.[17] Pierre-Joseph Boudier de Villemert, der klar in die erste Kategorie einzuordnen ist, nimmt in »L'ami des femmes« (1758) und dann in »Le nouvel ami des femmes« (1779) ausdrücklich Bezug auf »die Frage der Überlegenheit eines Geschlechts über das andere, die soviel unnützen Raum einnimmt«.[18] Der Abbé Riballier und

14 Eine Liste der Abhandlungen über Pädagogik, die ich studiert habe, findet sich in der Bibliographie am Schluß dieses Beitrags. Im folgenden zitiere ich diese Bücher, indem ich nur den Namen des Autors mit dem Erscheinungsjahr angebe.

15 Vgl. Saint-Pierre 1730, Panckoucke 1749, Riballier-Cosson 1779, Miremont 1779.

16 Was diese Argumente betrifft, siehe Jan Maclean, aaO., Kap. 2.

17 z. B. Riballier-Cosson 1779.

18 Boudier 1779, Vorwort.

Charlotte-Catherine Cosson de la Cressonière, beide entschiedene Anhänger einer undifferenzierteren Unterweisung, vertreten eine ähnliche Einstellung:

> »Je mehr man über den chimärischen Geschlechtsunterschied nachdenkt, um so mehr lernt man über die Gründe der unsinnigen Überheblichkeit der Männer.«[19]

Was jedoch die naturwissenschaftliche Ausbildung betrifft, so vertreten alle diese Theoretiker ähnliche Positionen, auch wenn sich die angeführten Argumente voneinander unterscheiden. In der zweiten Hälfte des 18. Jahrhunderts fordern die meisten von ihnen einen naturwissenschaftlichen Unterricht für Mädchen, allerdings einen, der mit ihrem Geschlecht, um nicht zu sagen mit ihrer Biologie, in Einklang steht.

1. Ein der Biologie angepaßtes Wissen

Boudier de Villemert, der sich als Freund der Frauen ausgibt, in Wirklichkeit aber heftiger ›Frauengegner‹ ist, weist das Vorurteil zurück, das die Frauen zur groben Unwissenheit verurteilt. Er geht von der Feststellung aus, daß »jedes Geschlecht eine Bestimmung hat, die aus seiner physischen Konstitution abgeleitet werden kann«. Er fordert für die Frauen ein Wissen, das »mit ihren Zügen – Gesichts- und Körperzügen – mehr übereinstimmt«.[20] Er ist überzeugt, daß es unter den Wissenschaften nur einige wenige gibt, die zum Kompetenzbereich der Frauen gehören. Er sagt:

> »Sie [die Frauen] sollen sich vor allem von den abstrakten Wissenschaften und den mühseligen Forschungen fernhalten, deren Einzelheiten ihren Geist beschweren und die Feinheit entschärfen würde, welche doch die Stärke der Frauen ist.«[21]

Ebenso behauptet Marie Le Masson Le Golft, die Mitglied mehrerer Akademien war und Geographie, Geschichte und Zeichnen[22] unterrichtete, jedoch ohne sich auf biologische Argumente zu stützen:

> »Die Kenntnisse, welche den Bedürfnissen unseres Geschlechts entsprechen, bilden einen leichteren, schwächeren und dünneren Kreis als die der Männer (...).«

---

[19] Riballier-Cosson 1779, S. 5.

[20] Boudier 1779, S. 40.

[21] Ebda, S. 39.

[22] Nach einer handschriftlichen Bemerkung auf der zweiten Einbandseite der Ausgabe ihres Werkes: Lettres relatives à l'éducation, Paris 1788, das in der Bibliothèque Nationale in Paris aufbewahrt wird. Siehe S. 16 für das nachfolgende Zitat.

Wenn Frauen sich angewöhnen würden, lautstark über Wissenschaften zu reden, würden sie aus dem weiblichen Charakter herausfallen (so ihre eigene Ausdrucksweise).

2. *Keine systematischen Kenntnisse, sondern Kuriositäten*

Boudier empfiehlt jedoch eine Ausbildung in Physik und Geschichte, »die erste nicht in einer systematischen Form, sondern in einer Folge von Beobachtungen und interessanten Experimenten«[23]. Auch der Abbé Fromageot betrachtet »die Systeme wie gefährliche Klippen«,[24] die man beim Unterrichten der Mädchen sorgfältig vermeiden muß. Für ihn muß die Wissenschaft eine unversiegbare Quelle von Annehmlichkeiten sein, und deshalb ist er bestrebt, seine Elemente der Physik und der Naturgeschichte »mit Blumen zu bestreuen«. Der Abbé de Saint-Pierre, einer der ersten, der Reformentwürfe[25] vorgelegt hat, zielt darauf ab, den Mädchen das beizubringen, »was sie von Kunst und Wissenschaft wissen müssen, um imstande zu sein, tüchtigen Personen, die darüber sprechen, zu folgen«.[26] Es gibt also eine Weigerung, systematische Kenntnisse weiterzugeben, den Willen, die Frauen in der Passivität zu belassen und den Wunsch, die kuriosen und unterhaltenden Aspekte der Wissenschaft zu unterstreichen.

Da Gefallen die Bestimmung der Frauen ist, soll der Wunsch zu gefallen der Motor ihrer Erziehung sein. Eine angenehme Unterhaltung, ein Reservoir von gefälligen Ideen; das sind die besten Mittel, den Männern zu gefallen und sie festzuhalten. Diese Vorstellung wird auf die härteste Art von Boudier de Villemert zum Ausdruck gebracht, wenn er sagt, daß

> »(…) das für die Frauen notwendigste und natürlichste von allen Studien das Studium der Männer ist. Da die Kunst zu überzeugen ihnen zukommt, müssen die Frauen alle Hebel gründlich beherrschen, die denjenigen, dem sie durch Gesetz unterworfen sind, bewegen könnten.«[27]

Boudier warnt vor »der Manie, die heutzutage einige Frauen haben, nämlich

---

23 Boudier 1779, S. 41.

24 Fromageot 1772, S. xxxix.

25 Vgl. Saint-Pierre 1730. Seine Reformentwürfe sind auch bei Rousselot 1883, Bd. 2, Kap. VIII, S. 117–142 beschrieben.

26 Saint-Pierre 1730, II. S. 125.

27 Boudier 1779, S. 50.

die Männer zu imitieren«.[28] Er versichert, daß dies das beste Mittel sei, ihnen zu mißfallen.

3. Anerkennung der existierenden sozialen Ordnung

Alle Autoren leugnen explizit, die bestehende soziale Ordnung umstürzen zu wollen. Sogar der Abbé de Riballier, der »die Ketten des weiblichen Geschlechts sprengen«[29] will, der »von den natürlichen Rechten der Frauen auf eine naturwissenschaftliche Ausbildung« spricht, und der so weit geht, von den Fähigkeiten der Frauen aller Klassen zu sprechen, wenn man sie nur richtig ausbildet, dieser Mann versichert seinen Lesern:

> »Es ist nicht zu befürchten (...), daß aus dieser heilsamen Revolution irgendein Umsturz der wesentlichen und allgemeinen Ordnung der politischen Gesellschaft entstehen kann. Gründlich unterrichtete Frauen sind unfähig, sich eine Herrschaft anzumaßen, die die Weisheit gültiger Gesetze zerstören würde.«[30]

Man erkennt in den Schriften der Lehrenden oft die Angst davor, daß studierte Frauen sich gegen die ihnen zugewiesene untergeordnete Rolle auflehnen könnten. Deshalb wird immer wieder der Rat gegeben, sich mit den erworbenen Kenntnissen nicht hervorzutun. Die gelehrten Frauen werden immer als kleinlich, langweilig und lächerlich dargestellt. Sie bedrohen die herkömmliche Rollenverteilung zwischen den Geschlechtern. Um Molière zu zitieren:

> »Les femmes docteurs ne sont point de mon goût:
> Je consens qu'une femme ait des clartés de tout,
> Mais je ne lui veux point la passion choquante
> De se rendre savante afin d'être savante.«

Weiter heißt es dort:

> »De son étude enfin je veux qu'elle se cache,
> Et qu'elle ait du savoir sans vouloir qu'on le sache.«

[28] Ebda, S. 9,10.
[29] RIBALLIER-COSSON 1779, Vorwort »Aux femmes«.
[30] RIBALLIER-COSSON 1779, S. 74.

4. Empfohlene Kenntnisse

Welches sind nun im einzelnen die wissenschaftlichen Kenntnisse, die von den Pädagogen empfohlen werden – außer dem von Boudier, aber auch von Abbé Galiani[31] und anderen gepriesenen ›Studium der Männer‹? Für Madame de Miremont sind sie außerordentlich rudimentär, denn für sie sollen »die vier Grundrechenarten und der Dreisatz den Mädchen nur einige Viertelstunden nehmen, die sie ihren sonstigen Beschäftigungen entziehen«.[32] Doch sie spricht sich für einige Grundlagen in Physik und Naturgeschichte aus und nimmt in die Bibliothek, die sie für die Lehrerinnen (die zum Teil weltlich waren) zusammenstellt, ein Physiklexikon, »Le spectacle de la nature« (1732) von Abbé Pluche; »les Elémens«, von Abbé Nollet[33] und die »Entretiens sur la pluralité des mondes« von Fontenelle, auf die wir später noch zurückkommen werden, auf. Der Abbé de Saint-Pierre trägt ins Programm ein:

> »Ein bißchen Astronomie, um den Kalender nutzen zu können, um zu wissen, wie eine Finsternis entsteht, was Kometen sind, und um die Betrügereien der Wahrsager und Wahrsagerinnen zu erkennen.«[34]

Der Abbé Fromageot berichtet folgendermaßen über den Unterricht, den er einer jungen Schülerin erteilte:

> »Der Himmel stellte das erste Objekt unserer Beobachtungen dar; aber wir beschäftigten uns überhaupt nicht mit der Berechnung von Bewegung und Umlauf der Gestirne. Unsere Astronomie bestand aus einfachen Überlegungen zum beständigen und gleichmäßigen Lauf der Himmelskörper, zu ihrer Anzahl, ihrer Anordnung, ihrem Aussehen und ihrer Entfernung von der Erde.«[35]

Das ist sehr wenig, und sogar diese Forderungen blieben ungehört. Wissenschaftliche Themen blieben vom Unterricht ausgeschlossen.

Die kleine Anzahl von Frauen, die von der neuen Sensibilität, die sich in den pädagogischen Abhandlungen Geltung verschaffte, betroffen waren, nämlich die Frauen des städtischen Adels, die Damen der Salons, konnten jedoch noch auf andere Hilfsmittel zurückgreifen und weltlichere Unterrichtsformen genießen, so z. B. auf gelehrte Unterhaltungen, öffentliche Kurse oder die populärwissenschaftlichen Lehrbücher, die immer zahlreicher wurden

---

31 Galiani 1881, aaO., S. 208.
32 Miremont 1779, I, S. 78.
33 Zweifellos seine »Leçons de physique expérimentale«, Paris 1743–1748.
34 Saint-Pierre 1730, II, S. 123.
35 Fromageot 1772, S. xix.

und von der großen Begeisterung für die Naturwissenschaften im Zeitalter der Aufklärung zeugen.

III. Die populärwissenschaftlichen Werke, die speziell für Frauen bestimmt waren

Unter den sogenannten ›allgemeinverständlichen‹ Werken wenden sich einige speziell an Frauen[36] oder stellen eine Frau, vorzugsweise eine Marquise, in den Mittelpunkt. Letztere läßt sich im Gespräch mit einem Philosophen in die Physik und Astronomie einführen. Diese Tatsache allein zeugt von der nicht zu vernachlässigenden Anteilnahme von Frauen an einer intellektuellen Bewegung, die eine stärker naturwissenschaftlich geprägte Kultur anstrebte. Alle diese Werke wollen wissenschaftliche Phänomene unter ›lachenden‹ Zügen darstellen. Dieses geschieht meistens in der Form von Gesprächen oder Briefen.[37]

1. Der Ursprung der Tradition

Die allgemeinverständlichen wissenschaftlichen Werke, die im 18. Jahrhundert verhältnismäßig zahlreich waren, beziehen sich fast alle ausdrücklich auf die »Entretiens sur la pluralité des mondes« (1686)[38] von Fontenelle, der es

[36] Für die Auswahl der untersuchten Werke siehe die Bibliographie am Ende des Artikels. Im folgenden werden die Werke zitiert, indem der Name des Autors gefolgt vom Erscheinungsjahr angegeben wird. Erste Forschungsergebnisse habe ich bereits im Rahmen der Tagung »Sexe et genre: épistémologie et construction sociale« der A.T.P. (Action Thématique Programmée) ›Recherches sur les femmes et recherches féministes‹ des CNRS. (Centre National de la Recherche Scientifique), Paris, 3.–4. März 1989, vorgestellt.

[37] Siehe z. B. Fontenelle 1686, Algarotti 1738, Regnault 1729 und 1743, de Rancy 1758.

[38] Die »mondes« von Fontenelle sind, wie bereits erwähnt wurde, zu Lebzeiten des Autors (gest. 1757) 33 Mal neu aufgelegt worden. Siehe dazu auch die kritische Ausgabe von Alexandre Calame (Fontenelle 1966, Einleitung, S. ix und den bibliographischer Anhang A, S. 181–188). Eine deutsche Übersetzung des Werks wurde 1725 von Johann Christoph Gottsched unter dem Titel »Gespräche von mehr als einer Welt zwischen einem Frauenzimmer und einem Gelehrten« herausgegeben.

nach Algarottis Worten als erster verstand, »die Philosophie aus der Abgeschlossenheit der Arbeitszimmer und Bibliotheken herauszuholen und sie in die Gesellschaften und an die Frisiertische der Damen zu bringen«.[39] Diese Behauptung muß jedoch abgeschwächt werden. Schon in der zweiten Hälfte des 17. Jahrhunderts gab es Bemühungen, um die Leute bei Hofe und insbesondere die Damen mit philosophischen und astronomischen Themen vertraut zu machen.[40] Frances A. Yates[41] sieht in dem Buch von Fontenelle sogar »ein Fortbestehen der akademischen Traditionen des 16. Jahrhunderts« und in der Marquise des Entretiens »eine Nachfahrin (...) der geheimnisvollen enzyklopädischen Heldinnen der Sonetts des 16. Jahrhunderts«.

Nachdem Yates das erzieherische Ziel und die Erkenntnistheorie, die der akademischen Bewegung des 16. Jahrhunderts zugrundelagen, untersucht hat, zeigt sie, daß die sogenannte »académies de poesie et de musique« unter gewissen Aspekten naturwissenschaftliche Akademien waren. Die Akademie von Baïf, die spätere Akademie du Palais, zählte zu ihren Interessensschwerpunkten Naturphilosophie und Mathematik. Natalie Z. Davis[42] hat einige Mathematiklehrer identifiziert, die mit diesen Akademien verbunden waren. Im übrigen waren hier Frauen zugelassen.[43] Mathematikbücher wurden ihnen gewidmet;[44] das berühmteste ist »In artem analyticem Isagoge« (1591) von Viète. Die Arbeiten, die mit der akademischen Bewegung des 16. Jahrhunderts verbunden waren, zeigen zwei charakteristische Merkmale auf, die sich ebenso auf die »mondes« von Fontenelle beziehen: Die Öffnung zu einer mehr naturwissenschaftlich geprägten Kultur hin und die Einbeziehung der Frauen. Yates vergleicht ausdrücklich den poetischen Charme, der die philosophischen Dialoge von Fontenelle durchdringt, mit der Galanterie, mit der Pontus de Tyard[45] feinfühlig dieselben Themen in seiner Erzählung von Solitaire und Pasithée behandelte.

---

39 Algarotti 1738, Widmung an Fontenelle, S. xvi.

40 Siehe z. B. Bary 1660, d'Aubignac 1664 und Gérard 1680.

41 Frances A. Yates, The French Academies of the Sixteenth Century, London 1947, S. 307.

42 Natalie Zemon Davis, »Mathematicians in the Sixteenth-Century French Academies: Some Further Evidence«, Renaissance News XI (1958), S. 3–10.

43 Frances A. Yates, aaO. S. 32.

44 Vgl. Natalie Zemon Davis, »Sixteenth-Century French Arithmetics of the Business Life«, Journal of the History of Ideas, Bd. I, Nr. 1, 1960, S. 18–48, vor allem S. 38, 42 und 46.

45 Pontus de Tyard, Adliger von Bissy, Bischof von Chalon-sur-Saône, Solitaire pre-

Auch Gustave Reynier[46] setzt die »Entretiens« von Fontenelle in Beziehung zu einer älteren Bewegung, die mit der ›querelle des femmes‹ und den Forderungen nach einer Ausbildung für Frauen verbunden ist. Er nennt hervorragende Lehrer, die seit Mitte des 17. Jahrhunderts ausgewählten Frauen in Vorträgen und öffentlichen Vorlesungen den Zugang zu einer philosophischen und naturwissenschaftlichen Bildung erleichterten, welche für die höheren Schichten jener Epoche außergewöhnlich war. Sie kehrten der alten Gelehrsamkeit (die gute Kenntnisse in Griechisch und Latein forderte) den Rücken und entschieden sich für einen modernen Stil, der weitgehend durch die Lehre von Descartes gekennzeichnet war.

Kleinert,[47] der Verfasser einer physikhistorischen Studie über allgemeinverständliche Physikbücher, stellt die »Entretiens« von Fontenelle an den Anfang einer Bewegung, die aus dem Willen entstanden ist, die ungeheuren, unlängst durch Galilei, Descartes und Newton bewirkten Fortschritte in der Physik allgemeinverständlich darzulegen. Diese Interpretation erlaubt es aber nicht, auf befriedigende Weise die Einbeziehung von Frauen in einen Bereich zu erklären, der bis dahin eifersüchtig den Männern vorbehalten war. Die These eines kontinuierlichen Übergangs zwischen den enzyklopädischen Schriften des 16. Jahrhunderts und den allgemeinverständlichen Werken vom Ende des 17. und des 18. Jahrhunderts trägt der doppelten Orientierung – Popularisierung der Naturwissenschaften, Einbeziehung der Frauen – besser Rechnung.

2. *Eine kurze Beschreibung des wissenschaftlichen Inhalts*

Hier ist nicht der richtige Ort, um eine detaillierte Studie über den wissenschaftlichen Inhalt der untersuchten Literatur vorzunehmen. Ich werde mich darauf beschränken, einige Hauptmerkmale zu beschreiben.[48] Der in-

---

mier, ou prose des muses et de la fureur poetique, Lyon 1552 und Solitaire second, ou Discours de la musique, Lyon 1552, wieder aufgenommen in: Discours philosophiques, Paris 1587.

[46] Gustav Reynier, La femme au XVIIe siècle, Paris 1929, vor allem Kap. VII bis IX.

[47] Kleinert, Andreas, Die allgemeinverständlichen Physikbücher der französischen Aufklärung, Aarau, Verlag Sauerländer, 1974.

[48] Andere Gesichtspunkte sind in meinem Beitrag »La littérature scientifique pour les femmes au siècle des Lumières« vorgebracht worden, der in der Publikation: Sexe et genre, des CNRS (Paris, 3./4. März 1989) erscheinen wird.

teressierte Leser sei auf die ausführlicheren Studien von Kleinert verwiesen.[49]

Am Ende des 17. Jahrhunderts bemühten sich die Autoren vor allem darum, die himmlischen Phänomene zu erklären, die Bewegung der Planeten zu studieren, die verschiedenen Weltsysteme (Ptolemäus, Kopernikus, Tycho Brahe) darzulegen und die Physik von Descartes mitzuteilen. So stellt Fontenelle in seinen »mondes« ein Universum dar, das von einer feinen, unsichtbaren Materie gefüllt ist, die andauernd wirbelartige Bewegungen bewirkt. Er zögert nicht, kühne Vermutungen über die Existenz und die Natur anderer Welten anzustellen und über das Aussehen ihrer Bewohner zu spekulieren. Literarische Fiktion und wissenschaftliche Abhandlung vermischen sich. Das Werk beinhaltet eine Menge von oft quantitativen Informationen (über die Entfernungen zwischen den verschiedenen Planeten, die relativen spezifischen Gewichte der Atmosphären, usw.), die Fontenelle, der darüber als ständiger Sekretär der Akademie der Wissenschaften vortrefflich unterrichtet war, ohne zu zögern korrigierte und in aufeinander folgenden Ausgaben dem neuesten Wissensstand anglich.

Als Cartesianer hat Fontenelle nie die Ideen von Newton akzeptiert, obwohl diese damals die Astronomie und die Physik tiefgreifend verändert haben. Genau um diese Lücke zu schließen, hat Francesco Algarotti seinen »Newtonianisme pour les dames« (1738) abgefaßt.[50] In unnachahmlichem Stil schreibt Algarotti hier über die Beschaffenheit von Luft, Licht und Farben, über die Wirkungen der Elektrizität und über die Gravitation von Newton.

Je mehr das Jahrhundert vorrückt, desto mehr entwickeln sich die Naturwissenschaften, vor allem die Experimentalwissenschaften, und umso tiefer wird der Graben zwischen der populärwissenschaftlichen Physik und derjenigen der Gelehrten. Die allgemeinverständlichen Werke aus der Mitte des 18. Jahrhunderts bringen oft eine gegen die als übermäßig empfundene Mathematisierung der Physik (nach Newton und der Entdeckung der Infinitesimalrechnung) gerichtete Einstellung zum Ausdruck. Zum Beispiel sagt Guillaume-Marie du Breil de Pontleriand:

---

49 AaO. Für eine französische Zusammenfassung seiner Studie, vgl. ANDREAS KLEINERT, »La vulgarisation de la physique au siècle des Lumières«, Francia, Nr. 10 (1982), Paris 1983, S. 303–312.

50 Die italienische Originalausgabe mit dem Titel: Il Newtonianismo per le dame, erschien 1737 in Neapel und Mailand. Eine deutsche Übersetzung erschien 1745 in Braunschweig unter dem Titel: Jo. Newtons Weltwissenschaft für das Frauenzimmer, (...).

»Wenn diese Rechnung wirklich wichtig wären, würden sie verschwinden wie Bügel und Gerüste, mit denen man sie immer vergleichen müßte.«[51]

Etwas später beeilt er sich, die Marquise de *** zu unterhalten, »bevor es sich durchsetzt, daß man, sogar mit Frauen, über die Physik nur noch in Gleichungen und Formeln redet, die den neuen Rechnungen gemäß vorgelegt und eingefügt werden«. Formeln und Rechnungen werden im allgemeinen sorgfältig vermieden. Wenn man bedenkt, daß einer der Hauptbeiträge der Arbeiten Newtons genau darin besteht, die Planetenbahnen berechenbar gemacht zu haben, versteht man leicht, daß die Leserinnen von Fontenelle, Algarotti und anderen, denen die Rechnungen vorenthalten wurden, an einer wesentlichen Entwicklung der Physik vorbeigegangen sind.

Das Gewicht wurde im allgemeinen auf merkwürdige Phänomene und Beobachtungen gelegt. Eine Auswahl von der Akademie der Wissenschaften vorgelegter Abhandlungen bot der interessierten Öffentlichkeit ›merkwürdige Beobachtungen‹. Sie waren für »Personen bestimmt, deren Beschäftigungen oder deren Geschmack es ihnen verwehrt, sich in der Physik genau auszukennen und die sich dennoch freuen, sie nicht ganz und gar zu übergehen«.[52] »Alles, was die Mechanik betrifft und was Kenntnisse aus der Geometrie und der Algebra erfordert« wurde dabei ausgeschlossen. Parallel zum Aufschwung der Experimentalphysik und dem Geschmack des 18. Jahrhunderts für Repräsentation getreu, erfreuten sich öffentliche Kurse und Kuriositätenkabinetts großer Beliebtheit. Das Kabinett von Abbé Nollet[53] war nie leer. Die Frauen bildeten oft den größten Teil seines Publikums. Die spektakulärsten Experimente wurden in den Salons kommentiert, manchmal sogar in Privatkabinetts wiederholt. Sie wurden in sehr populären Werken von Abbé Nollet, von Privat de Molières, von Sigaud de la Fond und anderen beschrieben. Die erst kürzlich entdeckten elektrostatischen Phänomene genossen enorme Beliebtheit und bildeten die Grundlage für Gesellschaftsspiele,[54] die ganz Paris amüsierten.

---

[51] Breil 1751, S. 3.

[52] Bougeant 1719, Vorwort.

[53] Um mehr über den Abbé Nollet zu erfahren, siehe Jean Torlais, Un physicien au siècle des Lumières: l'Abbé Nollet, 2. Auflage, Jonas éditeur, Elbeuf-sur-Andelle, Arcueil, 1987.

[54] Robert Champeix, Savants méconnus, inventions oubliées, Paris 1966, beschreibt einige davon.

3. Eine frauenspezifische Sprache

Romanhafte Elemente und wissenschaftliche Beschreibungen vermischen sich in den Handbüchern für Frauen. Fontenelle und Algarotti haben sich in dieser Gattung ausgezeichnet. In scherzhaftem und galantem, manchmal lokkerem Ton beschreiben sie einer Gesprächspartnerin, die in eine idyllische Landschaft gestellt ist, wissenschaftliche Phänomene. So läßt Algarotti sein Buch wie einen Roman beginnen:

> »Auf einem lieblichen Hügel erhebt sich das Schloß, das uns als Zufluchtsort diente; von dort aus hatte man Aussicht auf die herrliche Halbinsel von Sirmion, der Heimat des galanten Catull, und auf die Berge, die so oft in den schönen Versen von Fracastor erwähnt wurden. Am Fuße des Hügels schlängeln sich die klaren Gewässer des Bénac. Der Duft der sie umgebenden Orangen- und Zitronenbäume, die Kühle der Wäldchens, das Murmeln der Quellen, all das und tausend noch angenehmere Dinge hätten mich einnehmen können, wenn mir die Göttin des Ortes Gefühle für andere Dinge außer für sich selbst gelassen hätte.«[55]

Alle Autoren sind überzeugt davon, daß es, um sich verständlich zu machen, notwendig ist, wissenschaftliche Vorstellungen in eine dem Leser vertraute Sprache zu übersetzen. Der Autor einer »Mathématique universelle (...)« (1782), Pater Louis-Bertrand Castel spricht die Frage des Stils ausdrücklich in dem Prospekt an, der sein Werk ankündigt. So schreibt er:

> »Beim Einführen der von den Gelehrten benutzten Begriffe haben wir uns daran erinnert, daß diese unserem Publikum ungebräuchlich und vollkommen fremdartig sind. Man hat sie als solche zugelassen, und nach den Gesetzen der Gastfreundschaft hat man jedem seine orginalgetreue Interpretation in der Sprache des Publikums selbst zugeordnet.«[56]

Falls das Publikum sich aus Frauen zusammensetzt, stellt sich dieses Problem der Übersetzung noch heftiger. Fontenelle vergleicht sich mit »Cicero, als dieser versuchte, philosophische Themen, die bis dahin nur in Griechisch abgehandelt worden waren, in seine Sprache zu übertragen«.[57] Die Sprache der allgemeinverständlichen Darstellung für Frauen und die wissenschaftliche Sprache sind für ihn zwei unterschiedliche Sprachen ebenso wie Griechisch und Latein.

---

55 ALGAROTTI 1738, S. 3/4.

56 CASTEL 1727, S. 3.

57 LALANDE 1841, S. 135.

Nach Algarottis Meinung interessieren sich die Frauen nur für Schmeichelei und Liebe. Und die Sprache der Liebe muß benutzt werden, wenn man die Aufmerksamkeit der Frauen auf andere Dinge lenken will. »Gibt es – vor allem, wenn man mit Damen spricht – irgend etwas auf der Welt, bei dem man die Herzensbelange aus den Augen verlieren darf?«, äußert er im Vorwort,[58] und mittels Liebesmetaphern versucht er, ihnen Unterricht in der Newtonschen Physik zu erteilen. Er beruft sich auf ihren Geschmack beim Schminken, um ihnen die Farbentheorie zu erklären.

> »Welcher Grund zwingt die Damen dieses vorteilhaften Klimas [in Frankreich] in einer Loge der Oper mehr Rouge aufzulegen als wenn sie in den Tuillerien ihre Reize zur Schau stellen?«

Die Antwort auf diese lebensnahe Frage für die Damen der guten französischen Gesellschaft lautet:

> »Das Licht der Kerzen hat nicht das gleiche Weiß wie das Tageslicht, es geht zum Gelb hin; und wenn man es durch ein Prisma scheinen läßt, sieht man, daß die gelben Strahlen die glänzendsten sind. So wird eine Dame, je weniger Rouge sie aufgelegt hat, desto mehr die Nachwirkungen des gelben Lichts verspüren, das in dieser Art von Licht überwiegt (...). Dieser Grund ist es, der mehr Rouge verlangt, wenn man in die Oper geht, so daß das Gesicht der Schönen in den Augen ihrer Bewunderer sowohl im Kerzenschein als auch bei Tageslicht auf ihre Kosten kommt.«[59]

4. Lesen, ohne zu studieren

Alle Autoren bestehen darauf, eine ›heitere Geometrie‹, eine ›Physik ohne Tränen‹, die man wie ein Spiel ohne Mühe lernt, zu vermitteln. Fontenelle verlangt von den Frauen »nur dieselbe Aufmerksamkeit, die man der Princesse de Clèves schenken muß«.[60] Pater Castel hat uns einen sehr interessanten Text über die Art und Weise hinterlassen, in der man diese allgemeinverständlichen Werke lesen sollte. Er räumt ein, daß seine Methode derjenigen von Geometern, die empfehlen, »nichts zu übergehen, ohne es gut verstanden zu haben«,[61] vollkommen entgegengesetzt ist. Die beste Methode, seine Abhandlung zu lesen, sei

---

[58] Algarotti 1738, S. xiii
[59] Algarotti 1783, Bd. 2, S. 149–150.
[60] Lalande 1841, S. 125.
[61] Castel 1728, S. iii.

»(...) sie zunächst fünf oder sechs Mal mit den Augen zu überfliegen, um dabei die Titel, die Pläne und die ganze allgemeine Anordnung zu ersehen, sie dann zwei oder drei Mal schnell durchzulesen, indem man alles übergeht, was dem Auge weniger lesbar, ausführlicher oder trocken geometrisch erscheint, das heißt alles, was mit Figuren und mit A's, B's oder C's versehen ist, oder was mit Algebra oder Rechnungen bekritzelt ist, (...) dann genügt es, sie noch ein- oder zweimal ganz zu lesen, ohne sich jedoch zu schämen einfach auszulassen, was man für angemessen hält, und alles, was nicht auf eine gewisse Art in den Geist dringt.«[62]

Er rechtfertigt seine Methode mit der von ihm gemachten Beobachtung, daß die Menschen naturgegeben undeutliche allgemeine Ideen von den Naturwissenschaften haben. Auf diese will er bauen, um seine Leser vom Bekannten zum Neuen zu führen. Auch besteht er darauf, daß es »die Ansichten, der Geschmack, die Muße jedes Lesers« sind, die über die Häufigkeit des Lesens entscheiden sollen. Angesichts dieser Beschreibung versteht man besser, wie die Frauen des 18. Jahrhunderts »mit Wonne Abhandlungen über Geometrie, Algebra (...)« lesen konnten, wie es anonym im »Année littéraire« zu lesen ist.[63]

Wenn Fontenelle in seinen »Gesprächen von mehr als einer Welt, (...)« eine Frau gewählt hat, »die unterrichtet wird und die niemals von solchen Dingen gehört hat«,[64] so auch, um sein Werk unterhaltsamer zu gestalten. Der Abbé G. M. du Breil hat sich für seine Unterhaltung eine ›Frau‹ ausgewählt, um »sich auf schickliche Art verständlich zu machen«.[65] Hier drücken sich die Interessen aus, die wir schon in den Pädagogikabhandlungen finden konnten. ›Wissen-um-des-Wissens-willen‹ entspricht nicht den Regeln des guten Benehmens.

5. Grenzen des vermittelten naturwissenschaftlichen Wissens

Die eigens für Frauen bestimmten Werke sind Teil der unterhaltenden Physik und haben die gleichen Qualitäten und Mängel. Sie stellen ihren Lesern und Leserinnen relativ zuverlässige Informationen zur Verfügung, aber übermitteln nur selten wissenschaftliche Methoden. Werke, wie das von Algarotti, die sich an Leserinnen richten, spiegeln das stereotype Bild der Frau des 18. Jahr-

62 Ebda., S. vi und vii.
63 Bd. V, Jahrgang 1757, S. 90.
64 Lalande 1841, S. 124.
65 Breil 1751, S. 3.

hunderts wider.[66] Ein oberflächlicher Vergleich seines »Newtonianisme pour les dames« mit den »Elémens de la philosophie de Newton«, die im selben Jahr 1738 erschienen sind und die Voltaire überdies im Anschluß an einen Besuch von Algarotti im Schloß von Cirey, in dem er mit Madame de Châtelet zusammenlebte,[67] abzufassen begann, läßt zwei grundsätzlich verschiedene Auffassungen erkennen. Voltaire beschreibt sehr gewissenhaft die optischen Experimente von Newton. Er folgt ziemlich genau dem Text von Newton, obwohl er ihn frei umschreibt und die mathematischen Argumente übernimmt, ohne auf rechnerische Einzelheiten einzugehen. Sein Buch ist eine wahrhafte Einführung in die Vorstellungen von Newton, für die er zum begeisterten Verfechter in Frankreich wird. Demgegenüber lernt die Leserin von Algarotti in keinem Augenblick das Wesen der Newtonschen Physik kennen. Sie kennt weder ihren Gegenstand noch ihre Methoden. Im Einklang mit der Meinung der Pädagogen, die ich weiter oben angeführt habe, wird kein systematischer Rahmen geliefert, in den man die einzelnen Kenntnisse, die übermittelt werden, einfügen könnte.

Gegen Ende des 18. Jahrhunderts trifft Jérôme de Lalande in seiner »Astronomie des dames« (1785), einem kleinen Werk ganz anderen Stils, dieselbe Entscheidung. Nachdem er festgestellt hat, daß man tagtäglich Frauen sieht, die sich mit Astronomie beschäftigen, und nachdem er bedauert hat, daß den Frauen die Gelegenheit fehlt, sich zu bilden, entscheidet er sich doch für eine Darstellung der Astronomie, die den Formelapparat beiseite läßt. So schreibt er:

> »Die Vorrichtung dafür wäre für die meisten Personen, für die unser Werk bestimmt ist, zu erschreckend erschienen; so einfach auch die dargestellten Ideen sein mögen, ihre Form wäre zu überwältigend (...).«[68]

Auch er vernachlässigt es, trotz seines zur Schau gestellten guten Willens, den Frauen wirklich reelle Mittel in die Hand zu geben, um zu lernen, d. h. sie mit der Formelsprache und der Mathematik der Naturwissenschaften vertraut zu machen.

---

[66] So wie es z. B. bei Edmond und Jules Goncourt, La femme au XVIIIe siècle, Vorwort von Elisabeth Badinter, Paris, Sammlung Champs, Flammarion, 1982, beschrieben wird.

[67] Emilie Le Tonnelier de Breteuil, Marquise du Châtelet (1706–1749), Übersetzerin der Philosophiae naturalis principia mathematica (1687) von Isaac Newton, hat an der Ausarbeitung des Textes von Voltaire mitgearbeitet.

[68] Lalande 1841, S. 1.

Marquise du Châtelet (1706–1749), hier dargestellt als Mittlerin, die die Strahlen des genialen Newton über einen Spiegel auf den nicht weniger genialen Voltaire leitet.

Als Lalande im Jahre 1797 der Mathematikerin Sophie Germain (geb. 1776 in Paris) einen Besuch abstattete, empfing sie ihn nicht ohne Argwohn. Sie war Autodidaktin und eine Randfigur der wissenschaftlichen Gemeinschaft, so wie sie sich nach der Revolution herausgebildet hatte. Ihre naturwissenschaftliche Bildung war lückenhaft und vom Zufall ihrer Lektüre abhängig. Dieses hat sie zeitlebens behindert, obwohl sie trotzdem wichtige Resultate erzielte und dafür auch zum Teil Anerkennung[69] genoß. Man kann wie Amy Dahan[70] annehmen, daß sich Sophie Germain als Wissenschaftlerin von einem Werk wie »Astronomie des dames« lächerlich gemacht fühlte.

Die Grenzen der vermittelten, naturwissenschaftlichen Kenntnisse durch die hier kurz beschriebene Literatur sind also eng gezogen. Sie sind in dem ihr zu Grunde liegenden Ziel selbst enthalten: Die Neugierde des Geistes zu befriedigen und die Naturwissenschaften zum Teil der gesellschaftlichen Kultur zu machen. Nie ist die Rede von wirklicher Einführung der Frauen in die Naturwissenschaften. Informationen werden, wie wir gesehen haben, vermittelt, ohne daß die Leserinnen die Möglichkeit hätten, sich eine Methode anzueignen. Aber schon dadurch geben sie einigen ausgewählten Frauen Zugang zu einer breiten naturwissenschaftlichen Kultur. Madame de Genlis war sich dessen genau bewußt als sie schrieb:

> »Wenn diese Vorträge, Unterrichtsstunden, Berichte und Experimente auch keine Gelehrten hervorbringen, so schulen sie wenigstens die Allgemeinbildung der Männer und auch der Frauen, was nicht zu vernachlässigen ist.«[71]

V. Die Wissenschaftlerinnen

Trotz all dieser Schwierigkeiten gab es im Zeitalter der Aufklärung einige privilegierte und außergewöhnliche Frauen, die trotz ihrer armseligen Ausbildung naturwissenschaftlich tätig waren. Zunächst sei Emilie Le Tonnelier de Breteuil, Marquise du Châtelet (1706–1749) erwähnt, die allerdings bekannter

---

69 Sie hat insbesondere den »Grand Prix des Sciences mathématique« der Akademie der Wissenschaften von Paris für ihre Theorie der elastischen Oberflächen erhalten.

70 Amy Dahan-Dalmedico, »Sophie Germain«, Pour la Science Nr. 132, Oktober 1988, S. 36–45.

71 Madame de Genilis, »Mémoires sur le dix-huitième siècle depuis 1756 jusqu'à nos jours«, Bd. 2, Paris 1825, zitiert von Jean Torlais in: René Taton, aaO., S. 632.

ist durch ihre Verbindung zu Voltaire als durch ihre Übersetzung[72] des Hauptwerks von Newton, »Philosophiae naturalis principia mathematica« (1687) und durch ihre Schriften zur Physik.

Es ist eine Epoche, in der eine solche Dame nicht wie eine Gelehrte erscheint, wie es Marie-Louise Dubreuil-Jacotin ausdrückt, sondern wie »die beste Schülerin oder die auserlesene und kluge Mitarbeiterin eines großen Gelehrten«.[73] Um diese Äußerungen zu erläutern, wollen wir Nicole-Reine Lepaute (1723–1788), die Frau des berühmten Uhrmachers von Ludwig XV., anführen, deren Berechnung zur Rückkehr des Halleyschen Kometen (der für 1757 angekündigt war, aber mehr als ein Jahr später auftauchte) Clairaut und Lalande benutzten. Clairaut zitierte sie im Gegensatz zu Lalande nicht einmal. Die Nichte des letzteren, Madame Lefrançois, nahm sich langer und mühseliger Berechnungen an, die in Lalandes »Abrégé de Navigation« (1793) in Form von Tabellen veröffentlicht wurden. Die Frau von Helvetius arbeitete mit ihrem Mann zusammen, Madame du Pierry hielt 1789 eine Astronomievorlesung für Frauen am Collége de France in Paris, usw.[74]

Es ist sicher notwendig, die tatsächlichen Beiträge der als einfache, eifrige und ergebene Mitarbeiter beschriebenen Frauen neu einzuschätzen. Und es ist sicher genauso wichtig, die Spuren der heute in Vergessenheit geratenen, in der Versenkung der Geschichtsschreibung verschwundenen Wissenschaftlerinnen wieder zu entdecken. Die historiographischen Sammelwerke jener Zeit enthalten manchen Namen von gelehrten Frauen, die dem kollektiven Gedächtnis der größtenteils männlichen wissenschaftlichen Gemeinschaft entfallen sind.

---

[72] EMILIE DU CHÂTELET, Principes mathèmatiques de la philosophie naturelle, posthum im Jahre 1759 erschienen. Neudruck Albert Blanchard, Paris 1966. Eine Teilausgabe war 1756 erschienen.

[73] »Figures de mathématiciennes« in: François Le Lionnais (Hrsg.), Les grand courants de la pensée mathématique, Blanchard 1962, S. 258–269.

[74] Lalande führt an: Marie Cunitz, Marie-Claire Eimart Muller, Jeanne Dumée, die Frau von Helvetius, die Schwestern Manfredi, drei Schwestern von Kircher sowie seine Frau, geb. Winkelmann, die Marquise du Châtelet, die Gräfin de Puzynina, Madame Lepaute, die Witwe von Edwards, Madame du Pierry, Miss Caroline Herschel, die Herzogin von Gotha, seine eigene Nichte Amélie Lefrançois de Lalande.

V. Der Wunsch der Frauen, Wissenschaft zu betreiben

Eine neue Sensibilität, die in der Pädagogik zum Ausdruck kommt, die Existenz einer speziell für Frauen bestimmten naturwissenschaftlichen Literatur, die von einigen privilegierten Frauen geleisteten wissenschaftlichen Arbeiten – lassen sich diese drei Phänomene einfach durch die doppelte Begeisterung der Aufklärung für die Pädagogik und die Naturwissenschaften erklären? Sicherlich nicht. Auch wenn diese drei Phänomene nur eine kleine Minderheit von Frauen betreffen und nichts an der allgemeinen desolaten Ausbildungslage von Frauen ändern, werfen sie im Grunde das Problem der Stellung der Frau in der Gesellschaft auf. Das Problem Frauen und Naturwissenschaft ist in den Auseinandersetzungen um die Geschlechtergleichheit verankert, und gerade diese haben es einigen Frauen erlaubt, ihren Wunsch, sich wissenschaftlich zu betätigen, zum Ausdruck zu bringen. In dieser Perspektive stellt die beschriebene Literatur eine Antwort dar auf eine schon alte feministische Forderung. Aber es ist eine zaghafte Antwort, die den Wunsch der Frauen, sich Zugang zu den Wissenschaften zu verschaffen, einzudämmen versuchte, und ebenso die gesellschaftlichen und geschlechtlichen Unregelmäßigkeiten, die daraus entstehen könnten. Ich habe an anderer Stelle[75] die Gründe und Indizien aufgezeigt, die mir diese These zu stützen scheinen.

Zunächst sind die in den Handbüchern beschriebenen Heldinnen wißbegierig. Ihre Haltung spiegelt vielleicht den Geisteszustand ihrer Zeitgenossinnen wider. Dann ist die Schärfe, mit der Fénelon 1687 in seinem »Traité de l'éducation des filles« die naturwissenschaftlichen Aktivitäten für Frauen verurteilt, erstaunlich:

> »Bringt ihnen [den Mädchen] bei, daß ihr Geschlecht sich genauso schamhaft von der Wissenschaft abwenden soll, wie von der Sittenlosigkeit.«[76]

Auch wenn die Theoretiker im 18. Jahrhundert für Frauen einen Hauch von naturwissenschaftlicher Ausbildung fordern, so bleibt doch das von Molière ins Groteske gesteigerte Lächerliche an der gelehrten Frau haften und wirkt abschreckend. Schließlich zeugt die Existenz von öffentlichen Verteidigungsreden unmittelbar vom Wunsch der Frauen nach Zugang zu einer wissenschaftlichen Ausbildung.

---

75 Vgl. meinen bereits angeführten Beitrag an der Tagung »Sexe et genre« des CNRS.

76 Fénelon 1885, S. 71.

Marie-Gasparde de Grimaldi de Copponay, Tochter eines Arztes von Chambéry, hat um 1714 dem Bischof von Annecy eine Denkschrift von etwa hundert Seiten vorgelegt: »Das Recht der Geschlechter auf das Studium der Wissenschaften«.[77] Ihre Verteidigungsschrift scheint in gewisser Weise eine Antwort auf Fénelons »Traité de l'éducation des filles« zu sein, dem einige Zitate entnommen und verändert gegen ihn gekehrt werden. Ihre Argumente lehnen sich stark an jene der ›querelle des femmes‹ an. Sie faßt die Schwierigkeiten zusammen, die die Gegner der Frauenbildung gewöhnlich vorbringen und widerlegt sie eine nach der anderen. Sie sieht nicht ein, warum man – was die Erziehung anbelangt – innerhalb »ein und derselben Art« Unterschiede machen soll. Und auch wenn das weibliche Geschlecht schwächer wäre, so würde »gerade diese Feinheit es stärker befähigen, wissenschaftliche Kenntnisse zu erwerben, da es von der männlichen Masse befreit ist«.[78] Die Existenz von Naturwissenschaftlerinnen in allen Jahrhunderten faßt sie als offensichtlichen Beweis ihrer Fähigkeiten auf.

Marie-Gasparde de Grimaldi stellt die traditionelle Rolle der Frau in der Gesellschaft nicht in Frage. »Wenn man Frauen in den Naturwissenschaften unterrichten würde«, so meint sie, »dann könnte die Familie die Rolle der Kollegs oder der Universitäten übernehmen«. Die gelehrte Frau könnte ihre Kinder selbst unterrichten. Und wenn die Mütter diese Aufgabe nicht wahrnehmen wollen, könnte man »die aufgeklärtesten, die gelehrtesten« auswählen, die dann die anderen schulen könnten. Ihre Schlußfolgerung zeugt von der militanten Kraft, mit der die Frauen ihre Forderungen vorbringen konnten:

> »Man muß also die Frauen in den Wissenschaften unterrichten, es sei denn die Männer, sei es aus Ärger oder aus Neid, aus Furcht, daß wir ihnen überlegen werden könnten, stellen sich dem entgegen (...). Die Seele der Frau muß dieselben Vorrechte genießen wie die der Männer. Kommt die unterschiedliche Behandlung daher, daß die Männer uns abhalten wollen, das Joch einer ungerechten Abhängigkeit abzuschütteln, aus Furcht, wir würden, wenn wir die Augen öffnen, uns der Sklaverei bewußt werden, in die uns unsere Unwissenheit stürzt?«[79]

---

[77] Albert Mugnier hat schon 1893 eine Zusammenfassung herausgegeben. Vgl. Marie-Gasparde de Copponay de Grimaldi, Plaidoyer (...) en faveur de l'enseignement des sciences aux dames. Mit einer kurzen Notiz über die Familie Grimaldi de Copponay von François Mugnier, Paris 1893.

[78] Ebda, S. 14.

[79] Ebda, S. 27.

Wurde diese Forderung gehört? Die Existenz von naturwissenschaftlichen Reihen innerhalb der »Bibliothèque universelle des dames«, gegen Ende des Jahrhunderts, kurz vor der französischen Revolution, in 154 Bänden in octavo erschienen, kann als Indiz für eine verstärkte Ausbildung der Frauen in den Naturwissenschaften gedeutet werden. Die »Bibliothèque« ist eine wahre Enzyklopädie, die 10 Reihen umfaßt, von denen drei der Mathematik und den Naturwissenschaften gewidmet sind. Die Qualität ist sehr unterschiedlich. Bei der Mathematik handelt es sich um wirkliche Kurse, die sich kaum von denen, die in den höheren Schulen benutzt wurden, unterscheiden. Um aus der Existenz dieser Reihen auf den damaligen Wissensstand der Frauen zu schließen, sollte man allerdings ihre Leserschaft kennen und erforschen.

VI. Schlußwort

Diese Studie beschreibt eine geschichtliche Situation, in der entgegen der herkömmlichen und stereotypen Meinung, Frauen sich selbst um den Zugang zu den Naturwissenschaften bemüht haben. Manche konnten, im Zuge des im 17. Jahrhundert angehenden Streites um Frauenausbildung, ihren Wunsch, sich naturwissenschaftlich zu betätigen, öffentlich ausdrücken, einige konnten ihm sogar nachkommen und Beiträge zur Physik und insbesondere zur Astronomie leisten. Niemand schien (vor Rousseau) die Fähigkeiten der Frauen auf diesem Gebiet in Frage gestellt zu haben; nur war es für eine Dame unschicklich (und lächerlich) sich mit naturwissenschaftlichen Fragen intensiv zu beschäftigen.

Diesen in den höchsten Kreisen des 18. Jahrhunderts üblichen gesellschaftlichen Konventionen paßten die Handbücher für Frauen die vermittelte wissenschaftliche Information an (durch die Form von Dialogen, die spezifische Sprache, die Metaphorik der Liebe, keine Formeln etc.). War diese ›heitere‹ Wissenschaft, diese Damenwissenschaft, schlußendlich reiner Zeitvertreib oder Gelehrsamkeit? Einerseits sollte man die nachdrückliche Forderung der Frauen nach mehr Bildung, insbesondere in den damaligen modernen Experimentalwissenschaften, ernst nehmen. Das war mehr als der bloße Ausdruck von gesellschaftlicher Öde und Langeweile. Es war eine richtige Bildungsoffensive.

Andererseits gewährte die angebotene naturwissenschaftliche Kultur keine volle Teilnahme an der Gelehrsamkeit. Ihre Träger waren zwar wohlinformiert, aber um aktiv an der Entwicklung der Naturwissenschaften teilzunehmen, war das bereitgestellte Wissen doch etwas knapp. Frauen wurden in Hilfestellungen gedrängt, wo sie Rechnungen oder Beobachtungen routinemäßig ausführten, Tabellen aufstellten, usw. Und doch gab es Ausnahmen wie Emilie du Châtelet, denen es gelang, sich durchaus kreativ im Bereich der exakten Naturwissenschaften zu betätigen.

Faßt man Wissenschaft als Institution auf, als berufliche Tätigkeit mit festgelegten Kommunikationsregeln, dann ist der Ausschluß der Frauen im Zeitalter der Aufklärung offenkundig. Faßt man hingegen den Begriff Naturwissenschaft weit genug, um auch die Neugierde, das mondäne Interesse an naturwissenschaftlichen Phänomenen, und außerinstitutionellen Formen von wissenschaftlicher Tätigkeit miteinzubeziehen, dann kann man durchaus sagen, daß Frauen im 18. Jahrhundert Zugang zu diesem Wissensgebiet hatten. Diese Feststellung kann dann den Frauen, die sich heute die Naturwissenschaften kritisch (wieder)anzueignen versuchen, eine wichtige Stütze bieten.

Die Französische Originalfassung dieses Beitrags wurde zum ersten Mal auf der Tagung »Femmes et pouvoirs sous l'ancien régime« (Paris, 7.–8. Dezember 1989) vorgetragen und wird in dem entsprechenden, von Danielle Haase-Dubosc und Eliane Viennot herausgegebenen Band der Reihe »Histoire«, Editions Rivage, Paris, erscheinen. Die hier veröffentlichte, etwas veränderte Fassung wurde von Helga Müller ins Deutsche übersetzt, von dem Frauenarbeitskreis der Mathematischen Fakultät Tübingen und der Autorin verbessert und gründlich überarbeitet. Alle Zitate wurden neu übersetzt und die Angaben in den Fußnoten beziehen sich auf die französischen Originale.

Bibliographie

In der Bibliographie sind nur die Pädagogikabhandlungen und die allgemeinverständlichen Werke aufgeführt, die für die vorliegende Studie benutzt wurden. Die anderen Referenzen werden in den Fußnoten angeführt.

1. Allgemeinverständliche Werke

ALGAROTTI, FRANCESCO (1738): *Le Newtonianisme pour les dames, ou Entretiens sur la lumière, sur les couleurs et sur l'attraction, trad. de l'italien de M. Algarotti, par M. Duperron de Castera,* Paris.

AUBIGNAC, FRANÇOIS HEDELIN, ABBÉ D' (1664): *Macarise, ou La Reyne des Isles fortunées, histoire allégorique contenant la philosophie morale des stoiques sur le voille de plusieurs aventures agréables en forme de roman,* Paris.

Bary, René (1660): *La fine philosophie, accommodée à l'intelligence des dames*, Paris.

Bougeant, Guillaume-Hyacinthe (1719): *Observations curieuses sur toutes les parties de la physique, extraites et recueillies des meilleurs mémoires*, Bd. 1, Paris.

Breil de Pontbriand, Abbé Guillaume-Marie du (1751): *Nouvelles vues sur le système de l'univers*, Paris.

Castel, Le Père Louis-Bertrand (1728): *Mathématique universelle abrégée à la portée de tous et à l'usage de tout le monde*, Paris.

Fontenelle, Bernard de (1686): *Entretiens sur la pluralité des mondes*, 1. Auflage, Paris.

Fontenelle, Bernard de (1966): *Entretiens sur la pluralité des mondes. Edition critique avec une introduction et des notes, par Alexandre Calame, Librairie M. Didier*, Paris.

Gérard, Abbé Armand de (1680): *La philosophie des gens de cours...*, Paris.

Grozelier, Nicolas (1726–1771): *Observations curieuses sur toutes les parties de la physique, extraites et recueillies des meilleurs mémoires*, Bd. 2–4, Paris.

Lalande, Jérôme de (1785): *Astronomie des dames*, 1. Auflage, Paris.

Lalande, Jérôme de (1841): *Astronomie des dames* gefolgt von Fontenelles *Entretiens sur la pluralité des mondes*, Bibliothèque des demoiselles, Paris.

Marivetz, Entienne-Claude de; Goussier, Louis-Jacques (1780): *Physique du monde*, Bd. 1, Paris.

Nollet, Abbé Jean-Antoine (1743–1748): *Leçons de physique expérimentale*, Paris.

Panckoucke, André-Joseph (1749): *Les études convenables aux demoiselles*, 2 Bände, Lille.

Pluche, Noël-Antoine (1732): *Le spectacle de la nature*, Paris.

Privat de Molière, Joseph (1734–1739): *Leçons de physique*, 3 Bände, Paris.

Rancy, de (1768): *Essai de physique en forme de lettres à l'usage des jeunes personnes de l'un et de l'autre sexe*, Paris.

Regnault, le Père Noël (1729): *Les entretiens physiques d'Ariste et d'Eudoxe, ou physique nouvelle en dialogues*, 7 Auflagen vor 1745, Paris.

Regnault, le Père Noël (1743): *Entretiens mathématiques sur les nombres, l'algèbre, (...)*, Paris.

Sigaud, de la Fond, J.-R. (1785): *Précis historique et expérimental des phénomènes électriques*, 2. durchgesehene und verbesserte Auflage, Paris.

Voltaire (1738): *Elémens de la philosophie de Newton, mis à la portée de tout le monde*, Amsterdam, dann Paris.

2. *Pädagogikabhandlungen*

Boudier de Villemert, Pierre-Joseph (1758): *L'ami des femmes*, ohne Ortsangabe.

Boudier de Villemert, Pierre-Joseph (1774): *L'ami des femmes*, neue verbesserte Auflage, ohne Ortsangabe.

Boudier de Villemert, Pierre-Joseph (1779): *Le nouvel ami des femmes, ou la Philosophie du sexe, ouvrage nécessaire à toutes les jeunes personnes qui veulent plaire par des qualités solides; avec une notice alphabétique des femmes célèbre en France,* Amsterdam und Paris.

Cosson et Riballier (1779): *De l'éducation physique et morale des femmes; avec une notice alphabétique de celles qui se sont distinguées (...),* Brüssel und Paris.

D'Espinassy, Mademoiselle de (1764): *Essai sur l'éducation des jeunes demoiselles,* Paris.

Fénelon, Mre de Salignac de la Mothe (1687): *Traité sur l'éducation des filles,* 1. Auflage, Paris.

Fénelon, Mre de Salignac de la Mothe (1885): *Traité sur l'éducation des filles,* Bibliothéque des dames, Bd. XI, Paris.

Fromageot, Abbé (1772–1775): *Cours d'études des jeunes demoiselles, ouvrage non moins utile aux jeunes gens de l'autre sexe,* Paris.

Genlis, Madame de (1782): *Adèle et Théodore, ou lettres sur l'éducation,* 3 Bände, Paris.

Laclos, Choderlos de (1903): *De l'éducation des femmes* (1783); *publ. par E. Champion, suivi de notes inédites de Charles Baudelaire,* Paris.

Le Masson Le Golft, Marie (1788): *Lettres relatives à l'éducation,* Paris.

Méhégan, Chevalier Guillaume-Alexandre de (1755): *Lettre sur l'éducation des femmes,* nach den *Considérations sur les revolutions des arts,* Paris.

Miremont, Anne d'Aubourg de la Bove, Comtesse de (1779–1789): *Traité de l'éducation des femmes,* 7 Bände, Paris.

Rousseau, Jean-Jacques (1762): *L'Emile.*

Saint-Pierre, Abbé de (1730): *Œuvres diverses,* 2 Bände, Paris.

Autorinnen dieses Bandes

ANNELIESE DICK, Erziehungswissenschaftlerin, geb. 1953, 1. und 2. Staatsexamen für das Lehramt an Gymnasien in den Fächern Deutsch und Sozialkunde, Promotion in Germanistik, Diplom-Pädagogik im Schwerpunkt ›Schule‹. Von 1984 bis 1990 wissenschaftliche Mitarbeiterin am Hessischen Institut für Bildungsplanung und Schulentwicklung in Wiesbaden, Arbeitsschwerpunkt: Gleichstellung von Schülerinnen und Lehrerinnen im hessischen Bildungswesen. In der Zeit von 1984 bis 1990 außerdem Lehraufträge an den Fachhochschulen Darmstadt und Frankfurt im Schwerpunkt ›Theorie und Praxis der Frauenarbeit‹. 1990 bis 1991 Medienpädagogische Leiterin an der Staatlichen Landesbildstelle Hessen, Abteilung ›Schulische Bildung‹ in Frankfurt am Main. Seit 1991 Referentin für Öffentlichkeitsarbeit beim hessischen Kultusministerium in Wiesbaden.
Adresse: Hessisches Kultusministerium, Abteilung Öffentlichkeitsarbeit, Luisenplatz 10, 6200 Wiesbaden

GERTRUD EFFE-STUMPF, Mathematiklehrerin, geb. 1951, Besuch gemischter Schulen im ländlichen Baden-Württemberg, Abitur 1970 in Weil der Stadt, Studium der Mathematik und Politischen Wissenschaften in Heidelberg, Staatsexamen, Referendariat. Seit 1978 wissenschaftliche Mitarbeiterin und Lehrerin für Mathematik und Frauenstudien am Oberstufen-Kolleg Bielefeld. Mitarbeit in der MUED (Mathematik-Unterrichts-Einheiten-Datei e.V.) einer Vereinigung von LehrerInnen, die selbstorganisiert Fortbildungen veranstaltet und anwendungsorientierte Unterrichtsmaterialien entwickelt.
Adresse: Oberstufen-Kolleg des Landes Nordrhein-Westfalen, an der Universität Bielefeld, Staatliche Versuchsschule, UNESCO-Modellschule, Postfach 8640, 4800 Bielefeld 1

CHRISTIANE FUNKEN, Soziologin, geb. 1953, nach dem Abitur Studium der Pädagogik, Psychologie und Soziologie an der RWTH Aachen und PH Rheinland mit Abschluß Diplom. Danach Promotion im Gebiet der Soziologie, Politischen Wissenschaften und Pädagogik an der RWTH Aachen. Anschließend Forschungsassistentin am Institut für Soziologie, und derzeit For-

schungsassistentin im Lehrgebiet Theoretische Informatik an der RWTH Aachen. Spezialgebiete sind Erwachsenenbildung, empirische Sozialforschung, Frauenforschung und Frauenförderung.
Adresse: Lehrbereich Theoretische Informatik, RWTH Aachen, Ahornstraße 55, 5100 Aachen

ANNETTE GRABOSCH, Mathematikerin, geb. 1958, Abitur 1977, Studium der Mathematik mit Nebenfach Biologie an der Universität Tübingen, Abschluß Diplom 1983. 1986 Promotion im Fach Mathematik. Im folgenden Jahr ›Visiting Assistant Professor‹ an der Georgetown University, Washington D.C. (USA), danach Forschungsaufenthalt am CWI in Amsterdam (Niederlande). Von 1988 bis 1989 Postdoktoranden-Stipendium der DFG am Mathematischen Institut der Universität Tübingen. Seit 1989 Wissenschaftliche Angestellte und seit 1990 Wissenschaftliche Assistentin am Lehrstuhl Biomathematik der Biologischen Fakultät der Universität Tübingen. Seit 1989 Mitglied des Frauenarbeitskreises der Mathematischen Fakultät. Arbeitsschwerpunkte sind Funktionalanalysis, Operatorentheorie und Biomathematik.
Adresse: LB Biomathematik, Biologie II, Auf der Morgenstelle 10, 7400 Tübingen

MARIANNE HORSTKEMPER, Soziologin, geb. 1949, Besuch einer Mädchenrealschule, Studium der Sozialarbeit und der Psychologie auf dem zweiten Bildungsweg. Promotion im Fach Erziehungswissenschaften zum Thema ›Geschlechtsspezifisch unterschiedliche Entwicklung des Selbstvertrauens bei Jungen und Mädchen in der Sekundarstufe‹. Bisherige Arbeitsschwerpunkte: Wissenschaftliche Begleitung von Modellversuchen im schulischen Bereich, Ausbildung von Mädchen und Frauen in den Neuen Technologien. Seit 1990 wissenschaftliche Mitarbeiterin im Zentrum für wissenschaftliche Weiterbildung der Universität Oldenburg.
Adresse: Zentrum für Wissenschaftliche Weiterbildung, Universität Oldenburg, Ammerländer Heerstraße 114–118, 2900 Oldenburg

JEANNE PEIFFER, Mathematikhistorikerin, geb. 1948 in Mersch (Großherzogtum Luxemburg), Sekundarschulabschluß für ›junge Mädchen‹ 1968, Studium der Mathematik in Fribourg (Schweiz) mit Abschluß Diplom. Promotion an der ›École des Hautes Études en Sciences Sociales‹, Paris, im Fach Mathematikgeschichte 1978. Arbeitet als Mathematikhistorikerin am CNRS,

Paris. Forschungsschwerpunkt ist die Geschichte der Analysis von Leibniz bis Euler, wobei die Problematik der Rezeption und der Transmission des Leibnizschen Kalküls (durch die Bernouillis, l'Hôpital, Varignon, usw.) im Vordergrund steht.
Adresse: Laboratoire d'histoire des sciences et des techniques (UPR 21) du CNRS, 49 Rue Mirabeau, F-75016 Paris, Frankreich

IRENE PIEPER-SEIER, Mathematikerin, geb. 1942 in Hamburg, Abitur 1961 am Mädchengymnasium ›Klosterschule‹ in Hamburg, Studium mit Ziel Lehramt an Gymnasien mit den Fächern Mathematik und Physik an der Universität Hamburg, Stipendiatin der Studienstiftung des Deutschen Volkes, Abschluß 1. Staatsexamen 1967, Promotion im Fach Mathematik 1968 in Hamburg, Wissenschaftliche Assistentin am Mathematischen Seminar der Universität Hamburg, 1971 Habilitation für Mathematik an der TU Hannover, dort Oberassistentin, später Universitätsdozentin; seit 1973 ordentliche Professorin für Mathematik mit dem Schwerpunkt Algebra an der Universität Oldenburg. Arbeitsschwerpunkte sind die Grundlagen der Geometrie und verallgemeinerte Algebren.
Adresse: Fachbereich 6, Mathematik, Ammerländer Heerstraße 114–118, 2900 Oldenburg

INGE SCHWANK, Kognitionswissenschaftlerin und Mathematikerin, geb. 1959, nach dem Abitur 1977 Praktiken in einem Schweizer Kinderheim und anschließend im EDV-Bereich einer Firma im Rahmen eines Studenten--Stipendienprogrammes. Von 1977 bis 1982 Studium für das Lehramt an Gymnasien in den Fächern Mathematik, Physik und Informatik an der Universität Osnabrück, Abschluß 1. Staatsexamen. Promotion im Fach Mathematik 1984 zum Thema ›Präferenzgesteuerte Automaten‹. Wissenschaftliche Hilfskraft und von 1982 bis 1984 wissenschaftliche Mitarbeiterin im Fachbereich Mathematik / Informatik der Universität Osnabrück. Seit 1984 Geschäftsführerin und seit 1986 wissenschaftliche Leiterin des Forschungsinstituts für Mathematikdidaktik e.V., Osnabrück; seit 1985 Mitglied der Arbeitsgruppe Internationale Forschung in der Lehrerbildung der Universität Osnabrück; Forschungsaufenthalte in Indonesien 1983 und 1988.
Adresse: Forschungsinstitut für Mathematikdidaktik e.V., Postfach 1847, 4500 Osnabrück,

Aiga Stapf, Psychologin, geb. 1944, Abitur am mathematisch-neusprachlichen Gymnasium für Mädchen in Mainz 1963, Studium der Psychologie an der Universität Mainz und der TU Braunschweig, 1968 Diplom in Psychologie an der TU Braunschweig, 1968 Forschungsassistentin am Psychologischen Institut der Universität Marburg; 1973 Promotion über ›Elterliche Erziehungsstile‹; von 1974–1977 Dozentin am Psychologischen Fachbereich in Marburg. Seit 1976 Akademische Rätin am Psychologischen Institut der Universität Tübingen. Forschungsbereiche sind familiäre Sozialisation, kindliche Persönlichkeitsentwicklung und psychologische Geschlechterunterschiede, Geschwisterbeziehungen und intellektuelle Hochbegabung.
Adresse: Psychologisches Institut, Friedrichstraße 21, 7400 Tübingen

Almut Zwölfer, Mathematikerin, geb. 1963, Abitur am Mädchengymnasium in Memmingen. Ab 1982 Studium der Mathematik und Germanistik für das Lehramt an der TU Karlsruhe und an der Universität Tübingen. 1986/87 Sprachassistentin an einem Gymnasium in Bourg-en-Bresse (Frankreich). Abschluß 1.Staatsexamen 1990 in Mathematik und Deutsch, 1991 Diplom in Mathematik. Seit 1989 Mitglied der Frauenkommission und des Frauenarbeitskreises der Mathematischen Fakultät in Tübingen. Arbeitsschwerpunkte sind Funktionalanalysis und Mathematikgeschichte. Seit 1991 Doktorandin und seit 1992 Referendarin für das höhere Lehramt in den Fächern Mathematik und Germanistik.
Adresse: Mathematisches Institut, Universität Tübingen, Auf der Morgenstelle 10, 7400 Tübingen

Bildnachweise

Umschlag:	Ausschnitt aus »Typus Geometria«, aus: G. Reisch, Margarita philosophica. Straßburg 1512 (erste Ausgabe Freiburg 1503).
S. 10:	aus: Leonardi Euleri, Opera Omnia, 1. Serie, Bd. 8, Introductio in Analysis Infinitorum. Herausgegeben von Adolf Krazer und Ferdinand Rudio. Teubner 1922.
S. 35:	Originalphoto, PD Dr. R. Braun, Tübingen, stellte uns das Photo seiner Tante freundlicherweise zur Verfügung.
S. 48:	aus: Nicolo Tartaglia, Nova Scientia. Venedig 1537; nach »Mechanics in Sixteenth-Century Italy, herausgegeben von Stillman Drake und I. E. Drabkin, Wisconsin Press, Madison 1969, S. 18.
S. 112/113:	Im Dezember 1991 fand in Luminy / Marseille das fünfte EWM-Treffen mit 50 europäischen Mathematikerinnen statt. Dabei wurde die Gründung einer offiziellen Organisation EWM vorbereitet, die auf der nächsten EWM-Konferenz in Warschau 1993 vollzogen werden soll. Das Gruppenphoto sowie die Einzelphotos auf der gegenüberliegenden Seite zeigen einige Teilnehmerinnen der Konferenz in Marseille. Photos von M. Novak (Göteborg) und A. Grabosch (Tübingen), 1991. Das untere Gruppenphoto zeigt die DMV-Gründer aus dem Jahre 1890 und ist noch heute auf dem offiziellen Werbeprospekt der DMV zu finden.
S. 134:	aus: T. Perl, Math Equals. Addison-Wesley, Menlo Park (California) 1978.
S. 158:	Zeichnung von A. Zwölfer, Tübingen 1991.
S. 160:	aus: T. Perl, Math Equals. Addison-Wesley, Menlo Park (California) 1978.
S. 163:	Zeichnung von A. Zwölfer, Tübingen 1991.
S. 168:	Photo von A. Zwölfer, Tübingen 1991.
S. 171:	Entwurf von A. Zwölfer, Tübingen 1991.
S. 172:	Entwurf von A. Zwölfer und B. Schönfisch, Tübingen 1991.

S. 174: Zeichnung von A. Zwölfer, Tübingen 1991.

S. 176: aus: Acta Mathematica, Register 1–35.

S. 190: aus: Acta Mathematica, Register 1–35.

S. 193: aus: Journal für die reine und angewandte Mathematik 80 (1875), S. 1–32.

S. 205: aus: Don H. Kennedy, Little Sparrow. Ohio University Press, Athen (Ohio) 1983.

S. 231: aus: Irene Scherer und Inka Thunecke (Hrsg.), Frauen in Naturwissenschaft und Technik. TÜTE-Sonderheft, Tübinger Termine Verlag, Tübingen 1989, S. 58.

S. 239: aus: Leonardi Euleri, Opera Omnia, 1. Serie, Bd. 8, Introductio in Analysis Infinitorum. Herausgegeben von Adolf Krazer und Ferdinand Rudio. Teubner 1922.

Karin Fischer, Eveline Kilian und Jutta Schönberg (Hrsg.)

Bildersturm im Elfenbeinturm.

Ansätze feministischer Literaturwissenschaft.

»Wenn die feministische Kritik althergebrachte Werturteile ins Schwanken bringen konnte, dann geschah das, weil sie so radikal den Blick auf die Praktiken geschlechtsspezifischen Denkens gerichtet hat.« Toril Moi

Zwanzig Jahre Neue Frauenbewegung in Deutschland – ein gesellschaftlicher Aufbruch, von dem Wissenschaft und Universität tatsächlich nicht unberührt geblieben sind. Dieser Sammelband zur feministischen Literaturwissenschaft zieht nun Bilanz, dokumentiert Entwicklungen, beschreibt Positionen, stellt verschiedene Ansätze vor. Ein materialreiches, wissenschaftlich fundiertes Werk, dessen einzelne Beiträge für die Vielfalt der Methoden, der Fragen und Antworten innerhalb der feministischen Literaturwissenschaft stehen, denen eines gewiß gemeinsam ist: nämlich wissenschaftliches Denken als politische Praxis zu begreifen, die auf eine gleichberechtigte, also menschlichere Gesellschaft gerichtet ist.

175 Seiten kt. 26,80 DM
ISBN 3-89308-147-X
(»Attempto Studium Generale«)

Ein Buch für lernende und lehrende Literaturwissenschaftlerinnen. Ein Buch für Journalistinnen und Literaturkritikerinnen. Nicht zuletzt ein Buch für die männlichen Pendants.

Attempto Verlag Tübingen

Christian Holtorf und
Cornelius Holtorf (Hrsg.)

Zwischenprüfung.

23 studentische Essays zur Frage:
»Wo stehen wir heute?«
Mit einem Vorwort von Hans Küng.

Wo kommen wir her?
Wo stehen wir?
In was für einer Welt leben wir?
Und in welcher wollten wir denn gerne leben?

Mit dreiundzwanzig durchaus originellen und zupackenden Essays probieren Studierende verschiedener Wissenschaftsdisziplinen in diesem Band eine Beschreibung unserer Zeit und ihrer Probleme. In aller gewünschten Subjektivität geben sie aus der Perspektive ihrer Fächer ein Exempel »studentischer Weltsicht«, eine bei aller zwangsläufigen Unvollständigkeit doch differenzierte »interdisziplinäre Bestandsaufnahme« dessen, was fragende und nachdenkliche Menschen heute bedrängt. Und schließlich suchen die »Zwischenprüflinge« nach Lösungen, nach neuen oder nach alten, die zu Unrecht vergessen, verschüttet sind, »denn es geht für uns um die Richtung, in die wir morgen gehen wollen«.

»Dieses Buch ist eine Bestandsaufnahme der krisenhaften Symptome unserer Zeit, wie sie sich im Bereich der Wissenschaften spiegeln. Es ist aber auch ein Buch der Hoffnung, daß Wege aus der Krise im Blick auf mehr Moralität und Humanität gewiesen werden können. Ich gratuliere den Herausgebern zu dieser mutigen Initiative und den Autoren zu ihren kritisch-konstruktiven Beiträgen. Dem Buch wünsche ich zahlreiche und kritische Leser.«

Prof. Dr. Hans Küng

190 Seiten. br. 24,80 DM
ISBN 3-89308-142-9

Ein Buch für alle, die lehren, lernen, studieren, erziehen, beraten. Ein Buch für Menschen, die mehr Fragen als fertige Antworten haben. Auch ein Buch für Politikerinnen und Politiker – aller Ressorts, jeder Coleur.

Attempto Verlag Tübingen